DONNA-MARIE PYE

Les **meilleures recettes** à la **mijoteuse** 2

Traduit de l'anglais par Linda Nantel

Guy Saint-Jean
ÉDITEUR

Guy Saint-Jean Éditeur
3440, boul. Industriel
Laval (Québec) Canada H7L 4R9
450 663-1777
info@saint-jeanediteur.com
www.saint-jeanediteur.com

....

**Catalogage avant publication de Bibliothèque et Archives nationales du Québec
et Bibliothèque et Archives Canada**
Pye, Donna-Marie
[Canada's slow cooker winners. Français]
Les meilleures recettes à la mijoteuse 2
Traduction de : *Canada's slow cooker winners.*
Comprend un index.
ISBN 978-2-89455-691-7
1. Cuisson lente à l'électricité. 2. Livres de cuisine. I. Titre. II. Titre : Canada's slow cooker winners. Français.
TX827.P933414 2013   641.5'884   C2013-941807-5

....

Nous reconnaissons l'aide financière du gouvernement du Canada par l'entremise
du Fonds du livre du Canada (FLC) ainsi que celle de la SODEC pour nos activités d'édition.

Gouvernement du Québec – Programme de crédit d'impôt pour l'édition de livres – Gestion SODEC

Publié originalement en 2010 sous le titre *Canada's Slow Cooker Winners : 300 easy and satisfying recipes* par Robert Rose Inc.,
120 Eglinton Avenue East, bureau 800, Toronto (Ontario) Canada M4P 1E2
© 2010, Donna-Marie Pye pour le texte en anglais

© 2013, Guy Saint-Jean Éditeur Inc. pour l'édition en langue française
Édition : Élise Bergeron
Traduction et révision : Linda Nantel
Correction d'épreuves : Lyne Roy
Conception graphique des pages intérieures et de la couverture : Olivier Lasser
Infographie : Amélie Barrette
Photographies : Michel Paquet
Styliste culinaire : Éric Régimbald
Styliste accessoires : Irène Gravelli

Dépôt légal — Bibliothèque et Archives nationales du Québec, Bibliothèque et Archives Canada, 2013
ISBN : 978-2-89455-691-7
ISBN PDFi : 978-2-89455-676-4

Distribution et diffusion
Amérique : Prologue
France : Dilisco S.A.
Belgique : La Caravelle S.A.
Suisse : Transat S.A.

Imprimé au Canada
1re impression, septembre 2013

Guy Saint-Jean Éditeur est membre de l'Association
nationale des éditeurs de livres (ANEL).

Table des matières

Introduction

De nouveaux appareils arrivent continuellement dans les commerces. Ils ont pour but de nous faciliter la tâche en cuisine. Une chose est sûre, la mijoteuse a su résister admirablement aux différentes modes. Voilà près d'un demi-siècle qu'elle révolutionne notre façon de cuire les aliments. Si vous avez des enfants ou une vie professionnelle très active, vous êtes probablement déjà un adepte de cet appareil extrêmement utile.

La mijoteuse nous permet de reprendre notre souffle.

De nos jours, les nouveaux modèles sont particulièrement pratiques. Ils sont offerts en plusieurs formats et s'intègrent à tous les décors. Tous ceux qui aiment cuisiner, qu'ils soient célibataires ou à la tête d'une famille nombreuse, peuvent trouver une mijoteuse qui répond parfaitement à leurs besoins.

La mijoteuse nous permet de reprendre notre souffle, en plus de nous faire économiser du temps, de l'argent et de l'énergie. Nous pouvons toujours compter sur sa fiabilité, et elle requiert peu d'attention de notre part. Elle cuit les viandes et la volaille à la perfection et donne des viandes braisées, des ragoûts, des chilis, des caris et des côtes levées étonnamment savoureux. Les légumineuses, les pois et les lentilles — des denrées peu coûteuses et très nutritives — bénéficient d'une cuisson lente à la mijoteuse. Cet appareil nous donne aussi la chance de préparer de bons repas pendant l'été sans que nous ayons besoin d'allumer le four. Combien d'appareils ménagers ont le mérite de nous offrir autant de possibilités?

Plus de 300 recettes inspirées de plusieurs cultures du monde entier.

Dans la cuisine, mon mot d'ordre a toujours été *efficacité*. Certaines recettes exigent quelques minutes de préparation dans un premier temps, tandis que pour d'autres, il suffit d'assembler tous les ingrédients dans la cocotte au même moment. J'aime utiliser des ingrédients frais, mais il m'arrive aussi d'acheter des produits qui me facilitent les choses : vinaigre balsamique, tomates en conserve, poivrons rouges rôtis, edamames (haricots de soja), piments chipotles, paprika fumé, etc.

La plupart des recettes ont été conçues pour quatre à huit personnes, mais certaines peuvent servir une famille plus nombreuse et même un groupe. Le chapitre *Préparer deux repas en même temps* vous permettra de faire d'une pierre deux coups et de prendre un peu de repos. Il vous suffira de réserver quelques ingrédients de votre repas du soir et de les transformer le lendemain en un autre festin qui ne vous demandera que quelques minutes de préparation.

Les recettes conçues pour la mijoteuse sont maintenant plus raffinées et intègrent des ingrédients originaux en provenance de différents pays. Que vous cuisiniez pour deux ou pour un groupe, ce livre vous permettra de créer des repas satisfaisants et goûteux.

Bon appétit !

Comment utiliser la mijoteuse

Nous sommes tous très occupés, mais nous ne voulons pas sacrifier pour autant la qualité des repas que nous préparons pour les nôtres. Heureusement, nous pouvons compter en tout temps sur la mijoteuse. Quelle que soit la taille de votre famille et peu importe que vous soyez un cuisinier amateur ou un véritable cordon-bleu, la cuisson à la mijoteuse vous permettra de concocter des repas extraordinaires

Une mijoteuse réglée à basse température utilise de 85 à 180 watts. À température élevée, elle en utilise quasiment le double, soit de 160 à 370 watts.

en très peu de temps. Pendant que vous vaquerez à vos diverses occupations, votre repas du soir mijotera tout doucement sans que vous ayez à vous en préoccuper outre mesure. C'est un peu comme avoir un chef privé à domicile !

La mijoteuse ne peut pas tout faire seule, et vous devez évidemment y mettre un peu du vôtre. Si vous êtes doté d'un bon sens de la planification et de l'organisation et avez à votre disposition une belle variété d'ingrédients frais, vous pourrez préparer un excellent repas qui sera prêt dès votre retour à la maison. Il ne vous restera plus qu'à dresser la table, à préparer un mets d'accompagnement et à servir un bon vin…

Une belle invention sans prétention

Lorsque j'ai écrit mon premier livre, au début des années 2000, j'ai testé mes recettes dans une mijoteuse toute simple, dont le modèle avait été inventé dans les années 1960. Elle n'avait que deux boutons de réglage et ne s'éteignait pas automatiquement. On ne pouvait même pas la régler en mode « garder au chaud/warm ». Beaucoup de choses ont changé depuis. Le design des mijoteuses est beaucoup plus moderne. Exit la triste couleur beige très populaire et les motifs floraux plutôt simplets. Aujourd'hui, les différents modèles offerts s'inscrivent parfaitement dans le décor de nos cuisines modernes et sont dotés de boutons de réglage très utiles.

Si votre mijoteuse nécessite d'être réglée à une température précise, programmez-la à 100 °C (200 °F) pour la basse température ou à 150 °C (300 °F) pour la température élevée.

Encore maintenant, les mijoteuses fonctionnent selon le même principe : *basse température* et *température élevée*. À basse température, les aliments cuisent à environ 100 °C (200 °F). À température élevée, ils cuisent à environ 150 °C (300 °F). La température peut varier selon le modèle. Lorsque le nombre d'heures minimal est atteint, vérifiez la cuisson pour voir s'il est nécessaire de la prolonger. Avec le temps, vous apprendrez à mieux connaître votre appareil, et vous pourrez ajuster les temps de cuisson.

La cuisson à basse température est utile pour les plats requérant une cuisson de 8 heures ou plus, tandis que la température élevée est idéale pour cuire et attendrir les aliments pendant 4 heures ou moins. Les nouveaux modèles pourvus d'une minuterie permettent de régler le temps de cuisson par tranches de 30 minutes. Lorsque le temps est écoulé, l'appareil se met automatiquement en mode « garder au chaud/warm », permettant ainsi de garder les aliments à la bonne température sans prolonger exagérément la cuisson.

Les différentes parties de la mijoteuse

La mijoteuse est composée de parties essentielles qu'il importe de bien connaître pour faire un choix éclairé au moment de l'achat. Certains modèles plus récents offrent des particularités intéressantes qu'il faut évaluer en tenant compte de son budget.

Si la cocotte est amovible, le manuel du fabricant vous indiquera si vous pouvez la mettre au four, au micro-ondes ou sous le gril chaud.

La coque et la cocotte

L'appareil est composé d'une coque métallique dans laquelle s'emboîte une cocotte. La coque métallique contient les éléments chauffants commandés par thermostat qui cuisent les aliments en réchauffant l'air à l'intérieur des parois métalliques isolantes. Cette chaleur de faible puissance n'entre jamais en contact direct avec la cocotte, ce qui nous évite de devoir brasser constamment les aliments. La mijoteuse utilise approximativement la même quantité d'énergie qu'une ampoule de 100 watts, ce qui est beaucoup moins élevé qu'un four ordinaire.

Certaines cocottes permettent de saisir la viande ou de faire sauter les légumes sur la cuisinière avant de procéder à la cuisson à la mijoteuse. Lisez bien les instructions du fabricant pour savoir si vous pouvez faire ces étapes avec votre cocotte. Si ce n'est pas le cas, vous devez faire revenir la viande ou sauter les légumes dans une poêle avant de les transvider dans la cocotte. Pour les recettes de ce livre, j'ai tenu pour acquis que vous utilisiez une poêle.

Le couvercle

Toutes les mijoteuses sont dotées d'un couvercle en verre ou en plastique, dont le rôle est de préserver l'humidité et les nutriments. L'encastrement doit se faire de façon impeccable. Les couvercles transparents sont très pratiques, car ils permettent de voir les aliments. Si vous êtes tenté de soulever le couvercle pendant la

cuisson, rappelez-vous que vous devrez augmenter le temps de cuisson de 20 minutes chaque fois que vous succomberez à la tentation. Un couvercle lavable au lave-vaisselle s'avère un choix judicieux. Il est possible que certains couvercles en plastique transparent résistant à la chaleur deviennent opaques à cause des lavages fréquents.

La minuterie et la sonde thermique

Plusieurs nouveaux modèles de mijoteuses comportent une minuterie programmable. Certains permettent d'utiliser des temps préréglés à basse température ou à température élevée. D'autres permettent de régler le temps de cuisson, puis d'opter pour une cuisson à basse température ou à température élevée. Plusieurs appareils se mettent automatiquement en mode « garder au chaud/warm » dès que le temps de cuisson programmé est écoulé, ce qui permet de garder les aliments au chaud sans prolonger la cuisson inutilement. Cette fonction est aussi très pratique si vous devez apporter un plat à un repas communautaire. Il suffit alors de mettre les aliments dans la mijoteuse et, une fois sur place, de régler l'appareil en mode « garder au chaud/warm ». On peut ainsi conserver le repas pendant 2 heures sans risque pour la salubrité alimentaire. Certaines mijoteuses sont équipées d'une sonde thermique liée au bloc de commande électronique qui surveille la température interne de la viande et règle la mijoteuse en mode « garder au chaud/warm » dès que la température désirée

est atteinte. La vérification de la température interne est la méthode idéale pour évaluer la tendreté de la volaille et de certaines viandes. La sonde veille à ce qu'elles soient cuites selon les normes assurant une salubrité alimentaire optimale.

De formes et de grosseurs variées

Il existe un nombre impressionnant de mijoteuses de toutes les formes, de toutes les grosseurs et même de toutes les couleurs ! Choisissez celle qui répond le mieux à vos besoins. Dans plusieurs foyers, on trouve souvent deux mijoteuses : l'une pour les grands repas familiaux, l'autre pour les plats d'accompagnement, les entrées et les desserts.

Si vous prévoyez cuisiner de 4 à 8 portions la plupart du temps, une mijoteuse de 4 à 6 litres (16 à 24 tasses) devrait suffire. Cette capacité vous permettra de préparer un repas complet qui vous donnera probablement aussi quelques restes pour le lendemain. La plupart des recettes de ce livre ont été testées avec une mijoteuse de ce format.

Les modèles plus petits, de 1,5 à 3 litres (6 à 12 tasses), sont tout indiqués pour les familles peu nombreuses ou pour préparer des plats d'accompagnement, des entrées et des sauces qui ne nécessitent pas l'emploi d'une grande mijoteuse. S'il vous arrive de cuisiner pour un groupe important, ou si vous aimez cuisiner de grandes quantités pour en congeler une partie, je vous suggère de vous

La quantité de liquide requise peut varier considérablement de quelques cuillerées seulement à une quantité suffisante pour immerger complètement les aliments. L'idéal est que la mijoteuse soit remplie d'aliments aux deux tiers et pas davantage. Il faut laisser au moins 2,5 cm (1 po) d'espace libre entre le liquide et le couvercle.

procurer un appareil de 6 à 7 litres (24 à 28 tasses), une capacité suffisante pour faire 20 portions.

On trouve dans le commerce des mijoteuses rondes, ovales ou rectangulaires. Les rondes sont parfaites pour les soupes, les ragoûts et les chilis. Les ovales et les rectangulaires sont particulièrement recommandées pour les rôtis et les grosses pièces de viande. Les appareils rectangulaires offrent aussi l'avantage de prendre moins d'espace de rangement.

Ne plongez jamais la coque métallique de la mijoteuse dans l'eau. Essuyez-la d'abord avec un linge humide pour éliminer les éclaboussures d'aliments, puis épongez le revêtement avec un linge sec.

Les poignées, les pieds et le cordon

Les mijoteuses sont très appréciées pour les repas communautaires. Choisissez-en une dont les poignées sont faciles à saisir avec des gants isolants, car elles deviennent chaudes lorsque l'appareil est en marche. Il est donc important de bien protéger vos mains.

Certaines mijoteuses peuvent chauffer le comptoir de cuisine ou le plan de travail. Pour éviter les dommages et les risques d'incendie, il est prudent de placer l'appareil sur une surface solide résistant à la chaleur. Pour prévenir les problèmes, certains fabricants ont eu la bonne idée de concevoir une mijoteuse munie de pieds en caoutchouc anti-dérapants, ce qui permet de laisser fonctionner l'appareil sans crainte. Certaines mijoteuses sont munies d'un cordon rétractable facilitant le rangement.

8 conseils pour une utilisation optimale

On peut créer mille et un plats grâce à la mijoteuse. Voilà un domaine où l'on peut user de son imagination ! Voici mes principaux conseils pour profiter au maximum de cet appareil extraordinaire.

Lisez toujours la recette choisie de A à Z avant de la faire. Vous pourrez ainsi rassembler les ingrédients et le matériel requis tout en maîtrisant mieux les différentes étapes.

1. Préparez tout ce que vous pouvez

Si vous avez l'intention de mettre l'appareil en marche tôt le lendemain matin, faites les étapes suivantes la veille :

🍲 Hachez les légumes frais, puis conservez-les au réfrigérateur dans un contenant hermétique. Vous pouvez ranger dans un même plat tous les légumes qui seront utilisés en même temps.

🍲 Faites décongeler les légumes surgelés la veille en les gardant au réfrigérateur toute la nuit.

🍲 Coupez le gras de la viande ou de la volaille, puis retirez la peau de la volaille. Coupez la viande ou la volaille en morceaux de même grosseur. Les cubes sont recommandés pour une cuisson uniforme. Il ne faut *jamais* faire dorer la viande à l'avance ; on garde plutôt la viande coupée au réfrigérateur dans un contenant hermétique. Il est important qu'elle soit emballée séparément des autres ingrédients. La seule exception à cette règle est la viande hachée, que l'on peut faire revenir la veille en prenant soin de la cuire complètement et de la garder au froid, dans un contenant hermétique, pendant toute la nuit.

🍲 Rassemblez les ingrédients non périssables et les ustensiles requis afin de pouvoir commencer rapidement la recette le lendemain matin.

Dans ce livre, nous avons indiqué les étapes pouvant être faites à l'avance. Certaines recettes peuvent être complétées à l'avance et conservées au réfrigérateur ou au congélateur pour une consommation ultérieure.

2. Choisissez les coupes de viande les moins coûteuses et retirez le gras visible

Les coupes de viande les moins nobles sont celles qui bénéficient le plus d'une cuisson à la mijoteuse. Les coupes de la région de l'épaule sont également conseillées. La cuisson à la mijoteuse décompose le collagène présent dans le tissu conjonctif des muscles, ce qui donne une viande à la fois tendre et moelleuse. Prenez le temps

La texture des légumes-racines convient admirablement à la mijoteuse, car la cuisson lente libère progressivement leurs sucres naturels. Les légumes plus tendres, comme les courgettes ou les épinards, doivent être mis dans la cocotte au cours des 20 dernières minutes de cuisson, sinon ils deviendront trop mous.

Au moment de faire dorer la viande à la poêle, procédez par étapes afin de ne pas la surcharger. Une accumulation de vapeur pourrait provoquer une diminution de la température et donner une couleur grisâtre à la viande.

d'enlever tout le gras visible de la viande ou de retirer la peau de la volaille avant de les mettre dans la cocotte. Cela réduira la quantité de gras qu'il faudra écumer en fin de cuisson.

3. Coupez les légumes-racines en petits morceaux

Dans la mijoteuse, les légumes-racines (carottes, panais, navets, pommes de terre, etc.) requièrent une cuisson plus longue que les morceaux de viande de même grosseur. Il faut donc les couper en tranches fines ou en cubes de 2,5 cm (1 po) tout au plus. Placez-les de préférence au fond et contre les parois de la cocotte afin qu'ils soient en contact direct avec la source de chaleur.

4. Faites dorer la viande et sauter les légumes

Au moment de commencer une recette, prenez le temps nécessaire de faire revenir ou cuire partiellement les aliments. Le résultat final en vaut vraiment la peine. Le fait de faire dorer la viande et la volaille améliore leur couleur et décompose leurs sucres naturels, ce qui libère pleinement leurs saveurs. En faisant sauter les légumes avec des épices et des herbes séchées avant de les mettre dans la cocotte, vous obtiendrez une sauce riche au goût plus intense.

Il faut d'abord couper la viande ou la volaille en morceaux de même grosseur avant de la faire dorer. On la farine ensuite uniformément, puis on la fait revenir – par petite quantité à la fois – dans un peu d'huile végétale à feu moyen-vif. Cette étape peut se faire dans une poêle ou directement dans la cocotte si celle-ci peut supporter la chaleur de la cuisinière (consultez le guide du fabricant).

Assurez-vous que la viande est dorée sur toutes les faces. Si vous utilisez une poêle, transvidez la viande ou la volaille dans la cocotte aussitôt que cette étape est terminée. Si vous utilisez la cocotte, réservez les aliments que vous avez fait revenir dans une assiette. Déglacez ensuite la cocotte avant d'y remettre la viande (voir page 14).

> **Le fait de fariner** la viande ou la volaille dans un premier temps leur donne meilleur goût. Cette étape permet aussi de mieux les faire dorer. Par la suite, l'amidon contenu dans la farine commencera à épaissir les jus de cuisson dès que la viande sera mise dans la cocotte de la mijoteuse.

Faites sauter les légumes à feu moyen-vif dans une petite quantité d'huile ou de beurre, selon ce qui est indiqué dans la recette. Pour ce faire, utilisez une poêle ou la cocotte de la mijoteuse si celle-ci supporte ce type de chaleur. Faites sauter les légumes dans la même poêle qui a servi à faire dorer la viande en y ajoutant de l'huile ou du beurre au besoin. Cette étape sert à attendrir les légumes ; il n'est donc pas nécessaire de les cuire ou de les faire dorer complètement. Si vous les faites cuire trop longtemps sur la cuisinière, ils deviendront fades une fois dans la mijoteuse.

Après avoir fait revenir la viande ou la volaille et sauter les légumes, déglacez la poêle avec du vin ou du bouillon pour décoller les particules d'aliments et les sucs caramélisés collés au fond. Ajoutez une petite quantité de liquide, puis portez à ébullition. Baissez le feu et laissez mijoter 2 minutes tout au plus en raclant le fond à l'aide d'une spatule. Versez ensuite le liquide chaud sur la viande dans la cocotte pour rehausser magnifiquement sa saveur.

5. Évitez d'ajouter trop de liquide

L'humidité ne pouvant s'échapper de la mijoteuse, la quantité de liquide s'accumule dans la cocotte au fur et à mesure que les jus de cuisson et la vapeur s'échappent des aliments. C'est pourquoi on n'utilise que la moitié de la quantité de liquide recommandée pour une recette préparée habituellement au four ou sur la cuisinière.

Sachez qu'il est normal que les ingrédients liquides ne recouvrent pas entièrement les ingrédients solides au moment où vous les mettez dans la cocotte.

Une fois la cuisson terminée, s'il y a trop de liquide dans la cocotte, retirez le couvercle et réglez le thermostat à température élevée si ce n'est déjà fait. Faites cuire les aliments à découvert de 30 à 45 minutes afin qu'une partie du liquide s'évapore.

En règle générale, une fois que tous les ingrédients sont rassemblés dans la mijoteuse, la cocotte doit être remplie au moins à moitié, mais pas plus des deux tiers ou des trois quarts.

6. Utilisez des épices et des herbes entières

Procurez-vous des feuilles d'herbes séchées entières (thym, origan, etc.) ainsi que des épices entières ou broyées grossièrement. Leurs parfums se diffuseront doucement pendant toute la cuisson. Elles sont de loin préférables aux épices et aux herbes moulues, qui ont tendance à perdre leur saveur dans la mijoteuse. Ajoutez les herbes fraîches, comme le basilic ou la coriandre, au cours de la dernière heure de cuisson. À la toute fin, goûtez au plat avant de le servir ou d'y ajouter davantage de sel ou de poivre.

Si vous utilisez des herbes fraîches au lieu des herbes séchées, mettez-en trois fois plus que ce qui est indiqué dans la recette.

Chaque fois qu'une recette indique qu'il faut remuer les ingrédients en cours de cuisson, nous avons tenu compte de la perte de chaleur ainsi occasionnée dans notre calcul du temps de cuisson total.

7. Résistez à la tentation de soulever le couvercle

Pendant la cuisson, le couvercle de la mijoteuse doit toujours rester fermé. Son rôle est de capturer la chaleur au fur et à mesure et de la convertir en vapeur destinée à cuire les aliments. Retirer le couvercle provoque une importante perte de chaleur que l'appareil aura de la difficulté à récupérer. Chaque fois qu'on le soulève, il faut prolonger de 20 minutes le temps de cuisson recommandé dans la recette. On doit donc ouvrir le couvercle uniquement pour vérifier la cuisson, ajouter des ingrédients ou mélanger la préparation si la recette le précise.

8. Profitez des avantages du bain-marie

Les plats plus délicats, comme les poudings, les crèmes renversées et les gâteaux au fromage, cuisent à la perfection au bain-marie. Le mode de cuisson traditionnel consiste à placer la casserole contenant les ingrédients dans une autre plus grande remplie d'eau chaude. La cuisson se fait lentement à feu doux pour empêcher la préparation de cailler ou de se couvrir d'une croûte.

Cette technique fonctionne à merveille dans la cocotte de la mijoteuse. Vos préparations resteront lisses et crémeuses et vos gâteaux au fromage ne seront pas fendillés. Le défi consiste à trouver un plat qui entre dans la mijoteuse sans difficulté. Des bols résistant à la chaleur de 1 litre (4 tasses) ou de 1,5 litre (6 tasses) conviennent aux mijoteuses de grand format. Si vous faites un gâteau au fromage, un moule à charnière de 18 cm (7 po) fera l'affaire.

Si le plat rentre juste bien dans la mijoteuse, versez l'eau en premier. Commencez par verser 250 ml (1 tasse) d'eau dans la cocotte, puis mettez-y le plat contenant les aliments. L'eau doit monter à 2,5 cm (1 po) de chaque côté. S'il en manque, ajoutez la quantité nécessaire. S'il y en a trop, retirez le surplus à l'aide d'une petite louche.

La cuisson au bain-marie augmente la chaleur des plats. Il est donc important de les retirer prudemment de la mijoteuse sans vous brûler. Pour ce faire, fabriquez des poignées en aluminium que vous placerez sous le plat au moment de le mettre dans la mijoteuse. Coupez une feuille de papier d'aluminium de 60 cm (2 pi) en 2 sur la longueur de façon à obtenir 2 lanières. Pliez chacune des lanières en 2 sur la longueur. Entrecroisez les lanières dans la cocotte de la mijoteuse en laissant les extrémités remonter le long des parois et par-dessus le bord. Placez le plat dans la mijoteuse et versez 2,5 cm (1 po) d'eau autour. Déposez le couvercle sur la mijoteuse en vous assurant que le papier d'aluminium est replié entre le bord et le couvercle. Ces « poignées » serviront à soulever le plat une fois la cuisson terminée.

Adapter des recettes pour la cuisson à la mijoteuse

Même si ce livre déborde de recettes savoureuses, vous aurez sûrement envie de préparer vos plats familiaux préférés à la mijoteuse. Voici quelques recommandations importantes :

Choisissez une recette qui demande une coupe de viande moins noble (rôti de palette, pointe de poitrine de bœuf, cubes de viande, bouts de côtes, soc de porc, cuisses ou pilons de dinde ou de poulet). La cuisson lente leur donnera une tendreté exemplaire tout en laissant le temps aux différentes saveurs de bien se développer.

Dans un premier temps, il est important de saisir la viande comme on le fait pour les recettes courantes. On fait ensuite sauter les légumes aromatiques, tels que les oignons, l'ail, le céleri et les carottes avec des épices et des fines herbes séchées.

Si vous avez choisi une recette qui contient principalement de la viande, ajoutez-y quelques légumes pour faire un repas plus équilibré. N'oubliez pas que les légumes-racines cuisent généralement plus lentement que la viande. Prenez le temps de les couper en petits morceaux, puis mettez-les au fond et contre les parois de la mijoteuse. Placez ensuite la viande sur les légumes.

🍲 Faites tremper les légumineuses, les lentilles et les pois secs jusqu'à ce qu'ils soient complètement tendres avant de les mettre dans la cocotte. Sans cette précaution, le sucre et les acides des autres ingrédients les empêcheront de devenir tendres (consultez la page 84 pour savoir comment préparer les légumineuses).

🍲 Réduisez environ de moitié la quantité de liquide que vous utilisez dans les recettes que vous préparez habituellement au four ou sur la cuisinière. La cuisson à la mijoteuse crée beaucoup d'humidité, car l'évaporation se produit lentement.

🍲 Si une recette demande d'utiliser du riz non cuit, ajoutez 60 ml (¼ de tasse) de liquide additionnel par 50 g (¼ de tasse) de riz. Le riz blanc étuvé à grain long est celui qui donne les meilleurs résultats.

🍲 Ajoutez les pâtes et les fruits de mer au cours de la dernière heure de cuisson. On doit d'abord faire cuire les pâtes jusqu'à ce qu'elles soient al dente avant de les mettre dans la cocotte de la mijoteuse.

Au moment d'ajouter des ingrédients dans la cocotte, laissez un espace d'au moins 5 cm (2 po) entre le dessus des aliments et le bord de la mijoteuse pour que vos plats puissent mijoter sans déborder.

🍲 Attendez les 15 à 60 dernières minutes de cuisson pour mettre les légumes tendres (petits pois, brocoli, choux de Bruxelles, chou vert frisé, chou-fleur, bette à carde, etc.) dans la cocotte de la mijoteuse. Pour ce qui est des légumes surgelés (petits pois, maïs, haricots verts, etc.), faites-les d'abord décongeler et ajoutez-les au cours des 15 à 30 dernières minutes de cuisson.

🍲 Incorporez le lait, la crème, la crème sure (crème aigre) et le fromage juste avant de servir. Les produits laitiers ne doivent jamais être soumis à une cuisson prolongée à la mijoteuse.

Le tableau suivant explique comment adapter les temps de cuisson pour les recettes que vous faites habituellement cuire dans le four ou sur la cuisinière. Ce sont des données approximatives, puisque vous êtes le meilleur juge pour savoir à quel moment précis un aliment est cuit à la perfection.

Cuisson au four ou sur la cuisinière	Cuisson à la mijoteuse
De 15 à 30 minutes	1 ½ heure à température élevée
	3 heures à basse température
1 heure	3 ½ heures à température élevée
	De 6 à 7 heures à basse température
2 heures	4 ½ heures à température élevée
	De 9 à 10 heures à basse température
3 heures	5 ½ heures à température élevée
	De 10 à 11 heures à basse température

L'innocuité des aliments

Dans une mijoteuse utilisée de manière appropriée (couvercle bien mis et aliments cuits à la bonne température pendant le temps recommandé), les aliments atteignent la température interne idéale assez rapidement pour empêcher un développement bactérien. Voici d'autres renseignements très importants à propos de la salubrité des aliments.

🍲 Utilisez toujours de la viande ou de la volaille fraîche ou décongelée. La viande surgelée ou partiellement décongelée augmentera le temps requis pour que la température de la viande atteigne la température interne idéale empêchant un développement bactérien.

🍲 En général, les légumes surgelés, comme le maïs et les petits pois, doivent être décongelés avant d'être mis dans la mijoteuse afin de ne pas ralentir la cuisson. Faites-les décongeler au réfrigérateur pendant la nuit ou rincez-les à l'eau froide jusqu'à ce qu'ils se séparent bien.

Une fois la cuisson terminée, vous pouvez garder les aliments au chaud en réglant le thermostat à « bas/low » ou à « garder au chaud/warm ». Plusieurs appareils se mettront automatiquement en mode « garder au chaud/warm » une fois le temps de cuisson programmé écoulé. Les aliments peuvent être conservés ainsi pendant 2 heures. N'utilisez jamais le mode « garder au chaud/warm » pour cuire les aliments. La température serait alors trop faible pour garantir une salubrité alimentaire exemplaire.

Faites cuire complètement la volaille et la viande hachée avant de les mettre dans la mijoteuse. (En cas d'exception, les indications sont données clairement dans les recettes.) Si vous faites cuire la viande hachée la veille, gardez-la au réfrigérateur dans un contenant séparé.

Ne réfrigérez pas la volaille ou la viande crue ou partiellement cuite dans la cocotte de la mijoteuse. Le récipient trop froid ralentira inévitablement la cuisson. La volaille et la viande partiellement cuites doivent être transvidées immédiatement dans la cocotte de la mijoteuse. Ne les réfrigérez pas en prévision d'une cuisson ultérieure.

Les viandes et les légumes précoupés doivent être conservés séparément au réfrigérateur. Après avoir coupé de la viande crue, lavez minutieusement la planche à découper et les ustensiles à l'eau chaude savonneuse avant de les utiliser pour d'autres aliments.

Vérifiez la cuisson dès que le temps minimal requis s'est écoulé, surtout si vous essayez une recette pour la première fois.

Prenez un thermomètre à viande pour vérifier la cuisson de vos pains de viande ou d'un poulet entier. Insérez-le dans la partie la plus épaisse du pain de viande ou de la cuisse de volaille : la température doit atteindre 180 °C (350 °F).

Réfrigérez les restes d'aliments cuits à la mijoteuse le plus vite possible dans de petits contenants.

Ne réchauffez jamais d'aliments à la mijoteuse. Faites décongeler les restes au réfrigérateur ou au micro-ondes, puis réchauffez-les au four, sur la cuisinière ou au micro-ondes.

Les limites de la mijoteuse

Bien que très pratique, la mijoteuse a ses limites. Pour éviter les mauvaises surprises, il est important de bien faire la distinction entre les aliments qui cuisent bien dans cet appareil et ceux qui donnent de moins bons résultats.

Renoncez à l'idée de cuire à la mijoteuse des coupes de viande coûteuses telles que le filet ou la côte de bœuf. La mijoteuse a été conçue expressément pour attendrir les coupes de viande moins coûteuses grâce à sa capacité de décomposer le collagène et d'attendrir les tissus graisseux. Les viandes destinées à être cuites au four, sur le gril ou à la poêle sont évidemment meilleures si on les fait cuire au four, sur le gril ou à la poêle, comme le recommandent les bouchers.

Lorsqu'il est indiqué d'utiliser de l'ail haché ou émincé, il est important de prendre des gousses d'ail fraîches et non pas de l'ail émincé en conserve.

Il n'est pas non plus de mise d'utiliser la mijoteuse pour faire cuire des desserts comme des tartes ou des biscuits, qui ont besoin de chaleur sèche. Même si nous pouvons préparer de succulents desserts à la mijoteuse, la cuisson au four est préférable pour la plupart des produits de boulangerie.

Soyez vigilant lorsque vous mettez des œufs ou des produits laitiers dans la mijoteuse, car ils peuvent cuire, durcir ou se séparer très rapidement. Pour éviter ce genre de problème, respectez scrupuleusement les temps de cuisson indiqués dans les recettes.

Les ingrédients indispensables

Pour obtenir de meilleurs résultats, utilisez les ingrédients recommandés dans la recette ou les divers trucs que vous retrouverez en encadrés.

Optez pour des herbes séchées entières plutôt que des fines herbes moulues. Émiettez-les avant de les mettre dans la mijoteuse.

Pour accélérer le nettoyage de la cocotte, vaporisez-la avec un enduit végétal antiadhésif avant d'y ajouter les aliments. Ne la soumettez jamais à des changements brusques de température. Avant de procéder au nettoyage, attendez qu'elle revienne à température ambiante, puis remplissez-la d'eau chaude savonneuse. Laissez-la tremper pendant environ une heure avant de la récurer avec une brosse en nylon. La plupart des cocottes sont lavables au lave-vaisselle.

Les œufs doivent être à température ambiante pour les recettes de boulangerie. Pour les autres recettes, on peut prendre des œufs du réfrigérateur.

Prenez du sel de table (sel fin), sauf indication contraire.

Utilisez toujours de gros œufs. Vous n'obtiendrez pas les mêmes résultats si vous prenez des œufs moyens ou extragros.

Achetez du lait et du yogourt 2 % M.G., sauf indication contraire.

Utilisez du beurre salé.

Achetez des fruits et des légumes de grosseur moyenne, sauf indication contraire. Retirez la pelure, les pépins, les noyaux et toute autre partie non comestible, sauf indication contraire.

Utilisez des oignons ordinaires pour la cuisson, sauf indication contraire.

> Vaporisez la cocotte de la mijoteuse d'enduit végétal antiadhésif.

Les tomates en dés en conserve sont préférables aux tomates entières, sauf indication contraire.

Le riz blanc étuvé à grain long est idéal pour la mijoteuse, sauf indication contraire.

Procurez-vous des pâtes à lasagnes fraîches plutôt que des lasagnes sèches qu'il faut faire bouillir. On peut utiliser des pâtes sèches pour tous les autres types de pâtes.

L'huile végétale que j'utilise pour saisir les viandes et faire sauter les légumes est un mélange d'huile de tournesol et d'huile de canola (colza).

Achetez de préférence de la volaille refroidie à l'air. Sa texture est plus ferme et elle conserve mieux sa forme et sa tendreté malgré une longue cuisson à la mijoteuse.

Évitez la volaille et les viandes traitées avec de l'eau ajoutée, du phosphate de sodium ou d'autres ingrédients douteux. Ces produits ont tendance à rendre trop aqueux et salés les aliments cuits à la mijoteuse.

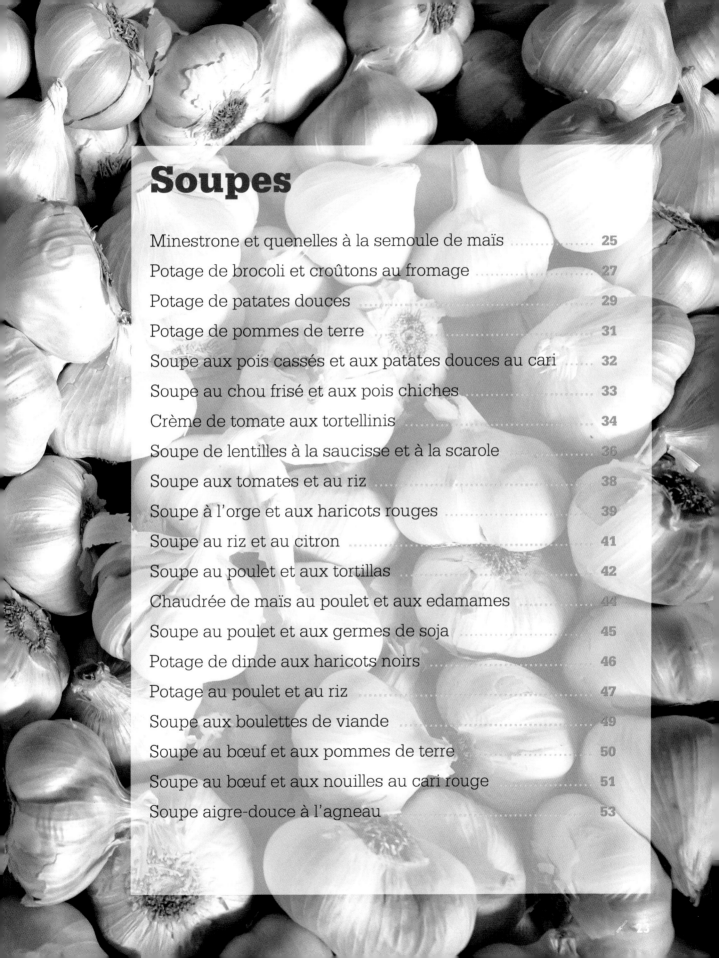

Soupes

Minestrone et quenelles à la semoule de maïs

Minestrone
et quenelles à la semoule de maïs

Mijoteuse de 4 litres (16 tasses) ou plus :: 6 à 8 portions

Minestrone

15 ml	huile végétale	1 c. à soupe
1	oignon, haché finement	1
3	gousses d'ail, émincées	3
2	pommes de terre, pelées et hachées grossièrement	2
560 g	tomates à l'étuvée pour chili en conserve, avec leur jus	2 ¼ tasses
80 g	piments verts doux hachés en conserve, avec leur liquide	½ tasse
400 g	haricots noirs, cuits ou en conserve (voir page 84), rincés et égouttés	2 tasses
400 g	pois chiches, cuits ou en conserve (voir page 84), rincés et égouttés	2 tasses
180 g	maïs en grains, décongelé	1 tasse
200 g	haricots verts, hachés	1 tasse
160 g	carottes, en dés	1 tasse
10 g	piment chipotle en sauce adobo, haché	1 c. à soupe
2 g	cumin moulu	1 c. à thé
1 litre	bouillon de poulet ou de bœuf	4 tasses
	Jus de 1 lime (citron vert)	

Quenelles

50 g	farine tout usage (type 55)	⅔ de tasse
30 g	semoule de maïs	¼ de tasse
15 g	levure chimique (poudre à pâte)	1 c. à soupe
1	pincée de poivre du moulin	1
1	œuf	1
15 ml	lait	1 c. à soupe
10 ml	huile végétale	2 c. à thé

1. Dans une grande poêle, à feu moyen-vif, chauffer l'huile végétale et faire sauter l'oignon pendant 5 minutes ou jusqu'à ce qu'il soit tendre et translucide. Ajouter l'ail, faire sauter pendant 1 minute et transvider dans la cocotte de la mijoteuse.

2. Ajouter le reste des ingrédients.

3. Couvrir et cuire à basse température de 6 à 8 heures ou à température élevée de 3 à 4 heures, jusqu'à ce que la soupe soit bouillonnante et que les légumes soient tendres.

4. *Quenelles* : dans un bol, mélanger la farine, la semoule de maïs, la levure chimique et le poivre. Dans un autre bol, fouetter l'œuf avec le lait et l'huile végétale. Incorporer les ingrédients liquides aux ingrédients secs à l'aide d'une fourchette.

5. À l'aide d'une cuillère à soupe, jeter de 6 à 8 cuillerées de pâte à quenelles dans la soupe bouillonnante. Couvrir et cuire à basse température environ 30 minutes ou jusqu'à ce qu'une brochette insérée au centre d'une quenelle en ressorte propre.

6. Servir la minestrone avec au moins une quenelle dans chaque bol.

Préparation à l'avance

On peut assembler cette soupe jusqu'à 12 heures à l'avance. Préparer les étapes 1 et 2, couvrir et réfrigérer toute la nuit. Le lendemain, placer la cocotte dans la mijoteuse et poursuivre la recette avec l'étape 3.

Variante

Remplacer les pois chiches par 320 g (2 tasses) de dinde ou de poulet cuit et haché.

Trucs

Pour hacher un oignon sans difficulté, pelez-le et coupez-le en deux sur la longueur. Placez chacune des moitiés sur une planche à découper, face coupée vers le bas. Coupez-les sur la largeur en tenant les tranches bien en place, puis coupez-les sur la longueur.

Pour réussir la cuisson des quenelles, ne soulevez pas le couvercle de la mijoteuse avant que le temps soit venu de procéder au test à l'aide d'une brochette.

Potage de brocoli et croûtons au fromage

Mijoteuse de 4 litres (16 tasses) ou plus :: 6 portions

Potage

30 ml	huile végétale	2 c. à soupe
2	oignons, hachés finement	2
1,3 kg	brocoli, haché	8 tasses
1 litre	bouillon de légumes	4 tasses
15 ml	sauce Worcestershire	1 c. à soupe
1 g	muscade moulue	½ c. à thé
375 ml	crème fleurette ou 15 %	1 ½ tasse
120 g	cheddar fort, râpé	1 tasse
30 ml	xérès sec (facultatif)	2 c. à soupe
	Sel et poivre du moulin	
	Croûtons au fromage (recette ci-après)	

Trucs

Vous pouvez remplacer le brocoli frais par la même quantité de brocoli surgelé haché.

Il est possible de remplacer la crème par la même quantité de lait concentré non sucré.

1. Dans une grande poêle, à feu moyen-vif, chauffer l'huile végétale et faire sauter les oignons pendant 5 minutes ou jusqu'à ce qu'ils soient tendres et translucides. Mettre dans la cocotte de la mijoteuse. Ajouter le brocoli, le bouillon, la sauce Worcestershire et la muscade.

2. Couvrir et cuire à basse température de 4 à 6 heures ou à température élevée de 2 à 3 heures, jusqu'à ce que le liquide soit bouillonnant et que le brocoli soit tendre.

3. Au mélangeur, au robot culinaire ou à l'aide du pied-mélangeur, réduire la préparation en purée lisse. (Si on utilise un mélangeur ou un robot, remettre le potage dans la cocotte de la mijoteuse.)

4. Incorporer la crème, le cheddar et le xérès en remuant jusqu'à ce que le fromage soit fondu. Assaisonner au goût.

5. Servir dans des bols et garnir de croûtons au goût.

Le pied-mélangeur, ou le mixeur-plongeur, permet de mélanger les aliments cuits ou de les réduire en purée dans n'importe quel type de contenant. C'est un allié idéal pour émulsifier les sauces ou réduire les soupes en purée directement dans la cocotte de la mijoteuse.

Croûtons au fromage

Donne environ 20 croûtons

60 g	beurre, ramolli	¼ de tasse
1 g	thym séché	¼ de c. à thé
4	tranches de pain à sandwich	4
125 g	cheddar, tranché finement	4 oz

1. Chauffer une grande poêle à feu moyen-vif. Dans un petit bol, mélanger le beurre et le thym. Tartiner les tranches de pain d'un seul côté. Placer 2 tranches de pain dans la poêle, face beurrée vers le fond. Répartir le fromage sur le pain, puis couvrir avec les autres tranches de pain, face beurrée vers le haut.

2. Cuire de 3 à 5 minutes de chaque côté ou jusqu'à ce que le pain soit grillé. Laisser refroidir un peu, puis couper en carrés de 2,5 cm (1 po).

Potage de patates douces

Mijoteuse de 4 litres (16 tasses) ou plus :: 4 à 6 portions

30 g	beurre	2 c. à soupe
2	oignons, hachés finement	2
2	gousses d'ail, émincées	2
2	patates douces, hachées	2
I	piment jalapeno, épépiné et haché finement	I
2 g	paprika fumé	I c. à thé
I litre	bouillon de poulet ou de légumes	4 tasses
	Jus de 2 limes (citrons verts)	
	Sel	
	Crème sure, crème aigre ou yogourt nature	

Trucs

Sans être trop épicé, ce potage est délicieusement parfumé au paprika fumé. Servez-le avec du pain de maïs aux piments (recette ci-après).

Le paprika fumé est composé de poivrons fumés moulus. On trouve dans le commerce du paprika fumé doux, moyen ou fort. Utilisez-le avec parcimonie, car les assaisonnements fumés peuvent facilement masquer le goût des autres ingrédients.

1. Dans une grande poêle, à feu moyen-vif, chauffer le beurre et faire sauter les oignons pendant 5 minutes ou jusqu'à ce qu'ils soient tendres et translucides. Ajouter l'ail, les patates, le piment et le paprika, puis faire sauter pendant I minute. Transvider dans la cocotte de la mijoteuse, puis verser le bouillon.

2. Couvrir et cuire à basse température de 6 à 8 heures ou à température élevée de 3 à 4 heures, jusqu'à ce que la préparation soit bouillonnante et que les patates soient tendres.

3. Au mélangeur, au robot culinaire ou à l'aide du pied-mélangeur, réduire la préparation en purée lisse. (Si on utilise un mélangeur ou un robot, remettre le potage dans la cocotte de la mijoteuse.) Incorporer le jus de lime et saler au goût.

4. Servir dans des bols et garnir de crème sure ou de yogourt au goût.

Pain de maïs aux piments

Préchauffer le four à 180 °C/350 °F/gaz 4 :: 8 pointes ou 9 carrés

75 g	farine tout usage (type 55)	½ tasse
60 g	semoule de maïs	½ tasse
15 g	levure chimique (poudre à pâte)	1 c. à soupe
10 g	cassonade ou sucre roux bien tassé	2 c. à thé
2 g	sel	½ c. à thé
15 ml	huile végétale	1 c. à soupe
1	oignon, haché finement	1
1	petit piment jalapeno, épépiné et haché finement	1
40 g	poivron rouge, en dés	¼ de tasse
40 g	poivron vert, en dés	¼ de tasse
2	œufs	2
125 ml	huile végétale	½ tasse
180 g	maïs en grains, décongelé	1 tasse
15 g	coriandre fraîche, hachée	¼ de tasse
60 g	cheddar, râpé	½ tasse

1. Dans un grand bol, mélanger la farine, la semoule de maïs, la levure chimique, la cassonade et le sel. Réserver.

2. Dans une poêle, à feu moyen-vif, chauffer 15 ml (1 c. à soupe) d'huile végétale. Faire sauter l'oignon, le piment et les poivrons de 3 à 5 minutes ou jusqu'à ce qu'ils soient tendres. Laisser refroidir un peu dans un grand bol.

3. Graisser un moule métallique rond ou carré de 23 cm (9 po). Dans une tasse à mesurer (verre gradué), à l'aide d'un fouet, mélanger les œufs et 125 ml (½ tasse) d'huile végétale. Verser sur les poivrons refroidis, puis ajouter le maïs et la coriandre. Mélanger rapidement avec la préparation de farine, puis incorporer le fromage. Verser dans le moule.

4. Cuire au four de 35 à 40 minutes ou jusqu'à ce que le dessus du pain soit ferme et bien doré. Découper en pointes ou en carrés.

Truc

Le piment jalapeno renferme des huiles volatiles qui peuvent vous brûler la peau ou les yeux si vous le manipulez sans protection. Portez des gants en plastique ou en caoutchouc pour le hacher et évitez de toucher votre visage. Si vous touchez le piment à mains nues, lavez-les minutieusement à l'eau chaude savonneuse.

Potage de pommes de terre

Mijoteuse de 4 litres (16 tasses) ou plus :: 6 à 8 portions

1,75 kg	pommes de terre à pelure mince, en cubes de 2 cm (¾ de po)	3 ½ lb
80 g	poivron jaune, haché	½ tasse
4	gousses d'ail, rôties	4
1 g	poivre du moulin	½ c. à thé
1,25 litre	bouillon de poulet	5 tasses
120 g	cheddar fort, râpé	1 tasse
125 ml	crème légère	½ tasse
50 g	oignons verts, tranchés finement	½ tasse
	Ciboulette fraîche, hachée (facultatif)	

Trucs

En guise d'accompagnement, tartinez le reste de l'ail rôti sur des tranches de baguette grillée et ajoutez-y un peu de fromage de chèvre ramolli. Un délice !

Le reste d'ail rôti se conserve jusqu'à 3 jours au réfrigérateur dans un contenant hermétique. Vous pouvez le réduire en purée pour l'ajouter à une soupe, à un plat mijoté ou à une sauce que vous servirez avec des pâtes.

1. Dans la cocotte de la mijoteuse, mélanger les pommes de terre, le poivron, l'ail, le poivre et le bouillon.

2. Couvrir et cuire à basse température de 8 à 10 heures ou à température élevée de 4 à 5 heures, jusqu'à ce que la soupe soit bouillonnante et que les pommes de terre soient tendres.

3. À l'aide du pied-mélangeur ou du pilon à purée, réduire la préparation en potage épais. Ajouter le fromage, la crème et les oignons verts.

4. Servir dans des bols et garnir de ciboulette au goût.

Comment faire rôtir l'ail

Préchauffer le four à 200 °C/400 °F/gaz 6.

Éplucher la tête d'ail sans toutefois éplucher les gousses individuelles. À l'aide d'un couteau pointu, couper de 5 mm à 1 cm (¼ à ½ po) de la partie supérieure de la tête d'ail afin d'exposer les gousses. Placer sur une feuille de papier d'aluminium ou dans un cuiseur à ail. Arroser d'huile d'olive, refermer le papier ou mettre le couvercle du cuiseur. Cuire au four de 30 à 35 minutes ou jusqu'à ce que les gousses soient tendres quand on les presse. Laisser refroidir à température ambiante. Presser sur les gousses pour les faire sortir de leur pelure ou les retirer à l'aide d'une petite fourchette à cocktail.

Préparation à l'avance

On peut assembler ce potage jusqu'à 12 heures à l'avance. Préparer l'étape 1, couvrir et réfrigérer toute la nuit. Le lendemain, placer la cocotte dans la mijoteuse et poursuivre la recette avec l'étape 2.

Soupe aux pois cassés et aux patates douces au cari

Mijoteuse de 5 litres (20 tasses) ou plus :: 6 à 8 portions

5 ml	huile végétale	1 c. à thé
2 g	graines de cumin	1 c. à thé
5 g	graines de fenouil	1 c. à thé
5 g	gingembre, râpé	1 c. à thé
2 g	ail, émincé finement	1 c. à thé
1	gros oignon, haché finement	1
500 g	pois cassés jaunes, triés, rincés et égouttés	1 lb
500 g	jarret de porc fumé	1 lb
180 g	céleri, haché grossièrement	1 ½ tasse
3	carottes, hachées grossièrement	3
2	patates douces, hachées grossièrement	2
7 g	poudre de cari	1 c. à soupe
15 g	marjolaine séchée, broyée	1 c. à soupe
2	feuilles de laurier	2
0,5 g	poivre du moulin	¼ de c. à thé
1,5 litre	eau	6 tasses

1. Dans une petite poêle, à feu moyen-vif, chauffer l'huile végétale et faire griller les graines de cumin et de fenouil pendant 10 secondes en remuant. Ajouter le gingembre, l'ail et l'oignon. Faire sauter environ 5 minutes ou jusqu'à ce que les oignons soient translucides. Transvider dans la cocotte de la mijoteuse.

2. Ajouter le reste des ingrédients et l'eau.

3. Couvrir et cuire à basse température de 9 à 11 heures ou à température élevée de 4 ½ à 5 ½ heures, jusqu'à ce que la soupe soit épaisse et bouillonnante et que les pois soient tendres.

4. Jeter le laurier. Laisser refroidir légèrement le jarret de porc dans un bol avant de le désosser. Jeter la peau et l'os. Hacher finement la chair et l'incorporer à la soupe. Réchauffer à basse température environ 20 minutes.

Préparation à l'avance

On peut assembler cette soupe jusqu'à 12 heures à l'avance. Préparer les étapes 1 et 2, couvrir et réfrigérer toute la nuit. Le lendemain, placer la cocotte dans la mijoteuse et poursuivre la recette avec l'étape 3.

Trucs

Pour une consistance plus lisse, réduisez une partie de la soupe en purée après avoir retiré le jarret de porc. Utilisez un pied-mélangeur (mixeur-plongeur) jusqu'à ce que la soupe ait la texture voulue. Vous pouvez aussi réduire 375 ml (1 ½ tasse) de soupe en purée à l'aide du mélangeur ou du robot, puis la verser dans la cocotte avant de poursuivre la recette.

Triez les pois cassés avant la cuisson afin d'éliminer les petites pierres ou les pois décolorés. Rincez-les dans un tamis jusqu'à ce que l'eau devienne claire.

Soupe au chou frisé et aux pois chiches

Mijoteuse de 4 litres (16 tasses) ou plus :: 6 portions

30 ml	huile d'olive	2 c. à soupe
I	oignon, haché	I
2	gousses d'ail, émincées	2
2 g	sel	½ c. à thé
I g	poivre du moulin	½ c. à thé
I g	sauge séchée, émiettée	¼ de c. à thé
2	patates douces, en cubes de 2,5 cm (I po)	2
I	poivron rouge, haché	I
400 g	pois chiches cuits ou en conserve (voir page 84), rincés et égouttés	2 tasses
240 g	jambon cuit ou poitrine de dinde fumée, en cubes	I ½ tasse
750 ml	bouillon de poulet	3 tasses
250 ml	eau	I tasse
480 g	chou vert frisé, haché	3 tasses
	Copeaux de parmesan	

Truc

Le chou vert frisé peut être remplacé par d'autres légumes verts en feuilles : chou cavalier, épinards, scarole, etc.

1. Dans une grande casserole, à feu moyen-vif, chauffer l'huile d'olive et faire sauter l'oignon et l'ail avec le sel, le poivre et la sauge environ 5 minutes ou jusqu'à ce que l'oignon soit tendre et translucide. Transvider dans la cocotte de la mijoteuse.

2. Ajouter les patates, le poivron, les pois chiches, la viande, le bouillon et l'eau.

3. Couvrir et cuire à basse température de 6 à 8 heures ou à température élevée de 3 à 4 heures, jusqu'à ce que la soupe soit bouillonnante et que les patates soient tendres.

4. Ajouter le chou. Couvrir et cuire à température élevée de 10 à 15 minutes ou jusqu'à ce que le chou soit tendre.

5. Servir dans des bols et garnir de copeaux de parmesan au goût.

Le chou vert frisé regorge de nutriments. Cultivé depuis plus de 2000 ans, il fait partie de la famille des crucifères, comme beaucoup d'autres légumes (chou pommé, choux de Bruxelles, chou cavalier, etc.). La couleur de ses feuilles plissées varie du vert grisâtre au vert foncé. Il est meilleur pendant la saison froide, mais on peut maintenant s'en procurer toute l'année.

Crème de tomate aux tortellinis

Mijoteuse de 4 litres (16 tasses) ou plus :: 4 à 6 portions

80 g	beurre, fondu	⅓ de tasse
50 g	farine tout usage (type 55)	⅓ de tasse
500 ml	bouillon de poulet	2 tasses
3	grosses tomates, hachées grossièrement	3
3	gousses d'ail, émincées	3
l	oignon, haché finement	l
2 g	basilic séché	½ c. à thé
2 g	sel	½ c. à thé
l g	origan séché	¼ de c. à thé
l	pincée de piment de Cayenne	l
300 g	tortellinis au fromage (pâtes fraîches)	10 oz
375 ml	lait concentré non sucré	l ½ tasse
240 g	jeunes épinards	6 tasses
	Poivre du moulin	
	Parmesan, râpé	

1. Dans la cocotte de la mijoteuse, à l'aide d'un fouet, mélanger le beurre et la farine jusqu'à l'obtention d'une pâte légère. Verser lentement le bouillon en battant continuellement à l'aide du fouet. Ajouter les tomates, l'ail, l'oignon, le basilic, le sel, l'origan et le piment de Cayenne.

2. Couvrir et cuire à basse température de 6 à 8 heures ou à température élevée de 3 à 4 heures, jusqu'à ce que la soupe soit épaisse et que les légumes soient tendres.

3. Au mélangeur, au robot culinaire ou à l'aide du pied-mélangeur, réduire la préparation en purée lisse. (Si on utilise un mélangeur ou un robot, remettre la crème de tomate dans la cocotte de la mijoteuse.)

4. Dans une grande casserole d'eau bouillante salée, cuire les pâtes en suivant les indications inscrites sur l'emballage. Égoutter et transvider dans la cocotte. Incorporer le lait concentré et les épinards.

5. Couvrir et cuire à température élevée pendant 5 minutes ou jusqu'à ce que les épinards soient légèrement ramollis. Servir dans des bols, poivrer au goût et saupoudrer de parmesan.

Préparation à l'avance

On peut assembler cette soupe jusqu'à 12 heures à l'avance. Préparer l'étape 1, couvrir et réfrigérer toute la nuit. Le lendemain, placer la cocotte dans la mijoteuse et poursuivre la recette avec l'étape 2.

Truc

La meilleure façon de laisser mûrir les tomates est de les garder à température ambiante dans un sac en papier. Ne les mettez jamais au réfrigérateur, car le froid altérera leur saveur délicate.

Crème de tomate aux tortellinis

Soupe de lentilles à la saucisse et à la scarole

Mijoteuse de 4 litres (16 tasses) ou plus :: 6 à 8 portions

30 ml	huile d'olive	2 c. à soupe
500 g	saucisses italiennes douces ou épicées, en morceaux de 2,5 cm (1 po)	1 lb
4	gousses d'ail, hachées finement	4
2	carottes, en dés	2
2	branches de céleri, hachées finement	2
1	oignon, haché finement	1
30 g	pâte de tomate	2 c. à soupe
300 g	lentilles rouges sèches, rincées et égouttées	1 ½ tasse
1	feuille de laurier	1
750 ml	bouillon de poulet	3 tasses
750 ml	eau	3 tasses
250 g	scarole, hachée	4 tasses
15 à 30 ml	vinaigre de vin rouge	1 à 2 c. à soupe
	Sel et poivre du moulin	
	Croûtons au cumin (recette ci-après)	

1. Dans une poêle, à feu moyen-vif, chauffer 15 ml (1 c. à soupe) d'huile d'olive et faire revenir les saucisses de 8 à 10 minutes. À l'aide d'une cuillère à égoutter, mettre les saucisses dans la cocotte de la mijoteuse.

2. Dans la même poêle, à feu moyen, chauffer le reste de l'huile d'olive et faire sauter l'ail, les carottes, le céleri et l'oignon pendant 5 minutes. Ajouter la pâte de tomate et transvider la préparation dans la cocotte de la mijoteuse. Ajouter les lentilles, le laurier, le bouillon et l'eau.

3. Couvrir et cuire à basse température de 8 à 10 heures ou à température élevée de 4 à 5 heures, jusqu'à ce que la soupe soit bouillonnante et que les lentilles soient tendres.

4. Ajouter la scarole. Couvrir et cuire à température élevée environ 3 minutes ou jusqu'à ce qu'elle soit tendre. Incorporer le vinaigre et assaisonner au goût. Jeter le laurier.

5. Servir dans des bols et garnir de croûtons au goût.

Variante

La chicorée frisée peut remplacer la scarole dans cette recette, mais elle est un peu plus amère.

Truc

Si vous n'avez pas le temps de préparer vos croûtons, prenez ceux du commerce.

Préparation à l'avance

On peut assembler cette soupe jusqu'à 12 heures à l'avance. Cuire complètement les saucisses à l'étape 1 et réfrigérer dans un contenant hermétique. Faire l'étape 2 sans ajouter les lentilles. Couvrir et réfrigérer toute la nuit. Le lendemain, placer la cocotte dans la mijoteuse, ajouter les saucisses et les lentilles et poursuivre la recette avec l'étape 3.

La scarole crue est amère, mais une fois cuite elle devient beaucoup plus douce. Illustre membre de la famille de la chicorée, elle est riche en vitamine A et en folate en plus d'être une bonne source de fibres alimentaires.

Croûtons au cumin

Préchauffer le four à 180 °C/350 °F/gaz 4 :: 8 pointes ou 9 carrés

30 g	beurre	2 c. à soupe
5 g	cumin moulu	2 c. à thé
240 g	pain, coupé en cubes	2 tasses

Trucs

Les croûtons se conservent toute la journée dans un contenant hermétique gardé dans un endroit frais et sec.

Utilisez du pain ciabatta ou un autre pain de qualité supérieure pour faire vos croûtons.

1. Dans une grande poêle, à feu moyen, chauffer le beurre, ajouter le cumin et faire dorer le pain pendant 5 minutes ou jusqu'à ce que les croûtons soient croustillants. Laisser refroidir complètement dans une assiette tapissée de papier absorbant.

Soupe aux tomates et au riz

Mijoteuse de 4 litres (16 tasses) ou plus :: 6 portions

30 ml	huile végétale	2 c. à soupe
2	gousses d'ail, émincées	2
1	oignon, haché	1
1	piment jalapeno, épépiné et émincé	1
1 g	cumin moulu	½ c. à thé
0,5 g	assaisonnement au chili	¼ de c. à thé
2	carottes, hachées	2
180 g	maïs en grains, décongelé	1 tasse
50 g	riz blanc à grain long	¼ de tasse
810 g	tomates en dés en conserve, avec leur jus	3 ¼ tasses
750 ml	eau	3 tasses
15 g	coriandre fraîche, émincée (facultatif)	¼ de tasse
15 ml	jus de lime (citron vert) frais	1 c. à soupe
	Sel et poivre du moulin	

1. Dans une grande poêle, à feu moyen-vif, chauffer l'huile végétale et faire sauter l'ail, l'oignon et le piment avec le cumin et l'assaisonnement au chili environ 5 minutes ou jusqu'à ce que l'oignon soit tendre et translucide. Transvider la préparation dans la cocotte de la mijoteuse. Ajouter les carottes, le maïs, le riz, les tomates et leur jus, et l'eau.

2. Couvrir et cuire à basse température de 6 à 8 heures ou à température élevée de 3 à 4 heures, jusqu'à ce que la soupe soit bouillonnante et que le riz soit tendre. Incorporer la coriandre et le jus de lime. Puis assaisonner au goût.

Truc

Essayez cette soupe avec les croûtons au fromage dont vous trouverez la recette à la page 28.

Soupe à l'orge et aux haricots rouges

Mijoteuse de 4 litres (16 tasses) ou plus :: 6 à 8 portions

800 g	haricots rouges cuits ou en conserve (voir page 84), rincés et égouttés	4 tasses
I	oignon, haché finement	I
I	poivron vert, haché finement	I
160 g	carottes, hachées finement	I tasse
120 g	céleri, haché finement	I tasse
200 g	orge perlé, rincé	I tasse
7 g	basilic séché	I ½ c. à thé
0,5 g	poivre du moulin	¼ de c. à thé
I litre	bouillon de légumes	4 tasses
560 g	tomates en dés en conserve, avec leur jus	2 ¼ tasses
250 ml	sauce tomate	I tasse
15 g	persil frais, haché	¼ de tasse

Truc

Vous pleurez en coupant des oignons ? Placez-les au congélateur pendant quelques minutes avant de les hacher.

1. Dans la cocotte de la mijoteuse, mélanger tous les ingrédients, sauf le persil.

2. Couvrir et cuire à basse température de 6 à 8 heures ou à température élevée de 3 à 4 heures, jusqu'à ce que la soupe soit bouillonnante et que l'orge soit tendre.

3. Servir dans des bols et garnir de persil au goût.

Soupe au riz et au citron

Soupe au riz et au citron

Mijoteuse de 3,5 à 5 litres (14 à 20 tasses) ou plus :: 4 portions

I litre	bouillon de poulet	4 tasses
100 g	riz blanc à grain court (voir Truc)	½ tasse
3	jaunes d'œufs	3
60 ml	jus de citron frais	¼ de tasse
I g	sel	¼ de c. à thé
0,5 g	poivre blanc moulu	¼ de c. à thé
4	tranches fines de citron (facultatif)	4
8 g	persil frais, haché finement (facultatif)	2 c. à soupe

Truc

Il est habituellement préférable d'utiliser du riz étuvé à grain long pour la cuisson à la mijoteuse. Dans cette recette, on utilise toutefois un riz à grain court (arborio ou autre) parce qu'il absorbe mieux le bouillon et donne une soupe plus consistante. N'utilisez pas de riz instantané.

1. Dans la cocotte de la mijoteuse, mélanger le bouillon et le riz.

2. Couvrir et cuire à température élevée de 2 à 3 heures, jusqu'à ce que le riz soit tendre.

3. Régler la mijoteuse à basse température. Dans un bol, à l'aide d'un fouet, mélanger les jaunes d'œufs et le jus de citron. Ajouter lentement une louche de bouillon chaud en fouettant sans cesse. (La préparation caillera si on verse le liquide trop rapidement.) Verser dans la cocotte de la mijoteuse.

4. Couvrir et cuire à basse température pendant 10 minutes. Saler et poivrer au goût.

5. Servir dans des bols et ajouter une tranche de citron et un peu de persil pour garnir chaque portion.

Soupe au poulet et aux tortillas

Mijoteuse de 4 litres (16 tasses) ou plus :: 4 portions

1 litre	bouillon de poulet	4 tasses
2	gousses d'ail, émincées	2
2 g	cumin moulu	1 c. à thé
5 g	coriandre moulue	1 c. à thé
560 g	tomates à l'étuvée en conserve, avec leur jus	2 ¼ tasses
320 g	poulet, cuit et effiloché	2 tasses
320 g	mélange de poivrons et d'oignons pour sautés, décongelés	1 tasse
90 g	maïs en grains, décongelé	½ tasse
60 g	chips tortillas, broyées	1 tasse
	Crème sure ou aigre	
8 g	coriandre fraîche, hachée	2 c. à soupe

1. Dans la cocotte de la mijoteuse, mélanger le bouillon, l'ail, le cumin, la coriandre moulue, les tomates et leur jus, le poulet, le mélange de poivrons et d'oignons et le maïs.

2. Couvrir et cuire à basse température de 6 à 7 heures ou à température élevée de 3 à 3 ½ heures, jusqu'à ce que la soupe soit bouillonnante et que les légumes soient tendres.

3. Servir dans des bols chauds et garnir de chips tortillas, de crème et de coriandre fraîche au goût.

Préparation à l'avance

On peut assembler cette soupe jusqu'à 12 heures à l'avance. Préparer l'étape 1, couvrir et réfrigérer toute la nuit. Le lendemain, placer la cocotte dans la mijoteuse et poursuivre la recette avec l'étape 2.

Trucs

Achetez un poulet cuit du commerce pour gagner du temps. Retirez et jetez la peau avant d'effilocher la chair.

Si vous aimez les soupes épicées, ajoutez 1 ou 2 tranches de piment jalapeno épépiné juste avant de servir.

Pour réchauffer les bols, mettez-les dans un évier propre et faites couler l'eau chaude. Au moment de servir, essuyez-les et versez-y la soupe sans tarder. Si l'eau du robinet n'est pas assez chaude, faites-la bouillir. Si vous avez la chance d'avoir un tiroir chauffe-plat, profitez-en pour vous en servir !

Soupe au poulet et aux tortillas

Chaudrée de maïs au poulet et aux edamames

Mijoteuse de 4 à 5 litres (16 à 20 tasses) :: 4 à 6 portions

3	tranches de bacon	3
500 g	poitrines (blancs) de poulet désossées et sans peau, en morceaux de 2,5 cm (1 po)	1 lb
1	oignon, haché	1
750 ml	bouillon de poulet	3 tasses
2	pommes de terre rouges, en cubes de 1 cm (½ po)	2
330 g	maïs en crème en conserve	1 ⅓ tasse
320 g	haricots edamames écossés, décongelés	2 tasses
1	gros poivron rouge, en dés	1
1	piment jalapeno, émincé	1
2 g	origan séché	½ c. à thé
20 g	farine tout usage (type 55)	2 c. à soupe
125 ml	crème 35 %	½ tasse
	Sel et poivre du moulin	
	Cheddar ou monterey jack, râpé	

1. Dans une grande casserole, cuire le bacon de 5 à 6 minutes ou jusqu'à ce qu'il soit doré et croustillant. Laisser égoutter sur du papier absorbant. Jeter le gras de la casserole, sauf 15 ml (1 c. à soupe). Émietter le bacon et réfrigérer dans un contenant hermétique.

2. Dans la même poêle, faire sauter le poulet et l'oignon de 4 à 5 minutes. À l'aide d'une cuillère à égoutter, mettre le poulet et l'oignon dans la cocotte de la mijoteuse. Ajouter le bouillon, les pommes de terre, le maïs, les edamames, le poivron, le piment et l'origan.

3. Couvrir et cuire à basse température de 6 à 8 heures ou à température élevée de 3 à 4 heures, jusqu'à ce que le poulet ait perdu sa couleur rosée et que les légumes soient tendres.

4. Dans un bol, à l'aide d'un fouet, mélanger la farine et la crème jusqu'à consistance lisse. Verser lentement dans la chaudrée de maïs. Couvrir et cuire à température élevée de 15 à 20 minutes ou jusqu'à léger épaississement. Assaisonner au goût.

5. Servir dans des bols et garnir de bacon et de fromage au goût.

Truc

Vous trouverez les haricots edamames avec les autres légumes surgelés ou dans la section des produits biologiques au supermarché. Vous pouvez les remplacer par des haricots de Lima si vous préférez.

Soupe au poulet
et aux germes de soja

Mijoteuse de 4 litres (16 tasses) ou plus :: 6 à 8 portions

2 litres	bouillon de poulet	8 tasses
320 g	poulet, cuit et effiloché	2 tasses (voir Trucs, page 42)
250 g	germes de soja	4 tasses
125 g	vermicelles de riz secs	4 oz
5 g	basilic thaï frais, haché	2 c. à soupe
	Sauce hoisin	
	Quartiers de lime (citron vert)	

Truc

D'un beau brun rougeâtre, la sauce hoisin est préparée avec des fèves de soja, de l'ail et des épices. On en trouve maintenant dans tous les supermarchés.

1. Dans la cocotte de la mijoteuse, mélanger le bouillon et le poulet.

2. Couvrir et cuire à basse température de 6 à 7 heures ou à température élevée pendant 3 heures, jusqu'à ce que la soupe soit bouillonnante.

3. Ajouter les germes de soja, les vermicelles et le basilic. Couvrir et cuire de 10 à 12 minutes ou jusqu'à ce que les pâtes soient tendres.

4. Servir dans des bols et assaisonner de sauce hoisin au goût. Garnir chaque portion d'un quartier de lime.

Potage de dinde aux haricots noirs

Mijoteuse de 5 litres (20 tasses) ou plus :: 6 à 8 portions

15 ml	huile végétale	1 c. à soupe
1	oignon, en dés	1
2	gousses d'ail, émincées	2
1	piment jalapeno, émincé	1
1,5 litre	bouillon de poulet	6 tasses
800 g	haricots noirs, cuits ou en conserve (voir page 84), rincés et égouttés	4 tasses
60 g	pâte de tomate	¼ de tasse
1	cuisse de dinde (environ 625 g/1 ¼ lb)	1
2	poivrons verts, en dés	2
1	tomate, en dés	1
60 ml	crème sure ou aigre	¼ de tasse
20 g	coriandre fraîche, hachée	⅓ de tasse

1. Dans une poêle antiadhésive, à feu moyen-vif, chauffer l'huile végétale et faire sauter l'oignon de 2 à 3 minutes. Ajouter l'ail et le piment et faire sauter pendant 1 minute. Transvider dans la cocotte de la mijoteuse, puis ajouter le bouillon, les haricots et la pâte de tomate. Ajouter la cuisse de dinde.

2. Couvrir et cuire à basse température de 6 à 8 heures ou à température élevée de 3 à 4 heures, jusqu'à ce que la chair de la volaille se détache de l'os.

3. À l'aide d'une cuillère à égoutter, mettre la dinde dans un bol. Désosser, hacher et réserver. Jeter l'os.

4. Au mélangeur, au robot culinaire ou à l'aide du pied-mélangeur, réduire la préparation en purée lisse. (Si on utilise un mélangeur ou un robot, remettre le potage dans la cocotte de la mijoteuse.)

5. Ajouter les poivrons, la tomate et la dinde hachée au potage et bien remuer. Couvrir et cuire à température élevée pendant 10 minutes ou jusqu'à ce que les légumes soient bien chauds.

6. Servir dans des bols et garnir de crème sure et de coriandre au goût.

Préparation à l'avance

On peut assembler ce potage jusqu'à 12 heures à l'avance. Préparer l'étape 1 sans ajouter la dinde, couvrir et réfrigérer toute la nuit. Le lendemain, placer la cocotte dans la mijoteuse, ajouter la dinde et poursuivre la recette avec l'étape 2.

Trucs

Si votre mijoteuse est petite et ronde, vous pouvez remplacer la cuisse de dinde par de la saucisse de dinde hachée, comme la saucisse kielbasa de dinde.

On trouve dans le commerce de nombreuses variétés de haricots en boîte. Pour cette recette, utilisez des haricots pinto ou rognons.

Potage au poulet et au riz

Mijoteuse de 4 litres (16 tasses) ou plus :: 6 portions

500 g	cuisse de dinde sans peau	1 lb
4	gousses d'ail, émincées	4
2	carottes, en lamelles de 5 cm (2 po) de longueur	2
160 g	champignons variés (de Paris, shiitakes, bolets, etc.)	2 tasses
80 g	oignon, haché	½ tasse
10 g	gingembre, râpé	2 c. à thé
750 ml	bouillon de poulet	3 tasses
30 ml	sauce soja	2 c. à soupe
375 ml	eau	(1 ½ tasse)
400 g	riz brun, cuit	2 tasses
240 g	bok choy, tranché	1 ½ tasse

Variante

Les cuisses de poulet sont aussi excellentes dans cette recette.

Truc

Gardez toujours votre racine de gingembre au congélateur. Elle se conservera plus longtemps, et vous pourrez la râper plus facilement. Utilisez une râpe Microplane pour obtenir de meilleurs résultats.

1. Dans la cocotte de la mijoteuse, mélanger la cuisse de dinde, l'ail, les carottes, les champignons, l'oignon, le gingembre, le bouillon, la sauce soja et l'eau.

2. Couvrir et cuire à basse température de 6 à 8 heures ou à température élevée de 3 à 4 heures, jusqu'à ce que la dinde ait perdu sa couleur rosée.

3. À l'aide d'une cuillère à égoutter, mettre la cuisse de dinde sur une planche à découper et laisser refroidir un peu avant de la désosser. Jeter les os. À l'aide de deux fourchettes, effilocher la chair en petites bouchées avant de la remettre dans la cocotte.

4. Ajouter le riz et le bok choy. Couvrir et cuire à température élevée pendant 15 minutes ou jusqu'à ce le riz soit bien chaud et que le bok choy soit tendre.

Soupe aux boulettes de viande

Soupe aux boulettes de viande

Mijoteuse de 5 litres (20 tasses) ou plus :: 4 à 6 portions

500 g	bœuf haché maigre	1 lb
500 g	porc haché maigre	1 lb
100 g	parmesan, râpé finement	1 tasse
120 g	chapelure à l'italienne	1 tasse
2	œufs, battus légèrement	2
60 g	persil plat frais, haché finement	1 tasse
2 g	sel	½ c. à thé
1 g	poivre du moulin	½ c. à thé
1,5 litre	bouillon de poulet	6 tasses
80 g	jeunes épinards hachés grossièrement ou scarole hachée	2 tasses
220 g	petites pâtes (coudes, coquillettes, étoiles, etc.), cuites	2 tasses
	Parmesan, râpé (facultatif)	

Truc

Le bouillon est un ingrédient essentiel dans tout garde-manger digne de ce nom. Les cubes et les poudres du commerce renferment beaucoup de sel et ont moins bon goût que le bouillon maison ou certains bouillons de qualité à teneur réduite en sel vendus dans le commerce. Ayez-en toujours une bonne quantité en réserve afin de ne pas en manquer au moment de préparer vos soupes et vos plats mijotés.

1. Dans un grand bol, mélanger le bœuf, le porc, le parmesan, la chapelure, les œufs, le persil, le sel et le poivre. Avec les mains, façonner des boulettes de 2 cm (¾ de po). Ranger les boulettes dans la cocotte de la mijoteuse et verser le bouillon.

2. Couvrir et cuire à basse température de 8 à 9 heures ou à température élevée de 4 ½ à 5 heures, jusqu'à ce que la soupe soit bouillonnante et que les boulettes soient cuites.

3. Ajouter les épinards. Couvrir et cuire à température élevée de 10 à 15 minutes ou jusqu'à ce qu'ils soient tendres. Ajouter les pâtes cuites.

4. Servir dans des bols et saupoudrer de parmesan au goût.

Le véritable parmesan est le Parmigiano-Reggiano. Il est plus cher, mais son goût est vraiment unique. Un morceau bien enveloppé se conserve pendant plusieurs mois au réfrigérateur et on peut le râper au fur et à mesure de ses besoins.

Soupe au bœuf et aux pommes de terre

Mijoteuse de 4 litres (16 tasses) ou plus :: 6 portions

750 g	tranche de palette ou d'épaule de bœuf désossée, en cubes de 2,5 cm (1 po)	1 ½ lb
2	pommes de terre, pelées et coupées en cubes de 2,5 cm (1 po)	2
1	oignon, coupé sur la largeur et séparé en rondelles	1
360 g	maïs en grains surgelé	2 tasses
2	gousses d'ail, émincées	2
625 ml	salsa croquante épaisse (douce ou piquante)	2 ½ tasses
500 ml	bouillon de bœuf	2 tasses
5 g	basilic séché	1 c. à thé
	Cheddar, monterey jack ou mélange de fromages râpés tex-mex (facultatif)	

1. Dans la cocotte de la mijoteuse, mélanger la viande, les pommes de terre, l'oignon et le maïs.

2. Dans un bol, mélanger l'ail, la salsa, le bouillon et le basilic. Verser sur la viande et les légumes.

3. Couvrir et cuire à basse température de 8 à 10 heures ou à température élevée de 4 à 5 heures, jusqu'à ce que la soupe soit bouillonnante et que la viande soit tendre.

4. Servir dans des bols et garnir de fromage au goût.

Préparation à l'avance

On peut assembler cette soupe jusqu'à 12 heures à l'avance. Préparer les étapes 1 et 2, couvrir et réfrigérer toute la nuit. Le lendemain, placer la cocotte dans la mijoteuse et poursuivre la recette avec l'étape 3.

Truc

Si vous aimez la coriandre fraîche, n'hésitez pas à en garnir cette soupe aux accents tex-mex. Un soupçon de jus de lime viendra lui ajouter encore plus de fraîcheur ! Utilisez une salsa épicée pour plus de piquant.

Soupe au bœuf et aux nouilles au cari rouge

Mijoteuse de 4 litres (16 tasses) ou plus :: 6 à 8 portions

30 ml	huile végétale	2 c. à soupe
500 g	tranche de palette ou d'épaule de bœuf désossée, en lanières de 2,5 cm (1 po)	1 lb
10 g	pâte de cari rouge thaïe	2 c. à thé
225 g	haricots verts, effilés et coupés en morceaux de 2,5 cm (1 po)	1 ¼ tasse
1 litre	bouillon de poulet	4 tasses
15 ml	sauce de poisson (environ)	1 c. à soupe
5 g	sucre	1 c. à thé
4	oignons verts, tranchés	4
12 g	basilic frais (voir Trucs), ciselé	¼ de tasse
30 ml	vinaigre de riz	2 c. à soupe
30 ml	sauce soja	2 c. à soupe
250 g	nouilles de riz, trempées (voir Trucs)	8 oz
60 g	germes de soja	1 tasse
30 g	feuilles de coriandre fraîche	½ tasse
80 g	arachides rôties sans sel, hachées grossièrement (facultatif)	½ tasse

Trucs

Déposer les nouilles de riz dans un grand bol résistant à la chaleur. Couvrez-les d'eau bouillante et laissez-les tremper pendant 10 minutes. Égouttez, rincez à l'eau froide et égouttez de nouveau.

Utilisez de préférence du basilic thaï pour cette recette, sinon prenez tout simplement du basilic italien.

1. Dans une poêle, à feu moyen-vif, chauffer 15 ml (1 c. à soupe) d'huile végétale et faire revenir la viande de 2 à 3 minutes. À l'aide d'une cuillère à égoutter, mettre la viande dans la cocotte de la mijoteuse.

2. Dans la même poêle, verser le reste de l'huile végétale et faire revenir le cari pendant 1 minute. Ajouter les haricots verts et faire sauter pendant 1 minute. Transvider dans la cocotte, puis ajouter le bouillon, la sauce de poisson et le sucre.

3. Couvrir et cuire à basse température de 7 à 9 heures ou à température élevée de 3 ½ à 4 ½ heures, jusqu'à ce que la soupe soit bouillonnante et que la viande soit tendre. Ajouter les oignons verts et le basilic.

4. Entre-temps, dans un petit bol, mélanger le vinaigre et la sauce soja. Répartir les nouilles dans des bols et verser la soupe. Ajouter les germes de soja, la coriandre et les arachides, puis du vinaigre au goût. Servir aussitôt.

La sauce de poisson est préparée avec des anchois fermentés et salés.

Soupe aigre-douce à l'agneau

Soupe aigre-douce à l'agneau

Mijoteuse de 4 litres (16 tasses) ou plus :: 4 à 6 portions

30 ml	huile d'olive (environ)	2 c. à soupe
500 g	épaule d'agneau désossée, parée et coupée en lanières	1 lb
5 g	sel	1 c. à thé
5 g	gingembre moulu	1 c. à thé
5 g	curcuma moulu	1 c. à thé
1 g	poivre du moulin	½ c. à thé
400 g	pois chiches, cuits ou en conserve (voir page 84), rincés et égouttés	2 tasses
750 g	tomates italiennes en conserve, égouttées	3 tasses
1	gros oignon, haché	1
1	bâton de cannelle de 8 cm (3 po)	1
8 g	coriandre fraîche, hachée	2 c. à soupe
1,75 litre	eau	(7 tasses)
200 g	orzo	1 tasse
160 g	dattes, hachées finement	1 tasse
	Jus de 1 citron	
	Coriandre fraîche, hachée (facultatif)	

Variante

Pour faire changement des pois chiches, on peut aussi faire cette recette avec des lentilles.

Truc

La forme de l'orzo est semblable à celle du grain de riz, mais il s'agit pourtant d'une pâte alimentaire à base de semoule de blé. Jadis, on fabriquait l'orzo avec de l'orge.

1. Dans une grande poêle antiadhésive, à feu moyen-vif, chauffer 15 ml (1 c. à soupe) d'huile d'olive et faire dorer l'agneau de 3 à 5 minutes. (Procéder par étapes si la poêle n'est pas assez grande et ajouter de l'huile d'olive au besoin.) À l'aide d'une cuillère à égoutter, mettre la viande dans la cocotte de la mijoteuse.

2. Ajouter le sel, le gingembre, le curcuma, le poivre, les pois chiches, les tomates, l'oignon, la cannelle, la coriandre et l'eau.

3. Couvrir et cuire à basse température de 10 à 12 heures ou à température élevée de 5 à 6 heures, jusqu'à ce que la soupe soit bouillonnante et que la viande soit tendre. Jeter le bâton de cannelle.

4. Dans une casserole d'eau bouillante salée, cuire l'orzo de 6 à 8 minutes ou jusqu'à ce qu'il soit al dente. Égoutter.

5. Ajouter l'orzo, les dattes et 30 ml (2 c. à soupe) de jus de citron dans la cocotte et bien mélanger. Rectifier l'assaisonnement en jus de citron au besoin.

6. Servir dans des bols et garnir de coriandre au goût.

Ragoûts

Ragoût de lentilles et de pois chiches

Mijoteuse de 4 litres (16 tasses) ou plus :: 6 à 8 portions

15 ml	huile d'olive	1 c. à soupe
1	oignon, haché finement	1
3	gousses d'ail, émincées	3
1 g	paprika doux	½ c. à thé
2 g	curcuma moulu	½ c. à thé
2 g	gingembre moulu	½ c. à thé
2 g	coriandre moulue	½ c. à thé
0,5 g	muscade moulue	¼ de c. à thé
4	branches de céleri, hachées finement	4
560 g	tomates en dés en conserve, avec leur jus	2 ¼ tasses
500 ml	bouillon de légumes	2 tasses
400 g	pois chiches, cuits ou en conserve (voir page 84), rincés et égouttés	2 tasses
200 g	lentilles rouges sèches, rincées	1 tasse
15 g	pâte de tomate	1 c. à soupe
3	clous de girofle entiers	3
1	bâton de cannelle de 8 cm (3 po)	1
0,5 g	poivre du moulin	¼ de c. à thé
100 g	orzo cuit ou 75 g (½ tasse) de petites pâtes cuites	½ tasse
80 g	dattes, dénoyautées et hachées	½ tasse
8 g	persil frais, haché grossièrement	2 c. à soupe
8 g	coriandre fraîche, hachée finement	2 c. à soupe
15 ml	jus de citron frais	1 c. à soupe
1	citron, en quartiers	1

1. Dans une grande poêle antiadhésive, à feu moyen-vif, chauffer l'huile d'olive et faire sauter l'oignon de 3 à 5 minutes ou jusqu'à ce qu'il soit tendre et translucide. Ajouter l'ail, le paprika, le curcuma, le gingembre, la coriandre moulue et la muscade. Faire sauter 1 minute, puis transvider dans la cocotte de la mijoteuse.

2. Ajouter le céleri, les tomates et leur jus, le bouillon, les pois chiches, les lentilles, la pâte de tomate, les clous de girofle, la cannelle et le poivre.

Ragoût de lentilles et de pois chiches

3. Couvrir et cuire à basse température de 8 à 10 heures ou à température élevée de 4 à 5 heures, jusqu'à ce que le ragoût soit bouillonnant.

4. Ajouter l'orzo. Couvrir et réchauffer à température élevée de 10 à 15 minutes. Jeter le bâton de cannelle. Ajouter le persil, la coriandre fraîche et le jus de citron. Accompagner de quartiers de citron.

Préparation à l'avance

On peut assembler ce plat jusqu'à 12 heures à l'avance. Préparer les étapes 1 et 2, sans ajouter les lentilles, couvrir et réfrigérer toute la nuit. Le lendemain, ajouter les lentilles, placer la cocotte dans la mijoteuse et poursuivre la recette avec l'étape 3.

Ne soulevez pas le couvercle !
Il est très tentant de soulever le couvercle de la mijoteuse pendant la cuisson des aliments. Le couvercle en forme de dôme maintient une bonne condensation d'eau dans la cocotte, ce qui préserve la chaleur. Quand on retire le couvercle, l'étanchéité de la cocotte est rompue et la chaleur s'échappe. La mijoteuse prendra alors plusieurs minutes avant de rétablir une température adéquate. Il n'est pas nécessaire de brasser les aliments pendant la cuisson. Si vous devez ajouter un ingrédient, replacez le couvercle sans tarder. Si vous soulevez celui-ci par mégarde, ajoutez 20 minutes au temps de cuisson indiqué dans la recette.

Trucs

La pâte de tomate en tube se conserve plusieurs mois au réfrigérateur.

La forme de l'orzo est semblable à celle du grain de riz, mais il s'agit pourtant d'une pâte alimentaire à base de semoule de blé. Dans cette recette, vous pouvez remplacer l'orzo par des petites pâtes ou des spaghettis coupés en morceaux.

Ce ragoût se conserve jusqu'à 5 jours dans un contenant hermétique gardé au réfrigérateur. Au moment de réchauffer les restes, ajoutez un peu d'eau si la consistance est trop épaisse.

Poulet aux pois chiches et au safran

Mijoteuse de 4 à 6 litres (16 à 24 tasses) :: 4 à 6 portions

40 g	farine tout usage (type 55)	¼ de tasse
5 g	sel	1 c. à thé
1 g	poivre du moulin	½ c. à thé
1 kg	hauts de cuisses de poulet désossés (8 à 10)	2 lb
250 g	chorizo fumé, en morceaux de 1 cm (½ po)	8 oz
400 g	pois chiches, cuits ou en conserve (voir page 84), rincés et égouttés	2 tasses
3	grosses gousses d'ail, broyées	3
5 g	origan séché	1 c. à thé
410 g	tomates en dés en conserve, avec leur jus	1 ⅔ tasse
10 ml	vinaigre de xérès	2 c. à thé
1	pincée de filaments de safran	1

Truc

Le chorizo est une saucisse de porc sèche condimentée au paprika fumé. On en trouve maintenant, frais ou fumé, dans la plupart des supermarchés et chez tous les bons bouchers.

1. Dans un bol, mélanger la farine, le sel et le poivre. Fariner le poulet et secouer pour enlever l'excédent. Placer le poulet dans la cocotte de la mijoteuse. Ajouter le chorizo, les pois chiches, l'ail et l'origan. Jeter le reste de la farine.

2. Au mélangeur ou au robot culinaire, réduire les tomates en purée avec leur jus, 125 ml (½ tasse) d'eau, le vinaigre et le safran. Verser uniformément sur le poulet.

3. Couvrir et cuire à basse température de 8 à 10 heures ou à température élevée de 4 à 6 heures, jusqu'à ce qu'un jus clair s'écoule lorsqu'on pique le poulet. Assaisonner au goût.

Ragoût de poulet à la courge

Mijoteuse de 4 litres (16 tasses) ou plus :: 4 portions

750 g	hauts de cuisses de poulet désossés, en morceaux de 5 cm (2 po)	1 ½ lb
22 ml	jus de citron frais	1 ½ c. à soupe
2 g	cumin moulu	1 c. à thé
1 g	piment de la Jamaïque moulu	½ c. à thé
1 g	piment de Cayenne	½ c. à thé
2	gousses d'ail, émincées	2
1	oignon rouge, haché	1
1	courge Butternut ou autre courge d'hiver, pelée et coupée en cubes (environ 960 g/6 tasses)	1
400 g	pois chiches, cuits ou en conserve (voir page 84), rincés et égouttés	2 tasses
125 ml	bouillon de poulet	½ tasse
	Sel et poivre du moulin	
4	oignons verts, hachés	4
	Couscous, cuit et chaud	
	Coriandre ou persil frais, haché	
4	rondelles de citron	4

1. Placer le poulet dans la cocotte de la mijoteuse et arroser de jus de citron.

2. Dans un petit bol, mélanger le cumin, le piment de la Jamaïque et le piment de Cayenne. Saupoudrer le poulet avec ce mélange. Ajouter l'ail, l'oignon, la courge et les pois chiches, puis verser le bouillon.

3. Couvrir et cuire à basse température de 5 à 7 heures ou à température élevée de 2 ½ à 4 heures, jusqu'à ce que le poulet ait perdu sa couleur rosée. Assaisonner au goût.

4. Ajouter les oignons verts. Couvrir et cuire à température élevée pendant 10 minutes.

5. Servir sur un lit de couscous, garnir de coriandre au goût et accompagner de rondelles de citron.

Trucs

Augmentez la quantité de piment de Cayenne si vous aimez son goût épicé. Vous pouvez aussi ajouter de la sauce piquante en fin de cuisson.

Si vous avez la chance de trouver de la courge en morceaux à votre supermarché, profitez-en : puisque cela vous fera gagner beaucoup de temps. Coupez-la simplement en cubes de 2,5 cm (1 po).

Ragoût de poulet et polenta croustillante

Mijoteuse de 4 litres (16 tasses) ou plus :: 4 à 6 portions

Ragoût de poulet

20 g	farine tout usage (type 55)	2 c. à soupe
5 g	sel	1 c. à thé
1 g	poivre du moulin	½ c. à thé
8 à 12	cuisses de poulet sans peau (environ 1,5 kg/3 lb)	8 à 12
30 ml	huile d'olive (environ)	2 c. à soupe
500 g	champignons, en quartiers	6 ¼ tasses
2	oignons, tranchés	2
4	gousses d'ail, tranchées	4
125 ml	vin blanc sec	½ tasse
560 g	tomates en conserve, avec leur jus	2 ¼ tasses
5 g	assaisonnement à l'italienne	1 c. à thé
50 g	olives vertes, dénoyautées et coupées en deux	⅓ de tasse
	Persil frais, haché	

Polenta croustillante

1	tube de 500 g (1 lb) de polenta nature	1
15 ml	huile d'olive	1 c. à soupe
	Sel et poivre du moulin	

1. *Ragoût de poulet :* dans un bol, mélanger la farine, le sel et le poivre. Fariner le poulet et réserver le reste de la farine.

2. Dans une grande poêle antiadhésive, à feu moyen-vif, chauffer 15 ml (1 c. à soupe) d'huile d'olive et faire dorer le poulet de 2 à 3 minutes de chaque côté. (Procéder par étapes si la poêle n'est pas assez grande et ajouter de l'huile d'olive au besoin.) À l'aide d'une cuillère à égoutter, mettre le poulet dans la cocotte de la mijoteuse, puis ajouter les champignons.

3. Dans la même poêle, à feu moyen-vif, faire revenir les oignons de 3 à 5 minutes en ajoutant un peu d'huile au besoin. Ajouter l'ail et faire sauter pendant 1 minute. Saupoudrer la farine réservée et remuer pour bien enrober les oignons. Verser le vin blanc et bien mélanger.

4. Mettre les oignons dans la cocotte. Ajouter les tomates et leur jus ainsi que l'assaisonnement à l'italienne en défaisant les tomates à l'aide d'une cuillère en bois.

5. Couvrir et cuire à basse température de 8 à 10 heures ou à température élevée de 4 à 6 heures, jusqu'à ce que le ragoût soit bouillonnant et qu'un jus clair s'écoule lorsqu'on pique le poulet. Ajouter les olives, couvrir et cuire environ 5 minutes.

6. *Polenta croustillante :* entre-temps, préchauffer le gril en plaçant la grille à 15 cm à 20 cm (6 à 8 po) de la source de chaleur. Couper la polenta en 12 tranches et les badigeonner d'huile d'olive de chaque côté avant de les ranger sur une plaque à pâtisserie à bord élevé. Assaisonner au goût et faire griller de 10 à 15 minutes, sans les retourner, ou jusqu'à ce que les tranches soient bien dorées.

7. Servir la polenta dans des assiettes ou des bols, répartir le ragoût et garnir de persil au goût.

Trucs

Les cuisses de poulet requièrent une cuisson un peu plus longue que les hauts de cuisses désossés. Si vous achetez des cuisses avec la peau, vous n'avez qu'à retirer celle-ci avant de les faire cuire à la poêle.

Essuyez les champignons avec un papier absorbant humide avant de les couper en quartiers. Si vous les rincez ou les faites tremper, ils absorberont trop d'eau et perdront leur forme pendant la cuisson.

Les temps de cuisson peuvent varier selon la mijoteuse utilisée. Laissez toujours cuire les aliments le temps minimal requis avant de vérifier la cuisson.

Ragoût de poulet et polenta croustillante

Ragoût de bœuf à la bière

Mijoteuse de 4 à 6 litres (16 à 24 tasses) :: 6 à 8 portions

Ragoût de bœuf

4	tranches de bacon fumé, en dés	4
1,5 kg	bœuf en cubes de 2,5 cm (1 po)	3 lb
	Huile végétale (au besoin)	
125 ml	bière brune	½ tasse
810 g	tomates en conserve, avec leur jus	3 ¼ tasses
4	gousses d'ail, émincées	4
2	oignons jaunes, en dés	2
1	oignon rouge, en dés	1
1	poivron jaune, en dés	1
1	piment jalapeno, épépiné et haché	1
7 g	piment ancho en poudre	1 c. à soupe
10 g	origan séché	2 c. à thé
2 g	cannelle moulue	½ c. à thé

Quenelles à la semoule de maïs

75 g	farine tout usage (type 55)	½ tasse
15 g	semoule de maïs	2 c. à soupe
2 g	sel	½ c. à thé
1	œuf, battu légèrement	1
80 ml	lait	⅓ de tasse
15 g	beurre, fondu	1 c. à soupe
	Quartiers de lime (citron vert)	

1. *Ragoût de bœuf :* dans une grande poêle antiadhésive, à feu moyen-vif, faire revenir le bacon de 5 à 7 minutes ou jusqu'à ce qu'il soit croustillant. À l'aide d'une cuillère à égoutter, mettre le bacon dans une assiette tapissée de papier absorbant.

2. Dans la poêle, à feu moyen-vif, cuire le bœuf environ 5 minutes ou jusqu'à ce qu'il soit doré sur toutes les faces. (Procéder par étapes si la poêle n'est pas assez grande et ajouter de l'huile végétale au besoin.) À l'aide d'une cuillère à égoutter, mettre la viande dans la cocotte de la mijoteuse.

Trucs

Pour hacher un oignon sans difficulté, pelez-le et coupez-le en deux sur la longueur. Placez chacune des moitiés sur une planche à découper, face coupée vers le bas. Coupez-les sur la largeur en tenant les tranches bien en place, puis coupez-les sur la longueur.

Le piment jalapeno renferme des huiles volatiles qui peuvent vous brûler la peau ou les yeux si vous le manipulez sans protection. Portez des gants en plastique ou en caoutchouc pour le hacher et évitez de toucher votre visage. Si vous touchez le piment à mains nues, lavez-les minutieusement à l'eau chaude savonneuse.

Il faut utiliser de gros œufs dans la plupart des recettes. Si la grosseur n'est pas indiquée, tenez pour acquis qu'ils doivent être gros.

3. Verser la bière dans la poêle, porter à ébullition et déglacer à l'aide d'une spatule. Vider la bière dans la cocotte. Ajouter le bacon réservé, les tomates et leur jus, l'ail, les oignons, le poivron, les piments, l'origan et la cannelle.

4. Couvrir et cuire à basse température de 8 à 10 heures ou à température élevée de 4 à 6 heures, jusqu'à ce que la viande et les légumes soient tendres et que le ragoût soit bouillonnant.

5. *Quenelles à la semoule de maïs :* dans un bol, mélanger la farine, la semoule de maïs et le sel. Dans un autre bol, à l'aide d'un fouet, mélanger l'œuf, le lait et le beurre. Incorporer au mélange de farine.

6. À l'aide d'une cuillère à soupe, jeter la pâte à quenelles dans le ragoût bouillonnant. Couvrir et cuire à température élevée de 20 à 25 minutes ou jusqu'à ce qu'une brochette insérée au centre d'une quenelle en ressorte propre. Servir avec des quartiers de lime.

Préparation à l'avance

On peut assembler ce plat jusqu'à 12 heures à l'avance, sans la viande. Cuire le bacon comme indiqué à l'étape 1 et réfrigérer dans un contenant hermétique. Omettre l'étape 2 et faire l'étape 3. Couvrir et réfrigérer toute la nuit. Le lendemain, faire revenir le bœuf dans 30 ml (2 c. à soupe) d'huile végétale. Placer la cocotte dans la mijoteuse, ajouter le bœuf et le bacon, puis poursuivre la recette avec l'étape 4.

La poudre de piment ancho est très prisée dans la cuisine mexicaine. Elle est composée de piments poblanos séchés et moulus et son goût, qui varie de doux à moyennement piquant, est agréablement fumé. On peut la remplacer par de l'assaisonnement au chili.

Ragoût de bœuf aux panais et au fenouil

Mijoteuse de 4 litres (16 tasses) ou plus :: 6 à 8 portions

30 g	farine tout usage (type 55)	3 c. à soupe
5 g	sel	1 c. à thé
2 g	poivre du moulin	1 c. à thé
1 kg	bœuf en cubes de 2,5 cm (1 po)	2 lb
30 ml	huile végétale (environ)	2 c. à soupe
6	petites pommes de terre nouvelles, coupées en deux ou en quatre	6
2	panais, en morceaux de 2,5 à 5 cm (1 à 2 po)	2
1	bulbe de fenouil, en quartiers de 1 cm (½ po)	1
160 g	oignons, hachés	1 tasse
250 ml	bouillon de bœuf	1 tasse
125 ml	vin rouge sec	½ tasse
250 ml	sauce pour pizza en conserve	1 tasse
4	gousses d'ail, émincées	4
5 g	romarin séché, émietté	1 c. à thé
40 g	jeunes épinards	1 tasse

1. Dans un sac en plastique résistant, mélanger la farine, le sel et la moitié du poivre. En procédant par étapes, mélanger la viande avec la farine. Jeter le reste de la farine.

2. Dans une grande poêle antiadhésive, à feu moyen-vif, chauffer 15 ml (1 c. à soupe) d'huile végétale. Cuire la viande pendant 5 minutes ou jusqu'à ce qu'elle soit dorée sur toutes les faces. (Procéder par étapes si la poêle n'est pas assez grande et ajouter de l'huile végétale au besoin.) À l'aide d'une cuillère à égoutter, mettre la viande dans la cocotte de la mijoteuse. Ajouter les pommes de terre, les panais, le fenouil et les oignons.

3. Dans une tasse à mesurer ou un verre gradué de 500 ml (2 tasses), mélanger le bouillon, le vin rouge, la sauce pour pizza, l'ail, le romarin et le reste du poivre. Verser sur la viande.

4. Couvrir et cuire à basse température de 8 à 10 heures ou à température élevée de 4 à 5 heures, jusqu'à ce que le ragoût soit bouillonnant. Ajouter les épinards juste avant de servir.

Truc

Écrasez le romarin entre vos doigts avant de l'ajouter au reste des ingrédients afin qu'il dégage pleinement son parfum.

Ragoût de bœuf aux panais et au fenouil

Ragoût de veau au citron

Mijoteuse de 4 litres (16 tasses) ou plus :: 6 à 8 portions

75 g	farine tout usage (type 55)	½ tasse
1,5 g	poivre du moulin	¾ de c. à thé
1,25 kg	veau en cubes de 2,5 cm (1 po)	2 ½ lb
60 ml	huile d'olive	¼ de tasse
125 ml	vin blanc sec	½ tasse
375 ml	bouillon de poulet	1 ½ tasse
6	branches de céleri, hachées	6
4	carottes, hachées	4
4	gousses d'ail, émincées	4
2	poireaux (parties blanche et vert pâle), tranchés	2
2	petits oignons, hachés	2
560 g	tomates en dés en conserve, avec leur jus	2 ¼ tasses
10 g	basilic séché	2 c. à thé
10 g	romarin séché	2 c. à thé
10 g	assaisonnement à l'italienne	2 c. à thé
15 g	persil frais, haché	¼ de tasse
5 g	sel	1 c. à thé
2 g	zeste de citron, râpé	1 c. à thé
30 ml	jus de citron frais	2 c. à soupe

1. Dans un sac en plastique résistant, mélanger la farine et le poivre. En procédant par étapes, mélanger la viande avec la farine. Jeter le reste de la farine.

2. Dans une grande poêle antiadhésive, à feu moyen-vif, chauffer 30 ml (2 c. à soupe) d'huile d'olive. Cuire la viande pendant 5 minutes ou jusqu'à ce qu'elle soit dorée sur toutes les faces. (Procéder par étapes si la poêle n'est pas assez grande et ajouter de l'huile d'olive au besoin.) À l'aide d'une cuillère à égoutter, mettre la viande dans la cocotte de la mijoteuse.

Truc

Pour extraire le maximum de jus d'un citron, laissez-le d'abord reposer à température ambiante. Avant de le presser, roulez-le sur un plan de travail en appuyant dessus avec la paume de la main.

Trucs

Lorsque vous faites revenir de la viande dans l'huile chaude, évitez de surcharger la poêle, sinon vous obtiendrez de la viande cuite à la vapeur. Retournez-la fréquemment et procédez le plus rapidement possible, puis retirez-la à l'aide d'une cuillère à égoutter.

Résistez à votre envie de soulever le couvercle de la mijoteuse pendant la cuisson des aliments. Il faudra augmenter le temps de cuisson de 20 minutes chaque fois que vous succomberez à la tentation.

3. Verser le vin blanc dans la poêle, porter à ébullition et déglacer de 2 à 3 minutes ou jusqu'à réduction de moitié. Ajouter le bouillon et laisser mijoter 1 minute. Verser sur la viande. Ajouter le céleri, les carottes, l'ail, les poireaux, les oignons, les tomates et leur jus, le basilic, le romarin et l'assaisonnement à l'italienne.

4. Couvrir et cuire à basse température de 6 à 7 heures ou à température élevée de 3 à 3 ½ heures, jusqu'à ce que le ragoût soit bouillonnant. Ajouter le persil, le sel, le zeste et le jus de citron.

Ragoût de porc au paprika

Mijoteuse de 4 à 5 litres (16 à 20 tasses) :: 4 à 6 portions

1 kg	soc de porc désossé, en cubes de 2,5 cm (1 po)	2 lb
15 g	paprika doux	2 c. à soupe
2 g	marjolaine séchée	½ c. à thé
1	oignon, haché	1
560 g	tomates en conserve, égouttées	2 ¼ tasses
125 ml	bouillon de poulet	½ tasse
1	poivron vert, haché grossièrement (facultatif)	1
250 g	nouilles aux œufs	8 oz
15 g	beurre	1 c. à soupe
	Persil frais, haché	
125 ml	crème sure ou aigre	½ tasse
	Sel et poivre du moulin	

1. Dans la cocotte de la mijoteuse, mélanger la viande, le paprika et la marjolaine. Ajouter l'oignon, les tomates et le bouillon.

2. Couvrir et cuire à basse température de 7 à 8 heures ou à température élevée de 3 ½ à 4 heures, jusqu'à ce que la viande soit tendre.

3. Ajouter le poivron. Couvrir et cuire à température élevée de 15 à 20 minutes ou jusqu'à ce que le poivron soit tendre, mais encore un peu croquant.

4. Entre-temps, dans une casserole d'eau bouillante salée, cuire les nouilles en suivant les indications inscrites sur l'emballage. Égoutter et mélanger avec le beurre et le persil.

5. Verser la crème sure dans la cocotte et assaisonner au goût. Répartir les nouilles dans des bols et couvrir de viande et de légumes. Ajouter un peu plus de persil, si désiré, et servir aussitôt.

Truc

Le bouillon est un ingrédient essentiel dans tout garde-manger digne de ce nom. Les cubes et les poudres du commerce renferment beaucoup de sel et ont moins bon goût que le bouillon maison ou certains bouillons de qualité à teneur réduite en sel vendus dans le commerce. Ayez-en toujours une bonne quantité en réserve afin de ne pas en manquer au moment de préparer vos soupes et vos plats mijotés.

Il est important de se procurer un bon paprika hongrois ou espagnol plutôt que de se contenter d'un paprika ordinaire, dont on ne connaît pas la provenance. Au moment de la cuisson, il prendra toute son ampleur et donnera aux autres ingrédients une touche réconfortante incomparable.

Ragoût de porc au paprika

Ragoût de boulettes de viande au pesto

Mijoteuse de 4 litres (16 tasses) ou plus :: 4 à 6 portions

2	carottes, hachées finement	2
2	branches de céleri, hachées finement	2
1	poivron rouge, haché finement	1
1 kg	boulettes de viande à l'italienne, décongelées	2 lb
810 g	tomates en conserve, avec leur jus	3 ¼ tasses
400 g	haricots blancs, cuits ou en conserve (voir page 84), rincés et égouttés	2 tasses
60 g	pesto de basilic	¼ de tasse
125 ml	eau	½ tasse
220 g	petites pâtes (pennes, zitis, etc.), cuites	2 tasses
50 g	parmesan, râpé finement	½ tasse

1. Dans la cocotte de la mijoteuse, mélanger les carottes, le céleri, le poivron, les boulettes de viande, les tomates et leur jus, les haricots blancs, le pesto et l'eau.

2. Couvrir et cuire à basse température de 5 à 7 heures ou à température élevée de 2 ½ à 3 ½ heures, jusqu'à ce que les légumes soient tendres et que le ragoût soit bouillonnant.

3. Ajouter les pâtes. Couvrir et réchauffer de 15 à 20 minutes. Saupoudrer de parmesan.

Truc

Vous trouverez des boulettes de viande au comptoir des viandes surgelées. C'est une bonne idée de toujours en avoir au congélateur. Pour cette recette, vous pouvez utiliser des boulettes de bœuf, de porc, de dinde ou de poulet.

Le mot pesto vient de l'italien pestare, « piler ». À l'origine, on le préparait dans un mortier à l'aide d'un pilon. Le mot pistou est un mot de la même famille.

Ragoût de porc aux pommes

Mijoteuse de 4 litres (16 tasses) ou plus :: 4 à 6 portions

2	gros oignons doux, hachés	2
2	gousses d'ail, émincées	2
40 g	farine tout usage (type 55)	¼ de tasse
5 g	sel	1 c. à thé
0,5 g	poivre du moulin	¼ de c. à thé
1,5 kg	soc de porc désossé, en cubes de 2,5 cm (1 po)	3 lb
30 ml	huile végétale (environ)	2 c. à soupe
15 g	beurre	1 c. à soupe
560 g	tomates en conserve, avec leur jus	2 ¼ tasses
1	patate douce, hachée	1
1	pomme acidulée (ex.: Granny Smith), hachée	1
30 g	raisins secs	3 c. à soupe
2 g	épices pour tarte à la citrouille	½ c. à thé
0,5 g	cumin moulu	¼ de c. à thé
1	feuille de laurier	1

Garniture

375 g	yogourt nature	1 ½ tasse
50 g	oignons verts, hachés	½ tasse

1. Mettre les oignons et l'ail dans la cocotte de la mijoteuse.

2. Dans un sac en plastique résistant, mélanger la farine, le sel et le poivre. En procédant par étapes, mélanger la viande avec la farine. Jeter le reste de la farine.

3. Dans une grande poêle antiadhésive, à feu moyen-vif, chauffer 15 ml (1 c. à soupe) d'huile végétale et le beurre. Cuire la viande environ 4 minutes ou jusqu'à ce qu'elle soit dorée sur toutes les faces. (Procéder par étapes si la poêle n'est pas assez grande et ajouter de l'huile végétale au besoin.) À l'aide d'une cuillère à égoutter, mettre la viande dans la cocotte.

4. Ajouter les tomates et leur jus, la patate, la pomme, les raisins secs, les épices pour tarte à la citrouille, le cumin et le laurier.

5. Couvrir et cuire à basse température de 8 à 10 heures ou à température élevée de 4 à 5 heures, jusqu'à ce que la viande soit tendre. Jeter le laurier.

6. Dans un bol, mélanger le yogourt et les oignons verts. Servir le ragoût dans des bols et garnir de yogourt au goût.

Préparation à l'avance

On peut assembler ce plat jusqu'à 12 heures à l'avance, sans la viande. Faire les étapes 1 et 4, mais omettre les étapes 2 et 3. Couvrir et réfrigérer pendant toute la nuit. Le lendemain, fariner et faire revenir la viande comme indiqué aux étapes 2 et 3. Placer la cocotte dans la mijoteuse, ajouter le porc et poursuivre la recette avec l'étape 5.

Tous les oignons renferment des sucres naturels, mais les oignons doux ont une teneur moins élevée en soufre et contiennent une plus grande quantité d'eau, ce qui leur donne un goût moins âcre.

Trucs

Vous pleurez en coupant des oignons? Placez-les au congélateur pendant quelques minutes avant de les hacher.

Vous pouvez préparer vos épices pour tarte à la citrouille en mélangeant 15 g (1 c. à soupe) de cannelle moulue et 0,5 g (¼ de c. à thé) de chacune des épices moulues suivantes : gingembre, muscade et clou de girofle.

Les temps de cuisson peuvent varier selon la mijoteuse utilisée. Laissez toujours cuire les aliments le temps minimal requis avant de vérifier la cuisson.

Ragoût de saucisses aux épinards et aux haricots blancs

Mijoteuse de 4 litres (16 tasses) ou plus :: 4 portions

Ragoût de saucisses

15 ml	huile d'olive	1 c. à soupe
1	oignon, haché	1
500 g	saucisses italiennes épicées avec ou sans leur enveloppe	1 lb
2	gousses d'ail, émincées	2
800 g	haricots blancs, cuits ou en conserve (voir page 84), rincés et égouttés	4 tasses
250 ml	bouillon de poulet	1 tasse
80 g	jeunes épinards bien tassés	2 tasses
7 ml	vinaigre de vin rouge (environ)	1 ½ c. à thé
	Sel	
25 g	parmesan, râpé	¼ de tasse

Croûtons rustiques

30 ml	huile d'olive	2 c. à soupe
240 g	cubes de pain tassés légèrement	2 tasses
	Sel	

Trucs

La bette à carde, la scarole et la roquette peuvent remplacer les épinards dans cette recette.

Prenez un pain dont la mie est assez ferme pour faire les croûtons. Le pain ciabatta donne d'excellents résultats.

1. *Ragoût de saucisses :* dans une poêle à fond épais, à feu moyen, chauffer l'huile d'olive et faire sauter l'oignon de 5 à 6 minutes. Ajouter les saucisses et faire revenir à feu moyen-vif, en les défaisant à l'aide d'une cuillère, de 8 à 10 minutes ou jusqu'à ce qu'elles soient légèrement dorées et aient perdu leur couleur rosée. À l'aide d'une cuillère à égoutter, mettre les saucisses dans la cocotte de la mijoteuse. Ajouter l'ail, les haricots blancs et le bouillon.

2. Couvrir et cuire à basse température de 6 à 7 heures ou à température élevée de 3 à 4 heures, jusqu'à ce que le ragoût soit bouillonnant.

3. Ajouter les épinards et le vinaigre. Couvrir et cuire à température élevée de 8 à 10 minutes ou jusqu'à ce que les épinards soient ramollis. Saler au goût.

4. *Croûtons rustiques :* entre-temps, dans une poêle antiadhésive, à feu moyen-vif, chauffer l'huile d'olive et faire dorer les cubes de pain de 2 à 4 minutes ou jusqu'à ce qu'ils soient croustillants. Saler au goût.

5. Servir le ragoût dans des bols, saupoudrer de parmesan et garnir de croûtons au goût.

Ragoût de porc aux tomatilles

Ragoût de porc aux tomatilles

Mijoteuse de 4 litres (16 tasses) ou plus :: 4 portions

15 ml	huile végétale	1 c. à soupe
1	longe de porc de 375 g (12 oz), en cubes de 2,5 cm (1 po)	1
1	gros oignon, tranché finement	1
6	gousses d'ail, tranchées	6
260 g	tomatilles en conserve rincées et égouttées ou tomatilles fraîches pelées et hachées grossièrement	1 ⅔ tasse
80 g	piments verts doux, en dés	½ tasse
400 g	haricots blancs, cuits ou en conserve (voir page 84), rincés et égouttés	2 tasses
375 ml	bouillon de poulet	1 ½ tasse
2 g	cumin moulu	1 c. à thé
	Sel et poivre du moulin	
30 g	coriandre fraîche, hachée	½ tasse
1	piment jalapeno, tranché (facultatif)	1

Trucs

Si vous utilisez du soc de porc désossé et coupé en cubes au lieu de la longe, le temps de cuisson sera plus long : de 8 à 10 heures à basse température ou de 4 à 5 heures à température élevée.

Il est recommandé de saisir le porc à la poêle avant de le mettre dans la cocotte de la mijoteuse afin d'éliminer une partie du gras. Cela lui donnera aussi meilleur goût. Si vous manquez de temps, vous pouvez quand même le mettre directement dans la mijoteuse sans le faire dorer au préalable.

Vous pouvez aussi utiliser le porc pour farcir des tacos ou des burritos que vous garnirez ensuite d'avocat et de laitue.

1. Dans une grande poêle antiadhésive, à feu moyen-vif, chauffer l'huile végétale. Cuire la viande environ 4 minutes ou jusqu'à ce qu'elle soit dorée sur toutes les faces. À l'aide d'une cuillère à égoutter, mettre la viande dans la cocotte de la mijoteuse. Ajouter l'oignon, l'ail, les tomatilles, les piments, les haricots, le bouillon et le cumin.

2. Couvrir et cuire à basse température de 5 à 7 heures ou à température élevée de 2 ½ à 3 heures, jusqu'à ce que la viande soit tendre.

3. Assaisonner au goût et incorporer la coriandre. Couvrir et cuire à basse température pendant 10 minutes. Accompagner de tranches de jalapeno.

La tomatille est couramment utilisée dans la cuisine mexicaine. Cousine lointaine de la tomate, elle a la grosseur d'une balle de ping-pong. Son enveloppe ressemble à du papier brun mince et froissé. Même si on peut pratiquement s'en procurer à longueur d'année, leur fraîcheur n'est pas toujours idéale. Si la saison des tomatilles fraîches est terminée, n'hésitez pas à acheter des tomatilles en conserve.

Ragoût de porc épicé

Mijoteuse de 4 à 6 litres (16 à 24 tasses) ∷ 4 à 6 portions

20 g	farine tout usage (type 55)	2 c. à soupe
2 g	sel	½ c. à thé
1 g	poivre du moulin	½ c. à thé
1 kg	soc de porc désossé, en cubes de 2,5 cm (1 po)	2 lb
30 ml	huile végétale (environ)	2 c. à soupe
2	poivrons verts ou rouges, en morceaux de 2,5 cm (1 po)	2
1	gros oignon rouge, en quartiers	1
250 ml	salsa croquante épaisse (douce ou piquante)	1 tasse
125 g	beurre d'arachide	½ tasse
15 ml	sauce soja	1 c. à soupe
15 ml	jus de lime (citron vert) frais	1 c. à soupe
7 g	gingembre, râpé	1 ½ c. à thé
2 g	curcuma moulu	½ c. à thé
2 g	coriandre moulue	½ c. à thé
125 ml	crème légère ou lait concentré non sucré	½ tasse
10 g	fécule de maïs	1 c. à soupe
600 g	riz blanc ou brun, cuit et chaud	3 tasses
50 g	arachides rôties à sec, hachées	⅓ de tasse
2	oignons verts, tranchés	2

1. Dans un sac en plastique résistant, mélanger la farine, le sel et le poivre. En procédant par étapes, mélanger la viande avec la farine. Jeter le reste de la farine.

2. Dans une grande poêle antiadhésive, à feu moyen-vif, chauffer 15 ml (1 c. à soupe) d'huile végétale. Cuire la viande environ 4 minutes ou jusqu'à ce qu'elle soit dorée sur toutes les faces. (Procéder par étapes si la poêle n'est pas assez grande et ajouter de l'huile végétale au besoin.) À l'aide d'une cuillère à égoutter, mettre la viande dans la cocotte de la mijoteuse.

3. Ajouter les poivrons, l'oignon rouge, la salsa, le beurre d'arachide, la sauce soja, le jus de lime, le gingembre, le curcuma et la coriandre.

4. Couvrir et cuire à basse température de 8 à 10 heures ou à température élevée de 4 à 6 heures, jusqu'à ce que la viande soit tendre.

Trucs

Gardez toujours votre racine de gingembre au congélateur. Elle se conservera plus longtemps et vous pourrez la râper plus facilement. Utilisez une râpe Microplane pour obtenir de meilleurs résultats.

Pour conserver le gingembre, vous pouvez aussi le peler et le placer dans un pot muni d'un couvercle. Versez du xérès à hauteur. Il se conservera ainsi jusqu'à 1 mois au réfrigérateur. Utilisez le xérès infusé au gingembre dans d'autres recettes de poulet.

5. Dans un pot muni d'un couvercle, mélanger vigoureusement la crème et la fécule de maïs, puis verser dans la cocotte. Couvrir et cuire à température élevée de 15 à 20 minutes ou jusqu'à épaississement de la sauce.

6. Servir le riz dans des bols. Couvrir de ragoût et garnir d'arachides et d'oignons verts.

Préparation à l'avance

Faire l'étape 3 en mélangeant les ingrédients dans la cocotte de la mijoteuse. Couvrir et réfrigérer toute la nuit. Le lendemain, fariner et cuire la viande comme indiqué aux étapes 1 et 2. Placer la cocotte dans la mijoteuse, ajouter la viande et poursuivre la recette avec l'étape 4.

Ragoût d'agneau au romarin

Ragoût d'agneau au romarin

Mijoteuse de 4 litres (16 tasses) ou plus :: 4 portions

20 g	farine tout usage (type 55)	2 c. à soupe
2 g	sel	½ c. à thé
0,5 g	poivre du moulin	¼ de c. à thé
750 g	épaule d'agneau désossée et coupée en cubes de 2,5 cm (1 po)	1 ½ lb
30 ml	huile d'olive (environ)	2 c. à soupe
2	oignons, hachés	2
2	gousses d'ail, émincées	2
1	carotte, hachée	1
1	branche de céleri, hachée	1
125 ml	vin blanc sec	½ tasse
560 g	tomates en conserve, égouttées et hachées	2 ¼ tasses
400 g	haricots blancs, cuits ou en conserve (voir page 84), rincés et égouttés	2 tasses
125 ml	bouillon de poulet	½ tasse
15 g	romarin frais, haché	1 c. à soupe
1	feuille de laurier	1

Truc

Les meilleures coupes d'agneau sont l'épaule et le jarret. Si vous n'êtes pas friand d'agneau, utilisez des cubes de bœuf ou de soc de porc.

1. Dans un sac en plastique résistant, mélanger la farine, le sel et le poivre. Par étapes, mélanger la viande avec la farine. Jeter le reste de la farine.

2. Dans une grande poêle antiadhésive, à feu moyen-vif, chauffer 15 ml (1 c. à soupe) d'huile d'olive. Cuire la viande pendant 5 minutes ou jusqu'à ce qu'elle soit dorée sur toutes les faces. (Procéder par étapes si la poêle n'est pas assez grande et ajouter de l'huile d'olive au besoin.) À l'aide d'une cuillère à égoutter, mettre la viande dans la cocotte de la mijoteuse. Ajouter les oignons, l'ail, la carotte et le céleri.

3. Verser le vin blanc dans la poêle, porter à ébullition et déglacer. Verser sur la viande et les légumes. Ajouter les tomates, les haricots blancs, le bouillon, le romarin et le laurier.

4. Couvrir et cuire à basse température de 8 à 10 heures ou à température élevée de 4 à 5 heures, jusqu'à ce que la viande et les légumes soient tendres et que le ragoût soit bouillonnant. Jeter le laurier. Assaisonner au goût et servir.

Chilis et haricots

Comment préparer les légumineuses

La mijoteuse est très utile pour cuire les haricots, les pois et les lentilles, qui sont souvent très longs à préparer autrement. Cet appareil est un allié pour ceux qui préfèrent éviter le sel et les agents de conservation ajoutés aux légumineuses en conserve. De plus, on peut économiser beaucoup en achetant les légumineuses en vrac.

Pour les recettes de ce livre, vous pouvez utiliser des légumineuses en conserve ou les faire cuire vous-même. Certaines recettes demandent parfois des haricots secs. Dans ce cas, il est important de les faire cuire selon la méthode prescrite et de ne pas les remplacer par des légumineuses en conserve. N'oubliez pas que les légumineuses sèches doublent ou triplent de volume pendant la cuisson. Une quantité de 500 g (2 ½ tasses) de légumineuses sèches donnera de 800 g à 1 kg (4 à 5 tasses) une fois cuites.

1re étape : le triage

Commencez par trier minutieusement les légumineuses en jetant toutes celles qui sont décolorées, abîmées ou craquelées. Éliminez aussi les petites pierres et les corps étrangers qui pourraient s'y être mêlés. Mettez-les ensuite dans une passoire et rincez-les à l'eau froide.

2e étape : le trempage

L'étape du trempage est essentielle pour obtenir une cuisson optimale. Elle permet de réduire le temps de cuisson et améliore la texture, l'apparence et la digestibilité des légumineuses. La plupart de celles-ci (sauf les lentilles) doivent être trempées pendant plusieurs heures. La stratégie la plus efficace consiste à les laisser dans l'eau toute la nuit et à les faire cuire le lendemain. Évitez toutefois de les faire tremper pendant plus de 18 heures.

Voici comment procéder pour un long trempage (recommandé pour rendre les légumineuses plus digestes) et un trempage court (utile quand on manque de temps). À la fin de la période de trempage, égouttez les légumineuses, jetez le liquide de trempage et rincez-les avec soin.

Long trempage : mettre les légumineuses dans la mijoteuse ou un grand bol et ajouter 2,5 litres (10 tasses) d'eau bouillante. Couvrir et laisser tremper pendant

12 heures ou toute la nuit. Égoutter et rincer à l'eau froide. Les légumineuses sont maintenant prêtes pour la cuisson.

Trempage court: mettre les légumineuses dans une casserole suffisamment grande, car elles doubleront ou tripleront de volume. Ajouter 2,5 litres (10 tasses) d'eau et porter à ébullition à feu vif. Baisser le feu et laisser mijoter pendant 3 minutes. Retirer du feu, couvrir et laisser tremper pendant 1 heure. Égoutter et rincer à l'eau froide. Les légumineuses sont maintenant prêtes pour la cuisson.

3ᵉ étape : la cuisson

Placer les légumineuses prétrempées et égouttées dans la cocotte de la mijoteuse. Ajouter trois fois leur volume d'eau froide. On peut aussi ajouter des assaisonnements au choix : feuille de laurier, ail, bouquet garni (fines herbes ficelées ou enveloppées dans une mousseline), etc. Il faut toutefois attendre en fin de cuisson pour ajouter du sel, du sucre ou des ingrédients acides, comme les tomates, car ils pourraient empêcher les légumineuses de devenir parfaitement tendres. Couvrir et cuire à basse température de 4 à 6 heures. Il ne faut pas s'inquiéter si elles n'ont pas absorbé complètement le liquide. Elles doivent être tendres sans être trop molles. Égoutter et rincer minutieusement à l'eau froide. Les légumineuses sont maintenant cuites et prêtes à être intégrées dans vos recettes préférées.

Comment conserver les légumineuses cuites

Laissez refroidir complètement les légumineuses avant de les diviser en portions de 200 à 400 g (1 à 2 tasses). Rangez-les dans des contenants hermétiques ou des sacs de congélation sur lesquels vous inscrirez la quantité.

Les légumineuses cuites se conservent au réfrigérateur pendant 1 semaine et au congélateur pendant 1 mois. Décongeler les légumineuses avant de les ajouter à une recette afin de ne pas ralentir le temps de cuisson une fois tous les ingrédients assemblés dans la mijoteuse.

Les légumineuses en conserve

Les légumineuses en conserve sont très utiles. Comme les formats varient selon les pays, ne vous en faites pas si vous en mettez un peu plus ou un peu moins que ce qui est indiqué dans les recettes. Il est important de les égoutter et de les rincer à l'eau froide dans une passoire avant de les ajouter à vos recettes.

Chili aux trois haricots

Mijoteuse de 4 litres (16 tasses) ou plus :: 4 à 6 portions

4	gousses d'ail, émincées	4
I	gros poivron vert, en dés	I
I	oignon, haché finement	I
560 g	tomates en dés en conserve, avec leur jus	2 ¼ tasses
410 g	fèves au lard à la sauce tomate en conserve	I ⅔ tasse
400 g	haricots pinto ou romains, cuits ou en conserve (voir page 84), rincés et égouttés	2 tasses
400 g	haricots noirs, cuits ou en conserve (voir page 84), rincés et égouttés	2 tasses
7 g	assaisonnement au chili	I c. à soupe
5 g	cumin moulu	2 c. à thé
10 g	coriandre moulue	2 c. à thé
60 g	pâte de mole (voir Truc)	¼ de tasse
125 ml	bouillon de légumes ou de poulet	½ tasse
	Chips tortillas broyées, coriandre fraîche hachée, cheddar râpé (facultatif)	

1. Dans la cocotte de la mijoteuse, mélanger l'ail, le poivron, l'oignon, les tomates et leur jus, les fèves au lard, les haricots pinto, les haricots noirs, l'assaisonnement au chili, le cumin et la coriandre.

2. Dans un bol, mélanger la pâte de mole et le bouillon. Remuer à l'aide d'une fourchette jusqu'à l'obtention d'une sauce légère, puis verser sur les haricots.

3. Couvrir et cuire à basse température de 5 à 6 heures ou à température élevée de 2 ½ à 3 heures, jusqu'à ce que les légumes soient tendres et que le chili soit bouillonnant. Servir avec des chips tortillas, de la coriandre fraîche et du cheddar au goût.

Préparation à l'avance

On peut assembler ce plat jusqu'à 12 heures à l'avance. Préparer les étapes 1 et 2, couvrir et réfrigérer toute la nuit. Le lendemain, placer la cocotte dans la mijoteuse et poursuivre la recette avec l'étape 3.

Truc

Si vous avez du mal à vous procurer de la pâte de mole, remplacez-la par 5 g (1 c. à soupe) de poudre de cacao non sucrée et 2 g (½ c. à thé) de cannelle moulue.

La pâte de mole est une sauce d'un beau brun rougeâtre utilisée dans plusieurs plats mexicains. Elle est composée d'oignons, d'ail, de différents piments, de graines moulues (citrouille ou sésame) et d'une petite quantité de chocolat mexicain qui lui donne une belle texture sans trop la sucrer. On peut s'en procurer dans la plupart des supermarchés ainsi que dans les boutiques spécialisées.

Chili aux trois haricots

Chili aux haricots blancs et au cumin grillé

Mijoteuse de 4 litres (16 tasses) ou plus :: 4 à 6 portions

3	gousses d'ail, émincées	3
1	oignon, haché finement	1
1	piment chipotle en sauce adobo, haché	1
810 g	tomates en conserve, avec leur jus, hachées	3 ¼ tasses
1	bouteille de bière brune de 341 ml (12 oz)	1
800 g	haricots blancs, cuits ou en conserve (voir page 84), rincés et égouttés	4 tasses
240 g	courge d'hiver (ex.: Butternut), en dés	1 ½ tasse
7 g	graines de cumin, grillées (voir Trucs)	1 c. à soupe
5 g	sucre	1 c. à thé
125 ml	crème sure ou aigre	½ tasse
30 ml	jus de lime (citron vert) frais	2 c. à soupe
3 g	ciboulette fraîche, ciselée	1 c. à soupe

1. Dans la cocotte de la mijoteuse, mélanger l'ail, l'oignon, le piment, les tomates et leur jus, la bière, les haricots blancs, la courge, le cumin et le sucre.

2. Couvrir et cuire à basse température de 8 à 10 heures ou à température élevée de 4 à 5 heures, jusqu'à ce que le chili soit bouillonnant.

3. Dans un petit bol, mélanger la crème sure, le jus de lime et la ciboulette. Servir le chili dans des bols et garnir de crème sure au goût.

Préparation à l'avance

On peut assembler ce plat jusqu'à 12 heures à l'avance. Préparer l'étape 1, couvrir et réfrigérer toute la nuit. Le lendemain, placer la cocotte dans la mijoteuse et poursuivre la recette avec l'étape 2.

Trucs

Pour griller les graines de cumin, faites-les revenir dans une poêle antiadhésive sèche environ 8 minutes ou jusqu'à ce qu'elles dégagent leurs arômes. Retirez du feu et laissez refroidir à température ambiante.

Gardez le reste des piments chipotles et leur sauce dans un pot en verre muni d'un couvercle. Ils se conserveront jusqu'à 10 jours au réfrigérateur. Si vous souhaitez les garder au congélateur, mettez-les dans un sac de congélation scellé.

Chili au poulet et aux pois chiches

Mijoteuse de 4 à 6 litres (16 à 24 tasses) ∷ 6 à 8 portions

10 ml	huile d'olive	2 c. à thé
8	hauts de cuisses de poulet désossés (environ 750 g/1 ½ lb), en morceaux de 2,5 cm (1 po)	8
3	gousses d'ail, émincées	3
1	courgette, en dés	1
1	poivron rouge, en dés	1
160 g	oignon rouge, haché	1 tasse
15 g	assaisonnement au chili	2 c. à soupe
15 g	cassonade ou sucre roux	1 c. à soupe
2 g	poivre du moulin	1 c. à thé
2 g	cumin moulu	1 c. à thé
5 g	origan séché	1 c. à thé
560 g	tomates en dés en conserve, avec leur jus	2 ¼ tasses
400 g	pois chiches, cuits ou en conserve (voir page 84), rincés et égouttés	2 tasses
375 ml	sauce tomate	1 ½ tasse
30 g	tomates séchées dans l'huile, égouttées et coupées en dés (voir Truc)	¼ de tasse
8 g	coriandre fraîche, hachée	2 c. à soupe
50 g	féta, émiettée	⅔ de tasse

Truc

Si vous utilisez des tomates séchées déshydratées, faites-les d'abord tremper dans l'eau environ 30 minutes ou jusqu'à ce qu'elles soient tendres.

1. Dans une grande poêle, à feu moyen-vif, chauffer l'huile d'olive et faire dorer le poulet de 3 à 5 minutes. À l'aide d'une cuillère à égoutter, mettre la volaille dans la cocotte de la mijoteuse.

2. Ajouter l'ail, la courgette, le poivron, l'oignon, l'assaisonnement au chili, la cassonade, le poivre, le cumin, l'origan, les tomates et leur jus, les pois chiches, la sauce tomate et les tomates séchées.

3. Couvrir et cuire à basse température de 5 à 7 heures ou à température élevée de 2 ½ à 3 ½ heures, jusqu'à ce qu'un jus clair s'écoule lorsqu'on pique le poulet. Ajouter la coriandre et garnir de féta.

Préparation à l'avance

On peut assembler les ingrédients de l'étape 2 dans la cocotte de la mijoteuse jusqu'à 12 heures à l'avance. Couvrir et réfrigérer toute la nuit. Le lendemain, faire dorer le poulet comme indiqué à l'étape 1. Placer la cocotte dans la mijoteuse, ajouter le poulet et poursuivre la recette avec l'étape 3.

Chili aux haricots blancs et rouges

Mijoteuse de 4 à 6 litres (16 à 24 tasses) :: 6 portions

2	gousses d'ail, hachées	2
I	oignon, haché	I
I 60 g	piments verts doux, hachés	I tasse
875 ml	bouillon de poulet	3 ½ tasses
400 g	haricots blancs, cuits ou en conserve (voir page 84), rincés et égouttés	2 tasses
400 g	haricots rouges, cuits ou en conserve (voir page 84), rincés et égouttés	2 tasses
5 g	cumin moulu	2 c. à thé
I	pincée de piment de Cayenne	I
I kg	cuisses de dinde sans peau (environ 2)	2 lb
I 80 g	maïs en grains, décongelé	I tasse
20 g	farine tout usage (type 55)	2 c. à soupe
60 ml	eau	¼ de tasse
I	lime (citron vert), en quartiers (facultatif)	I

1. Dans la cocotte de la mijoteuse, mélanger l'ail, l'oignon, les piments, le bouillon, les haricots blancs et rouges, le cumin et le cayenne. Placer les cuisses de dinde sur la préparation.

2. Couvrir et cuire à basse température de 8 à 10 heures ou à température élevée de 4 à 5 heures, jusqu'à ce que le chili soit bouillonnant.

3. Sur une planche à découper, désosser les cuisses de dinde et couper la chair en petites bouchées. Jeter les os, remettre la dinde dans la cocotte, ajouter le maïs et remuer.

4. Dans un petit bol, mélanger la farine et l'eau. Verser sur la dinde. Couvrir et cuire à température élevée de 20 à 30 minutes ou jusqu'à léger épaississement. Accompagner de quartiers de lime, si désiré.

Préparation à l'avance

On peut assembler ce plat jusqu'à 12 heures à l'avance, sans la volaille. Faire l'étape 1 sans ajouter les cuisses de dinde. Couvrir et réfrigérer toute la nuit. Le lendemain, placer la cocotte dans la mijoteuse, ajouter les cuisses de dinde et poursuivre la recette avec l'étape 2.

Trucs

On trouve des piments verts entiers ou hachés en conserve dans tous les supermarchés.

Les cuisses de dinde sont exquises dans ce chili. Si vous avez du mal à vous en procurer, remplacez-les par 4 pilons de dinde ou 9 cuisses de poulet.

Servez les restes de ce chili dans des pitas chauds ou transformez-les en sauce pour nachos.

Chili aux fruits et aux amandes

Mijoteuse de 4 litres (16 tasses) ou plus :: 6 à 8 portions

750 g	bœuf haché maigre	1 ½ lb
3	gousses d'ail, émincées	3
2	gros oignons, hachés finement	2
20 g	assaisonnement au chili	3 c. à soupe
10 g	poudre de cacao non sucrée	2 c. à soupe
7 g	poudre de cari	1 c. à soupe
1	poivron rouge, haché	1
1	pomme acidulée (ex.: Granny Smith), hachée	1
160 g	piments verts doux, égouttés et coupés en dés	1 tasse
810 g	tomates en dés en conserve, avec leur jus	3 ¼ tasses
410 ml	sauce tomate	1 ⅔ tasse
400 g	haricots rouges, cuits ou en conserve (voir page 84), rincés et égouttés	2 tasses
250 ml	bouillon de poulet	1 tasse
5 g	cannelle moulue	1 c. à thé
80 g	amandes effilées, grillées	⅔ de tasse
100 g	raisins secs	⅔ de tasse

Truc

Utilisez un assaisonnement au chili de bonne qualité. La plupart sont préparés avec des piments moulus, du cumin, de l'origan, de l'ail et du sel. Il ne faut pas confondre cet assaisonnement avec le piment de Cayenne ou les flocons de piment, qui ont un goût plus piquant.

1. Dans une grande poêle antiadhésive, à feu moyen-vif, cuire le bœuf, l'ail et les oignons en défaisant la viande à l'aide d'une cuillère en bois jusqu'à ce qu'elle ait perdu sa couleur rosée. Ajouter l'assaisonnement au chili, le cacao et le cari. Cuire pendant 1 minute et, à l'aide d'une cuillère à égoutter, mettre la préparation dans la cocotte de la mijoteuse.

2. Ajouter le poivron, la pomme, les piments, les tomates et leur jus, la sauce tomate, les haricots rouges, le bouillon et la cannelle.

3. Couvrir et cuire à basse température de 8 à 10 heures ou à température élevée de 4 à 5 heures, jusqu'à ce que le chili soit bouillonnant.

4. Juste avant de servir, incorporer les amandes et les raisins secs.

Préparation à l'avance

On peut assembler ce plat jusqu'à 12 heures à l'avance. Faire les étapes 1 et 2 en réservant séparément le bœuf et les haricots dans des plats hermétiques. Couvrir et réfrigérer toute la nuit. Le lendemain, mélanger la viande et les haricots dans la cocotte. Placer celle-ci dans la mijoteuse et poursuivre la recette avec l'étape 3.

Chili à la dinde et au sirop d'érable

Chili à la dinde et au sirop d'érable

Mijoteuse de 4 litres (16 tasses) ou plus :: 6 à 8 portions

5 ml	huile végétale	1 c. à thé
6	tranches de bacon, hachées	6
1	oignon, haché finement	1
500 g	dinde hachée maigre (voir Truc)	1 lb
10	champignons, tranchés	10
1	grosse tomate, hachée	1
½	poivron vert, haché finement	½
½	poivron rouge, haché finement	½
250 ml	crème de tomate condensée à teneur réduite en sel non diluée	1 tasse
410 g	fèves au lard à la sauce tomate en conserve	1 ⅔ tasse
400 g	haricots mélangés, cuits ou en conserve (voir page 84), rincés et égouttés	2 tasses
160 g	carottes, hachées	1 tasse
30 ml	sirop d'érable	2 c. à soupe
7 g	assaisonnement au chili	1 c. à soupe
7 g	cumin moulu	1 c. à soupe
2 g	sel	½ c. à thé
1 g	poivre du moulin	½ c. à thé
1	pincée de piment de Cayenne	1
180 g	maïs en grains, décongelé	1 tasse

Truc

Avant de la mettre dans la cocotte, il est important de cuire complètement la dinde hachée, jusqu'à ce qu'elle ait perdu sa couleur rosée et qu'elle atteigne la température recommandée de de 74 °C (165 °F).

1. Dans une gande poêle, à feu moyen-vif, chauffer l'huile végétale et cuire le bacon de 3 à 5 minutes ou jusqu'à ce qu'il soit légèrement croustillant. Jeter le gras qui s'est accumulé dans la poêle, sauf 15 ml (1 c. à soupe).

2. Ajouter l'oignon et faire sauter de 3 à 5 minutes. Ajouter la dinde et cuire de 5 à 7 minutes ou jusqu'à ce qu'elle ait perdu sa couleur rosée. Transvider la préparation dans la cocotte.

3. Ajouter le reste des ingrédients, sauf le maïs. Couvrir et cuire à basse température de 8 à 10 heures ou à température élevée de 4 à 5 heures, jusqu'à ce que le chili soit bouillonnant.

4. Ajouter le maïs et cuire pendant 20 minutes.

Chili à la bière et nachos

Mijoteuse de 4 litres (16 tasses) ou plus :: 6 à 8 portions
Préchauffer le four à 180 °C/350 °F/gaz 4

750 g	bœuf haché maigre	1 ½ lb
4	gousses d'ail, hachées finement	4
1	gros oignon doux, haché finement	1
560 g	tomates en dés en conserve, avec leur jus	2 ¼ tasses
80 g	piments verts doux hachés en conserve, avec leur liquide	½ tasse
1	bouteille de bière brune de 341 ml (12 oz)	1
400 g	haricots rouges, cuits ou en conserve (voir page 84), rincés et égouttés	2 tasses
180 g	maïs en grains, décongelé	1 tasse
20 g	assaisonnement au chili	3 c. à soupe
45 g	miel	2 c. à soupe
15 ml	sauce piquante	1 c. à soupe
2 g	poudre de cari	1 c. à thé
1	sac de 225 g (8 oz) de chips tortillas de maïs bleu ou multigrains	1
240 g	cheddar ou monterey jack, râpé	2 tasses
60 g	piment jalapeno en tranches, égoutté	¾ de tasse
	Crème sure ou aigre (facultatif)	

1. Dans une grande poêle antiadhésive, à feu moyen-vif, faire revenir le bœuf, l'ail et l'oignon, en défaisant la viande à l'aide d'une cuillère en bois jusqu'à ce qu'elle ait perdu sa couleur rosée et que les légumes soient tendres. À l'aide d'une cuillère à égoutter, mettre la viande dans la cocotte de la mijoteuse.

2. Ajouter les tomates et leur jus, le piment, la bière, les haricots rouges, le maïs, l'assaisonnement au chili, le miel, la sauce piquante et le cari.

3. Couvrir et cuire à basse température de 6 à 8 heures ou à température élevée de 3 à 4 heures, jusqu'à ce que le chili soit bouillonnant.

Trucs

Il est très important
de faire dorer la viande hachée
avant de la mettre dans la
cocotte de la mijoteuse afin
qu'elle atteigne la température
de 71 °C (160 °F). Si vous avez
une poêle antiadhésive de
qualité, vous n'aurez pas
besoin d'utiliser d'huile de
cuisson, sauf si vous faites
dorer de la dinde ou du poulet
haché, tous deux très maigres.

Vous pouvez faire vos chips
tortillas. À l'aide d'un coupe-
pizza, coupez des tortillas de
blé de 25 cm (10 po) en 6 à
8 morceaux chacune.
Badigeonnez légèrement
d'huile végétale de chaque
côté, salez un peu et poivrez
au goût. Faites-les cuire dans
le four préchauffé à 230 °C
(450 °F) de 10 à 12 minutes en
les retournant à mi-cuisson.

4. Entre-temps, étaler les chips sur une plaque à pâtisserie à bord élevé. Couvrir de fromage et de tranches de piment. Cuire dans le four préchauffé pendant 10 à 15 minutes ou jusqu'à ce que le fromage soit fondu sans être doré. Servir dans un grand bol.

5. Verser le chili dans des bols et garnir de crème sure au goût. Servir avec les chips tortillas.

Préparation à l'avance

On peut assembler ce plat jusqu'à 12 heures à l'avance. Faire les étapes 1 et 2 en réservant séparément la viande et les haricots dans des plats hermétiques. Couvrir et réfrigérer toute la nuit. Le lendemain, mélanger la viande et les haricots dans la cocotte. Placer celle-ci dans la mijoteuse et poursuivre la recette avec l'étape 3.

Salade de haricots blancs aux tomates séchées

Mijoteuse de 4 à 5 litres (16 à 20 tasses) :: 4 à 6 portions

500 g	haricots blancs secs, triés, rincés et égouttés (voir page 84)	1 lb
3	gousses d'ail, hachées finement	3
7 g	basilic séché	1 ½ c. à thé
0,5 g	poivre du moulin	¼ de c. à thé
1, 5 litre	eau	6 tasses
180 g	tomates séchées dans l'huile, hachées finement	¾ de tasse
30 ml	huile des tomates séchées	2 c. à soupe
	Zeste râpé et jus de 2 citrons	
3	oignons verts, hachés finement	3
2	branches de céleri, hachées finement	2
225 g	olives noires, tranchées	1 ½ tasse
15 g	persil plat frais, haché	¼ de tasse
80 g	féta, émiettée	½ tasse
	Sel	

1. Mettre les haricots dans une grande casserole et ajouter trois fois leur volume d'eau. Porter à ébullition, baisser le feu et laisser mijoter pendant 3 minutes. Retirer du feu, couvrir et laisser reposer pendant 1 heure. Rincer et égoutter.

2. Dans la cocotte de la mijoteuse, mélanger les haricots, l'ail, le basilic, le poivre et l'eau.

3. Couvrir et cuire à basse température de 4 à 6 heures, jusqu'à ce que les haricots soient tendres.

4. Égoutter les haricots et mettre dans un bol avec les tomates séchées et leur huile, le zeste et le jus de citron. Ajouter le reste des ingrédients et bien mélanger. Assaisonner au goût et servir chaud ou à température ambiante.

Préparation à l'avance

On peut assembler cette salade à l'avance en faisant les étapes 1, 2 et 3. Couvrir et réfrigérer pendant 1 journée tout au plus. Avant de servir, laisser reposer les haricots à température ambiante et poursuivre la recette avec l'étape 4.

Trucs

En prélevant le zeste de citron, évitez de prendre la peau blanche. L'idéal est d'utiliser un zesteur ou une râpe Microplane, deux ustensiles peu coûteux.

Pour extraire le maximum de jus d'un citron, laissez-le reposer à température ambiante. Avant de le presser, roulez-le sur un plan de travail en appuyant dessus avec la paume de la main.

Vous pouvez aussi mettre le citron entier au micro-ondes pendant 30 secondes, puis le rouler sur un plan de travail. Le jus peut être congelé dans un plateau à glaçons emballé dans un sac en plastique hermétique.

Haricots et pois chiches
aux tomates

Mijoteuse de 4 à 6 litres (16 à 24 tasses) :: 6 portions

2	carottes, hachées grossièrement	2
2	branches de céleri, hachées grossièrement	2
2	gousses d'ail, émincées	2
1	oignon, haché finement	1
1	poivron vert, haché finement	1
810 g	tomates en dés aux fines herbes en conserve, avec leur jus	3 ¼ tasses
400 g	haricots blancs, cuits ou en conserve (voir page 84), rincés et égouttés	2 tasses
400 g	pois chiches, cuits ou en conserve (voir page 84), rincés et égouttés	2 tasses
240 g	mozzarella, en cubes	2 tasses
30 g	pâte de tomate	2 c. à soupe
10 g	assaisonnement à l'italienne	2 c. à thé
1	pincée de flocons de piment	1
1	pincée de sucre	1
120 g	chapelure fraîche (voir Trucs)	1 tasse
15 g	parmesan, râpé	2 c. à soupe
8 g	persil plat frais, haché finement	2 c. à soupe
30 g	beurre, fondu	2 c. à soupe

Trucs

Pour obtenir de la chapelure fraîche, réduisez quelques tranches de pain en miettes légères à l'aide du robot culinaire.

La pâte de tomate en tube se conserve plusieurs mois au réfrigérateur.

Servez ce plat avec du pain croûté et une salade composée de laitue, de tomates et de concombres.

1. Dans la cocotte de la mijoteuse, mélanger tous les ingrédients, sauf les 4 derniers.

2. Couvrir et cuire à basse température de 7 à 9 heures ou à température élevée de 3 à 4 heures, jusqu'à ce que la préparation soit bouillonnante et que les légumes soient tendres.

3. Dans un bol, mélanger la chapelure, le parmesan et le persil, puis incorporer le beurre avant de répartir sur les haricots. Cuire 1 heure de plus avant de servir.

Haricots et couscous aux fruits confits

Mijoteuse de 4 à 6 litres (16 à 24 tasses) :: **6 portions**

400 g	haricots pinto, cuits ou en conserve (voir page 84), rincés et égouttés	2 tasses
320 g	haricots edamames écossés, décongelés	2 tasses
160 g	raisins secs dorés	1 tasse
160 g	fruits confits, hachés	1 tasse
10 g	gingembre, râpé	2 c. à thé
2 g	sel	½ c. à thé
0,5 g	flocons de piment	¼ de c. à thé
250 ml	bouillon de légumes	1 tasse
430 ml	jus d'orange ou d'ananas non sucré	1 ¾ tasse
90 g	couscous (semoule de blé dur)	½ tasse
15 ml	huile d'olive	1 c. à soupe
60 g	amandes effilées, grillées (voir Truc, page 101),	½ tasse
	Oignons verts, tranchés	

1. Dans la cocotte de la mijoteuse, mélanger les haricots pinto et edamames, les raisins secs, les fruits confits, le gingembre, le sel, le piment, le bouillon et le jus.

2. Couvrir et cuire à basse température de 6 à 7 heures ou à température élevée de 3 à 3 ½ heures, jusqu'à ce que la préparation soit bouillonnante.

3. Éteindre la mijoteuse, puis ajouter le couscous et l'huile d'olive. Couvrir et laisser reposer de 5 à 10 minutes ou jusqu'à ce que le couscous soit cuit. Détacher les grains à l'aide d'une fourchette. Garnir d'amandes et d'oignons verts.

Les edamames sont des haricots de soja verts légèrement sucrés très prisés dans la cuisine japonaise. Riches en protéines et en vitamines A, B et C, ils sont excellents pour la santé. Vous les trouverez au comptoir des légumes surgelés et dans les magasins d'alimentation naturelle.

Truc

Utilisez de tout petits morceaux de fruits confits, comme ceux que l'on met dans les gâteaux et les cakes servis dans le temps des fêtes. Évitez les pommes, les abricots et les pruneaux séchés. Ce plat est tout désigné pour le repas de Noël ou du Nouvel An.

Haricots et couscous aux fruits confits

Fèves au lard au café et au sirop d'érable

Mijoteuse de 4 à 6 litres (16 à 24 tasses) :: 4 à 6 portions

6	tranches de bacon, hachées	6
I	gros oignon rouge, tranché finement	I
1,25 kg	fèves au lard à la sauce tomate en conserve	5 tasses
30 g	café expresso moulu finement	2 c. à soupe
2 g	moutarde sèche	I c. à thé
125 ml	sirop d'érable	½ tasse

1. Dans une grande poêle antiadhésive, à feu moyen-vif, faire revenir le bacon de 4 à 5 minutes ou jusqu'à ce qu'il soit légèrement doré sans être croustillant. À l'aide d'une cuillère à égoutter, mettre le bacon dans une assiette tapissée de papier absorbant. Ne pas nettoyer la poêle.

2. Remettre la poêle à feu moyen-vif et faire sauter l'oignon de 4 à 6 minutes ou jusqu'à ce qu'il soit tendre et translucide. Retirer du feu.

3. Émietter la moitié du bacon dans la cocotte de la mijoteuse. Couvrir avec la moitié de l'oignon et des fèves au lard. Faire une deuxième couche de bacon, d'oignon et de fèves au lard. Saupoudrer le café moulu sur la préparation.

4. Dans un bol, mélanger la moutarde et le sirop d'érable, puis verser dans la cocotte.

5. Couvrir et cuire à basse température de 7 à 9 heures ou à température élevée de 3 à 4 heures, jusqu'à ce que la préparation soit bouillonnante et que la sauce épaississe.

Préparation à l'avance

On peut assembler ce plat jusqu'à 12 heures à l'avance. Préparer les étapes 1, 2 et 3, couvrir et réfrigérer toute la nuit. Le lendemain, placer la cocotte dans la mijoteuse et poursuivre la recette avec l'étape 4.

Truc

Pour faire un plat végétarien, achetez des fèves qui ne contiennent pas de lard.

Haricots rouges au cari

Mijoteuse de 4 à 6 litres (16 à 24 tasses) :: 6 portions

500 g	haricots rouges secs, triés, rincés et mis à tremper (voir page 84)	1 lb
1	oignon, tranché	1
250 g	champignons de Paris, tranchés	3 tasses
80 g	raisins secs dorés	½ tasse
7 g	poudre de cari	1 c. à soupe
1 g	poivre du moulin	½ c. à thé
375 ml	bouillon de légumes ou de poulet	1 ½ tasse
180 ml	eau	¾ tasse
1	grosse pomme verte ou rouge, hachée	1
	Couscous, cuit et chaud	
	Chutney à la mangue	
	Amandes hachées, grillées (voir Truc)	

Truc

Pour griller les amandes, étalez-les en seule couche sur une plaque à pâtisserie à bord élevé ou dans un moule peu profond. Passez-les au four à 180 °C/350 °F/gaz 4 de 5 à 10 minutes ou jusqu'à ce qu'elles soient dorées, en prenant soin de les remuer une ou deux fois en cours de cuisson.

1. Dans la cocotte de la mijoteuse, mélanger les haricots égouttés, l'oignon, les champignons, les raisins secs, le cari, le poivre, le bouillon et l'eau.

2. Couvrir et cuire à basse température de 4 à 6 heures, jusqu'à ce que les haricots soient tendres. Ajouter la pomme et cuire pendant 15 minutes.

3. Servir les haricots sur un lit de couscous. Accompagner d'une cuillerée de chutney et garnir d'amandes au goût.

Fèves au four à la mélasse

Fèves au four à la mélasse

Mijoteuse de 4 à 5 litres (16 à 20 tasses) :: 8 à 10 portions

500 g	petits haricots blancs secs, triés et rincés	1 lb
2,5 litres	eau	10 tasses
240 g	morceaux d'ananas en conserve, avec leur jus	1 ½ tasse
125 g	porc salé	4 oz
125 ml	rhum ambré ou foncé	½ tasse
90 g	mélasse de fantaisie	¼ de tasse
60 g	cassonade foncée ou sucre roux bien tassé	¼ de tasse
5 g	moutarde sèche	2 c. à thé
5 g	sel	1 c. à thé

Trucs

Vous pouvez remplacer l'ananas et le jus en conserve par la même quantité d'ananas frais et 125 ml (½ tasse) de jus de pomme non sucré.

Il n'est pas nécessaire de mettre du rhum, mais sachez qu'il ajoute une dimension extraordinaire à cette recette.

1. Dans une grande casserole, porter à ébullition les haricots blancs et l'eau. Baisser le feu et laisser mijoter pendant 3 minutes. Retirer du feu, couvrir et laisser tremper pendant 1 heure. Rincer et égoutter en réservant 250 ml (1 tasse) du liquide de trempage.

2. Dans la cocotte de la mijoteuse, mélanger le liquide réservé, les ananas et leur jus, le porc salé, le rhum, la mélasse, la cassonade et la moutarde. Ajouter les haricots.

3. Couvrir et cuire à basse température pendant 8 heures ou jusqu'à ce que la préparation soit bouillonnante. Saler au goût avant de servir.

Le petit haricot blanc est utilisé couramment pour la préparation des fèves au lard. En anglais, on lui donne le nom de navy bean, car il servait à nourrir les matelots et les militaires pendant la Seconde Guerre mondiale.

Volaille

Casserole de poulet aux artichauts

Mijoteuse de 4 à 6 litres (16 à 24 tasses) :: 6 portions

I	poivron rouge, haché	I
480 g	poulet, cuit et haché	3 tasses
120 g	fromage asiago, râpé	I tasse
25 g	oignons verts, hachés	¼ de tasse
160 g	cœurs d'artichauts, égouttés et hachés	I ⅔ tasse
310 ml	sauce Alfredo	I ¼ tasse
125 g	mayonnaise	½ tasse
180 g	croûtons, broyés grossièrement	I ½ tasse
	Oignons verts, tranchés (facultatif)	

1. Dans un grand bol, mélanger tous les ingrédients, sauf les croûtons et les oignons verts. Transvider dans la cocotte de la mijoteuse et parsemer de croûtons.

2. Couvrir et cuire à basse température de 5 à 6 heures, jusqu'à ce que la préparation soit bouillonnante. Garnir d'oignons verts au goût.

Trucs

Vous pouvez utiliser de la sauce Alfredo et de la mayonnaise allégées dans cette recette.

Servez cette casserole de poulet avec du riz et une belle salade verte.

Casserole de poulet aux artichauts

Poulet braisé au vin blanc

Mijoteuse de 4 litres (16 tasses) ou plus :: 6 portions

6	cuisses de poulet sans peau, parées	6
2 g	sel	½ c. à thé
0,5 g	poivre du moulin	¼ de c. à thé
15 ml	huile d'olive	1 c. à soupe
1	oignon, tranché finement	1
240 g	chou vert, râpé finement	1 ½ tasse
160 g	carottes miniatures, hachées	1 tasse
3	gousses d'ail, émincées	3
180 ml	riesling ou autre vin blanc sec	¾ de tasse
180 ml	bouillon de poulet	¾ de tasse
30 g	pâte de tomate	2 c. à soupe
20 g	farine tout usage (type 55)	2 c. à soupe
80 ml	eau	⅓ de tasse

1. Saler et poivrer les cuisses de poulet. Dans une grande poêle antiadhésive, à feu moyen-vif, chauffer l'huile d'olive et faire dorer la volaille de 2 à 3 minutes de chaque côté. À l'aide d'une cuillère à égoutter, mettre le poulet dans la cocotte de la mijoteuse.

2. Dans la même poêle, à feu moyen, faire sauter l'oignon et le chou pendant 5 minutes ou jusqu'à ce qu'ils soient tendres. Répartir uniformément sur le poulet et couvrir avec les carottes et l'ail.

3. Dans une tasse à mesurer (verre gradué), à l'aide d'un fouet, mélanger le vin blanc, le bouillon et la pâte de tomate. Verser dans la cocotte.

4. Couvrir et cuire à basse température de 5 à 6 heures ou à température élevée de 3 à 4 heures, jusqu'à ce qu'un jus clair s'écoule lorsqu'on pique le poulet. À l'aide d'une cuillère à égoutter, mettre le poulet et les légumes dans une grande assiette et réserver au chaud.

5. Dans un bol, à l'aide d'un fouet, mélanger la farine et l'eau jusqu'à consistance lisse. Incorporer vigoureusement environ 60 ml (¼ de tasse) des jus de cuisson chauds accumulés dans la cocotte de mijoteuse. Verser dans la cocotte, couvrir et cuire à température élevée environ 15 minutes ou jusqu'à épaississement. Assaisonner au goût. Servir cette sauce sur le poulet et les légumes.

Trucs

La pâte de tomate en tube se conserve plusieurs mois au réfrigérateur.

On prépare habituellement ce plat avec du vin rouge, mais le vin blanc, comme le riesling, s'avère plus léger et tout aussi bon. Si vous préférez ne pas utiliser d'alcool, remplacez le vin par la même quantité de bouillon de poulet ou de jus de pomme non sucré.

Servez le poulet et les légumes sur un lit de riz brun chaud.

Poulet farci au pain et aux champignons

Mijoteuse de 4 litres (16 tasses) ou plus :: 4 à 6 portions

Graisser la cocotte

15 g	zeste de citron, râpé	2 c. à soupe
15 g	sauge séchée	1 c. à soupe
5 g	sel	1 c. à thé
2 g	poivre du moulin	1 c. à thé
8	pilons de poulet sans peau (environ 1 kg/2 lb)	8
60 g	beurre	¼ de tasse
2	gousses d'ail, émincées	2
1	oignon, haché finement	1
320 g	champignons variés (portobellos, shiitakes, bolets, de Paris, etc.)	4 tasses
960 g	pain au levain, en cubes de 2,5 cm (1 po)	8 tasses
160 g	carottes, râpées grossièrement	1 tasse
60 g	canneberges (airelles) séchées (facultatif)	½ tasse
250 ml	bouillon de poulet	1 tasse
15 g	persil frais, haché finement	¼ de tasse

Trucs

Au moment de prélever le zeste de citron, évitez de prendre la peau blanche située sous la pelure. L'idéal est d'utiliser un zesteur ou une râpe Microplane, deux ustensiles peu coûteux, faciles à se procurer.

Le pain au levain étant un peu plus lourd que le pain à la levure, il convient bien à la cuisson à la mijoteuse, mais vous pouvez utiliser du pain croûté ou de la baguette si vous préférez.

1. Réserver 2 g (1 c. à thé) de zeste de citron. Dans un petit bol, mélanger le reste du zeste avec la sauge, le sel et le poivre. Saupoudrer sur le poulet et bien frotter la volaille sur toutes les faces pour faire pénétrer les assaisonnements. Placer la volaille dans la cocotte graissée de la mijoteuse.

2. Entre-temps, dans une poêle, à feu moyen-vif, chauffer le beurre et faire revenir l'ail, l'oignon et les champignons de 3 à 5 minutes ou jusqu'à ce qu'ils soient tendres.

3. Dans un grand bol, mélanger le pain, les carottes et les canneberges. Ajouter la préparation de champignons et remuer. Verser le bouillon et mélanger délicatement. Répartir uniformément sur le poulet.

4. Couvrir et cuire à basse température de 8 à 10 heures ou à température élevée de 4 à 5 heures, jusqu'à ce qu'un jus clair s'écoule lorsqu'on pique le poulet. À l'aide d'une cuillère à égoutter, mettre le poulet dans une grande assiette chaude. Jeter les jus de cuisson accumulés dans la cocotte.

5. Dans un petit bol, mélanger le persil et le zeste de citron réservé. Saupoudrer sur le poulet et la farce.

Cuisses de poulet aux poires et au fenouil

Mijoteuse de 4 à 6 litres (16 à 24 tasses) :: 6 portions

1	bulbe de fenouil avec les frondes (feuilles)	1
250 g	champignons, tranchés	3 tasses
80 g	poires ou pommes séchées, hachées	½ tasse
1,25 kg	hauts de cuisses de poulet désossés (environ 12)	2 ½ lb
3 g	sel	¾ de c. à thé
1 g	poivre du moulin	½ c. à thé
2 g	thym séché	½ c. à thé
250 ml	jus de pomme ou nectar de poire non sucré	1 tasse
	Couscous, cuit et chaud	
20 g	fécule de maïs	2 c. à soupe
30 ml	eau froide	2 c. à soupe

1. Retirer et réserver les frondes de fenouil. Couper le bulbe et le reste des tiges en tranches de 1 cm (½ po).

2. Dans la cocotte de la mijoteuse, mélanger les tranches de fenouil, les champignons et les fruits séchés. Couvrir avec les cuisses de poulet, puis assaisonner de sel, de poivre et de thym. Verser le jus de pomme sur la volaille.

3. Couvrir et cuire à basse température de 7 à 8 heures ou à température élevée de 3 ½ à 4 heures, jusqu'à ce qu'un jus clair s'écoule lorsqu'on pique le poulet.

4. Étaler le couscous dans une grande assiette chaude. À l'aide d'une cuillère à égoutter, disposer le poulet et les légumes sur le lit de couscous et réserver au chaud.

5. Dans un petit bol, à l'aide d'un fouet, mélanger la fécule de maïs avec l'eau. Verser dans la cocotte. Couvrir et cuire à température élevée de 10 à 15 minutes ou jusqu'à épaississement de la sauce. Verser sur le poulet et les légumes. Garnir de frondes de fenouil et servir aussitôt.

Vous trouverez des poires ou des pommes séchées au supermarché ou dans les magasins d'alimentation naturelle.

Trucs

Conservez les champignons dans un sac en papier et pliez le bord une ou deux fois. Vous pouvez aussi les mettre dans un bol en verre et les couvrir d'une petite serviette ou de papier absorbant humide. Il est important que l'air y circule bien. Gardez-les au réfrigérateur, mais pas dans le bac à légumes, et utilisez-les rapidement. Certaines variétés se conservent jusqu'à 1 semaine si le contenant n'a pas été ouvert.

Pour préparer les champignons, coupez le bout du pied, puis essuyez minutieusement le chapeau. Ne les rincez pas et ne les faites pas tremper, car ils absorberont l'eau et deviendront trop mous en cours de cuisson.

Poulet à la salsa et à la cannelle

Mijoteuse de 4 à 6 litres (16 à 24 tasses) :: **6 portions**

Graisser la cocotte

400 g	haricots noirs, cuits ou en conserve (voir page 84), rincés et égouttés	2 tasses
180 g	maïs en grains, décongelé	1 tasse
250 ml	salsa moyennement ou très épicée	1 tasse
1,5 kg	morceaux de poulet non désossés (voir Trucs)	3 lb
12 g	basilic frais, haché	¼ de tasse
5 g	cannelle moulue	1 c. à thé
180 ml	sauce aux arachides	¾ de tasse

Trucs

Les haricots rouges sont aussi excellents dans cette recette.

Gardez les poitrines (blancs) de poulet avec la peau, mais retirez celle des pilons et des cuisses. Dans la mijoteuse, placez les poitrines sur le dessus pour les empêcher de cuire trop rapidement.

1. Dans la cocotte graissée de la mijoteuse, mélanger les haricots noirs et le maïs. Verser la moitié de la salsa et ajouter le poulet (voir Trucs).

2. Dans un bol, mélanger la moitié du basilic, la cannelle, la sauce aux arachides et le reste de la salsa. Verser sur le poulet.

3. Couvrir et cuire à basse température de 5 à 6 heures ou à température élevée de 2 ½ à 3 heures, jusqu'à ce que le poulet ait perdu sa couleur rosée ou qu'un jus clair s'écoule lorsqu'on pique les morceaux de volaille. Garnir avec le reste du basilic.

Préparation à l'avance

On peut assembler ce plat jusqu'à 12 heures à l'avance. Préparer les étapes 1 et 2, couvrir et réfrigérer toute la nuit. Le lendemain, placer la cocotte dans la mijoteuse et poursuivre la recette avec l'étape 3.

La sauce aux arachides est un superbe mélange d'arachides moulues, de piments, d'huile et d'assaisonnements (gingembre, ail, citronnelle, etc.). On peut s'en procurer au supermarché, mais il n'y a rien de tel que de la préparer soi-même.

Poulet au citron à la gremolata

Mijoteuse de 4 à 6 litres (16 à 24 tasses) :: 6 à 8 portions

Poulet au citron

1 kg	cuisses et pilons de poulet sans peau	2 lb
5 g	sel	1 c. à thé
1 g	poivre du moulin	½ c. à thé
360 g	cœurs d'artichauts, égouttés et coupés en quartiers	3 tasses
240 g	petits oignons blancs, pelés (voir Trucs)	2 tasses
320 g	carottes miniatures	2 tasses
5 g	romarin séché	1 c. à thé
125 ml	bouillon de poulet	½ tasse
60 ml	vin blanc ou vermouth sec	¼ de tasse
15 ml	jus de citron frais	1 c. à soupe

Gremolata

2	gousses d'ail, émincées	2
12 g	persil frais, haché	3 c. à soupe
7 g	zeste de citron, haché grossièrement	1 c. à soupe

1. *Poulet au citron :* placer le poulet dans la cocotte de la mijoteuse et saupoudrer de sel et de poivre. Disposer les artichauts, les oignons et les carottes tout autour. Saupoudrer la volaille et les légumes de romarin.

2. Dans un bol, mélanger le bouillon, le vin blanc et le jus de citron. Verser sur le poulet et les légumes.

3. Couvrir et cuire à basse température de 6 à 8 heures ou à température élevée de 3 à 4 heures, jusqu'à ce qu'un jus clair s'écoule lorsqu'on pique le poulet.

4. *Gremolata :* dans un bol, mélanger tous les ingrédients. Saupoudrer sur le poulet et les légumes au moment de servir.

Trucs

La gremolata peut être préparée jusqu'à 4 heures à l'avance et gardée au réfrigérateur.

Pour préparer les petits oignons non épluchés, faites un X à la base de chacun à l'aide d'un couteau bien affûté. À feu moyen-vif, portez une casserole d'eau à ébullition et immergez les oignons dans le liquide pendant 1 minute. Égouttez et transvidez aussitôt dans un grand bol d'eau glacée. Laissez refroidir avant de presser les oignons pour les libérer de leur pelure.

Poulet au citron à la gremolata

Casserole de poulet aux patates douces

Mijoteuse de 4 litres (16 tasses) ou plus :: **4 portions**
Graisser la cocotte

5 g	sel	I c. à thé
2 g	piment de la Jamaïque moulu	¾ de c. à thé
3 g	thym séché	¾ de c. à thé
2 g	épices pour tarte à la citrouille	½ c. à thé
0,5 g	piment de Cayenne	¼ de c. à thé
8	hauts de cuisses de poulet désossés	8
30 ml	huile végétale (environ)	2 c. à soupe
I	grosse patate douce, pelée et coupée en cubes	I
400 g	haricots noirs, cuits ou en conserve (voir page 84), rincés et égouttés	2 tasses
85 g	miel	¼ de tasse
60 ml	jus de lime (citron vert) frais	¼ de tasse
20 g	fécule de maïs	2 c. à soupe
15 ml	eau froide	I c. à soupe
2	oignons verts, hachés	2

1. Dans un bol, mélanger le sel, le piment de la Jamaïque, le thym, les épices pour tarte à la citrouille et le cayenne. Enrober le poulet de ce mélange.

2. Dans une grande poêle antiadhésive, à feu moyen-vif, chauffer 15 ml (1 c. à soupe) d'huile végétale et cuire le poulet de 2 à 3 minutes de chaque côté ou jusqu'à ce qu'il soit doré sur toutes les faces. (Procéder par étapes si la poêle n'est pas assez grande et ajouter de l'huile végétale au besoin.) Réserver.

3. Dans la cocotte graissée de la mijoteuse, mélanger les cubes de patates et les haricots noirs. Placer les cuisses de poulet sur le dessus.

4. Dans une petite casserole, mélanger le miel et le jus de lime. Porter à ébullition et cuire pendant I minute en remuant. Verser sur le poulet.

5. Couvrir et cuire à basse température de 4 à 6 heures ou à température élevée de 2 ½ à 3 heures, jusqu'à ce qu'un jus clair s'écoule lorsqu'on pique le poulet. À l'aide d'une cuillère à égoutter, disposer le poulet et les légumes dans une grande assiette et réserver au chaud.

6. Dans un petit bol, fouetter la fécule de maïs et l'eau. Verser dans la cocotte. Couvrir et cuire à température élevée de 10 à 15 minutes ou jusqu'à épaississement de la sauce. Verser sur le poulet et les légumes. Garnir d'oignons.

Truc

Si le miel se cristallise (ou si vous utilisez du miel crémeux), placez le pot dans une casserole d'eau chaude jusqu'à ce que les cristaux soient dissous et que le miel soit fondu. On peut aussi chauffer le miel au micro-ondes, à puissance moyenne-élevée (70 %), pendant 1 minute en mélangeant après 30 secondes.

Sandwichs chauds au poulet et au fromage fondu

Mijoteuse de 4 à 6 litres (16 à 24 tasses) :: 6 portions

I	gros oignon, coupé en deux sur la largeur, puis tranché	I
I kg	poitrines (blancs) de poulet désossées et sans peau, coupées en biais en tranches de I cm (½ po) d'épaisseur	2 lb
30 g	beurre	2 c. à soupe
20 g	farine tout usage (type 55)	2 c. à soupe
5 g	moutarde de Dijon	I c. à thé
5 ml	sauce Worcestershire	I c. à thé
2 g	sel	½ c. à thé
I g	poivre du moulin	½ c. à thé
125 ml	bière brune (stout, porter, etc.)	½ tasse
180 ml	crème à fouetter (35 %)	¾ de tasse
180 g	cheddar, râpé	I ½ tasse
I	trait de sauce piquante	I
6	petits pains de seigle noir, ouverts en deux et grillés	6
4	tranches de bacon, cuites (croustillantes) et émiettées (facultatif)	4
I	tomate, hachée (facultatif)	I

Trucs

Si vous préférez une cuisson plus longue, achetez des hauts de cuisses de poulet désossés, puis coupez-lez en lanières. Le temps de cuisson sera alors de 6 à 8 heures à basse température ou de 3 à 4 heures à température élevée, jusqu'à ce qu'un jus clair s'écoule lorsqu'on pique le poulet.

Choisissez une bonne bière de spécialité. Si vous n'aimez pas la bière brune, une bière blonde fera l'affaire.

Accompagnez ces sandwichs chauds de cornichons à l'aneth bien croquants.

1. Placer les oignons dans la cocotte de la mijoteuse, puis ajouter le poulet.

2. Dans une casserole, à feu moyen-vif, chauffer le beurre et cuire la farine en remuant sans cesse à l'aide d'un fouet sans la laisser brunir (environ 2 minutes). Incorporer la moutarde, la sauce Worcestershire, le sel et le poivre. Ajouter la bière et bien mélanger. Verser la crème et cuire en remuant jusqu'à consistance lisse. Verser sur le poulet.

3. Couvrir et cuire à basse température de 4 à 5 heures ou à température élevée de 2 à 2 ½ heures, jusqu'à ce que le poulet ait perdu sa couleur rosée. À l'aide d'une cuillère à égoutter, mettre le poulet dans une assiette et réserver au chaud.

4. Mélanger le cheddar et la sauce piquante avec les jus de cuisson accumulés dans la cocotte. Couvrir et cuire à température élevée pendant 10 minutes ou jusqu'à ce que le fromage soit fondu.

5. Répartir le poulet sur la moitié inférieure des pains. Couvrir avec la préparation au fromage. Garnir de bacon et de tomates et refermer les sandwichs.

Paella au poulet et aux légumes

Paella au poulet et aux légumes

Mijoteuse de 4 litres (16 tasses) ou plus :: 6 portions

15 ml	huile d'olive	1 c. à soupe
6	hauts de cuisses de poulet désossés	6
1	oignon, haché	1
1	gousse d'ail, émincée	1
560 g	tomates en conserve, avec leur jus	2 ¼ tasses
500 g	saucisses fumées piquantes, en rondelles	1 lb
750 ml	bouillon de poulet	3 tasses
200 g	riz blanc étuvé à grain long	1 tasse
5 g	thym séché	1 c. à thé
1	pincée de filaments de safran	1
1	poivron rouge ou jaune, haché	1
1	courgette, hachée	
80 g	petits pois, décongelés	½ tasse

Truc

Pour gagner du temps, vous pouvez remplacer le poivron, la courgette et les petits pois par 320 g (2 tasses) de macédoine de légumes décongelée. Ajoutez-la au contenu de la cocotte environ 20 minutes avant la fin de la cuisson.

1. Dans une grande poêle antiadhésive, à feu moyen-vif, chauffer l'huile d'olive et faire dorer le poulet de 2 à 3 minutes de chaque côté. À l'aide d'une cuillère à égoutter, mettre le poulet dans la cocotte de la mijoteuse.

2. Dans la même poêle, faire sauter l'oignon de 3 à 4 minutes. Ajouter l'ail, les tomates et leur jus, les saucisses, le bouillon, le riz, le thym et le safran. Cuire pendant 5 minutes, puis transvider dans la cocotte.

3. Couvrir et cuire à basse température de 6 à 8 heures ou à température élevée de 3 à 4 heures, jusqu'à ce que le riz soit tendre et qu'un jus clair s'écoule lorsqu'on pique le poulet. Environ 20 minutes avant la fin de la cuisson, ajouter le poivron, la courgette et les pois.

Poulet au pepperoni et aux olives

Mijoteuse de 4 à 6 litres (16 à 24 tasses) :: 4 portions

75 g	farine tout usage (type 55)	½ tasse
15 g	thym séché	1 c. à soupe
2 g	sel	½ c. à thé
1,5 kg	cuisses et pilons de poulet sans peau	3 lb
4	gousses d'ail, émincées	4
2	oignons, hachés finement	2
810 g	tomates en conserve, égouttées	3 ¼ tasses
160 g	pepperoni, tranché finement	1 tasse
0,5 g	flocons de piment	¼ de c. à thé
125 ml	vin rouge sec	½ tasse
30 g	pâte de tomate	2 c. à soupe
30 ml	eau	2 c. à soupe
110 g	olives Kalamata, tranchées	¾ de tasse
30 g	origan frais, haché	2 c. à soupe
10 ml	jus de citron frais	2 c. à thé

1. Dans un sac en plastique résistant, mélanger la farine, le thym et le sel. En procédant par étapes, mélanger le poulet avec la farine. Placer la volaille dans la cocotte de la mijoteuse et réserver le reste de la farine.

2. Ajouter l'ail, les oignons, les tomates, le pepperoni et le piment dans la cocotte.

3. Dans un bol, mélanger le vin rouge et la pâte de tomate. Verser sur le poulet et les légumes.

4. Couvrir et cuire à basse température de 5 à 6 heures ou à température élevée de 2 ½ à 3 heures, jusqu'à ce qu'un jus clair s'écoule lorsqu'on pique le poulet. À l'aide d'une cuillère à égoutter, mettre le poulet dans une grande assiette et réserver au chaud.

5. Dans un bol, à l'aide d'un fouet, mélanger la farine réservée et l'eau. Verser dans la cocotte, couvrir et cuire à température élevée de 10 à 15 minutes ou jusqu'à épaississement de la sauce. Ajouter les olives, l'origan et le jus de citron, puis saler au goût. Napper le poulet de sauce et servir aussitôt.

Trucs

Pour extraire le maximum de jus d'un citron, laissez-le d'abord reposer à température ambiante. Avant de le presser, roulez-le sur un plan de travail en appuyant dessus avec la paume de la main. Vous pouvez aussi mettre le citron entier au micro-ondes pendant 30 secondes, puis le rouler sur un plan de travail. Le jus peut être congelé dans un plateau à glaçons emballé dans un sac en plastique hermétique. On peut aussi emballer et congeler le zeste.

Servez ce plat sur un lit de nouilles et accompagnez-le de légumes verts cuits.

Poulet braisé aux pruneaux et aux olives

Mijoteuse de 4 à 6 litres (16 à 24 tasses) :: **6 à 8 portions**

3	gousses d'ail, émincées	3
I	feuille de laurier	I
30 g	cassonade ou sucre roux bien tassé	2 c. à soupe
5 g	origan séché	I c. à thé
5 g	sel	I c. à thé
I g	poivre du moulin	½ c. à thé
125 ml	vin blanc sec	½ tasse
30 ml	vinaigre de vin rouge	2 c. à soupe
1,5 kg	morceaux de poulet non désossés (voir Trucs)	3 lb
70 g	pruneaux, dénoyautés et hachés	½ tasse
70 g	figues séchées, hachées	½ tasse
40 g	olives vertes espagnoles entières, dénoyautées	¼ de tasse
15 g	câpres, égouttées	2 c. à soupe
8 g	persil frais, haché	2 c. à soupe

Trucs

Si vous utilisez des poitrines (blancs), des pilons et des cuisses, placez les poitrines sur le dessus dans la mijoteuse afin qu'elles ne cuisent pas trop rapidement.

Le temps de cuisson peut varier selon la taille de la mijoteuse et des morceaux de volaille. Si vous utilisez surtout de la chair blanche, évitez de prolonger la cuisson inutilement. Lorsque le nombre d'heures minimal est atteint, vérifiez la cuisson pour voir s'il est nécessaire de la prolonger.

1. La veille, dans une tasse à mesurer (verre gradué), mélanger l'ail, le laurier, la cassonade, l'origan, le sel, le poivre, le vin blanc et le vinaigre. Mettre le poulet dans un sac en plastique hermétique et ajouter la préparation de cassonade. Fermer le sac et masser la volaille avec les assaisonnements. Réfrigérer toute la nuit.

2. Le lendemain, transvider le poulet et la marinade dans la cocotte de la mijoteuse. Ajouter les pruneaux et les figues.

3. Couvrir et cuire à basse température de 5 à 6 heures ou à température élevée de 2 ½ à 3 heures, jusqu'à ce que le poulet ait perdu sa couleur rosée ou qu'un jus clair s'écoule lorsqu'on pique la volaille. Environ 10 minutes avant la fin de la cuisson, ajouter les olives et les câpres. Jeter le laurier. Garnir de persil au moment de servir.

Poulet au citron et aux olives

Mijoteuse de 4 à 6 litres (16 à 24 tasses) :: 4 à 6 portions

75 g	farine tout usage (type 55)	½ tasse
7 g	garam masala ou poudre de cari	1 c. à soupe
5 g	sel	1 c. à thé
1 g	poivre du moulin	½ c. à thé
1,5 kg	morceaux de poulet non désossés (voir Trucs)	3 lb
30 ml	huile d'olive (environ)	2 c. à soupe
2	oignons, hachés	2
2	gousses d'ail, émincées	2
125 ml	vin blanc sec	½ tasse
125 ml	bouillon de poulet	½ tasse
	Zeste râpé finement et jus de 1 citron	
1	citron confit (voir Trucs ; facultatif), haché finement	1
75 g	olives Kalamata mûres, dénoyautées	½ tasse
15 g	coriandre fraîche, hachée	¼ de tasse

1. Dans un sac en plastique résistant, mélanger la farine, le garam masala, le sel et le poivre. En procédant par étapes, mélanger le poulet avec la farine. Après avoir enrobé tous les morceaux de poulet, réserver le reste de la farine.

2. Dans une grande poêle, à feu moyen-vif, chauffer 15 ml (1 c. à soupe) d'huile d'olive et cuire le poulet de 2 à 3 minutes de chaque côté ou jusqu'à ce qu'il soit doré sur toutes les faces. (Procéder par étapes si la poêle n'est pas assez grande et ajouter de l'huile d'olive au besoin.) À l'aide d'une cuillère à égoutter, mettre la volaille dans la cocotte de la mijoteuse (voir Trucs).

3. Dans la même poêle, à feu moyen, faire sauter les oignons environ 2 minutes ou jusqu'à ce qu'ils soient tendres et translucides. Ajouter l'ail et la farine réservée. Cuire environ 3 minutes, en remuant, ou jusqu'à ce que la farine soit grillée. Verser le vin blanc et le bouillon et cuire en remuant jusqu'à épaississement. Retirer du feu et incorporer 1 g (½ c. à thé) de zeste de citron. Verser sur le poulet. Parsemer de citron confit.

4. Couvrir et cuire à basse température de 5 à 6 heures ou à température élevée de 2 ½ à 3 heures, jusqu'à ce que le poulet ait perdu sa couleur rosée ou qu'un jus clair s'écoule lorsqu'on pique les pilons et les cuisses.

5. À l'aide d'une cuillère à égoutter, mettre le poulet dans une grande assiette. Mélanger la sauce avec le reste du zeste de citron, le jus de citron, les olives et la coriandre. Verser sur le poulet à l'aide d'une cuillère et servir aussitôt.

Trucs

Le citron confit est légèrement acidulé et intensément citronné. Vous en trouverez facilement dans les boutiques et les épiceries spécialisées dans l'importation de produits du Moyen-Orient. Cet ingrédient est facultatif.

Si vous utilisez des poitrines (blancs), des pilons et des cuisses, placez les poitrines sur le dessus dans la mijoteuse afin qu'elles ne cuisent pas trop rapidement.

Poulet rôti au prosciutto et aux petits pois

Mijoteuse de 5 litres (20 tasses) ou plus :: 6 portions

1	poulet entier de 1,25 kg (2 ½ lb)	1
15 g	herbes de Provence	1 c. à soupe
2 g	poivre au citron	1 c. à thé
2 g	sel	½ c. à thé
5 ml	huile d'olive	1 c. à thé
1	oignon, haché finement	1
150 g	prosciutto, haché	5 oz
125 ml	vin blanc sec	½ tasse
160 g	petits pois, décongelés	1 tasse
125 ml	lait concentré non sucré ou crème à fouetter 35 %	½ tasse
30 g	fécule de maïs	3 c. à soupe
30 ml	eau froide	2 c. à soupe
	Linguines, cuites et chaudes	

Trucs

Si le poulet entier est trop gros pour votre mijoteuse, coupez-le en morceaux à l'aide d'un couteau bien affûté et mettez les poitrines (blancs) sur le dessus afin qu'elles ne cuisent pas trop rapidement.

Les herbes de Provence sont un mélange de romarin, de sarriette, de thym, de basilic et d'origan.

1. Bien rincer l'intérieur et l'extérieur du poulet à l'eau froide et éponger avec du papier absorbant. Jeter les abats, mais réserver le cou pour un autre usage, si désiré.

2. Dans un bol, mélanger les herbes de Provence, le poivre au citron et le sel. Frotter la peau du poulet avec l'huile d'olive et saupoudrer le mélange d'herbes. Placer le poulet dans la cocotte de la mijoteuse, poitrine vers le haut. Disposer l'oignon et le prosciutto tout autour et arroser de vin blanc.

3. Couvrir et cuire à basse température de 8 à 10 heures, jusqu'à ce que le thermomètre à viande inséré dans la partie la plus épaisse d'une cuisse indique 77 °C (170 °F). Environ 30 minutes avant la fin de la cuisson, ajouter les pois et le lait concentré aux jus de cuisson.

4. À l'aide de deux grandes cuillères, mettre le poulet dans une assiette et laisser reposer pendant 15 minutes avant de découper en tranches.

5. Entre-temps, dans un petit bol, mélanger la fécule de maïs avec l'eau à l'aide d'un fouet. Verser dans la cocotte, couvrir et cuire à température élevée de 10 à 15 minutes ou jusqu'à épaississement de la sauce.

6. Découper le poulet. Répartir les pâtes et la viande dans des assiettes, puis napper de sauce.

Pain de poulet glacé au chutney

Mijoteuse de 4 litres (16 tasses) ou plus :: 4 à 6 portions

1 kg	poulet haché maigre	2 lb
2	gousses d'ail, émincées	2
1	œuf, battu légèrement	1
40 g	pappadams broyés ou chapelure	⅓ de tasse
30 g	pâte de cari tandouri	2 c. à soupe
5 g	garam masala ou poudre de cari	2 c. à thé
1	pincée de sel	1
0,5 g	poivre du moulin	¼ de c. à thé
60 g	chutney à la mangue	¼ de tasse

Sauce épicée au yogourt

125 g	yogourt nature (0 % M.G.)	½ tasse
1 g	ail, émincé	½ c. à thé
2 g	coriandre moulue	½ c. à thé
0,5 g	cumin moulu	¼ de c. à thé

1. Couper une feuille de papier d'aluminium de 60 cm (2 pi) en 2 sur la longueur de façon à obtenir 2 lanières. Plier chacune des lanières en 2 sur la longueur. Entrecroiser les lanières dans la cocotte de la mijoteuse en laissant les extrémités remonter le long des parois et par-dessus le bord.

2. Dans un grand bol, mélanger le poulet, l'ail, l'œuf, les pappadams, la pâte de cari, le garam masala, le sel et le poivre. Bien mélanger avec les mains. Façonner en forme de pain et placer dans la cocotte de la mijoteuse. Napper de chutney à la mangue.

3. Rentrer les bouts de papier sous le couvercle. Couvrir et cuire à basse température de 4 à 6 heures ou à température élevée de 2 ½ à 3 heures, jusqu'à ce que le thermomètre à viande inséré au centre du pain de poulet indique 77 °C (170 °F). Retirer le couvercle et soulever le pain de volaille à l'aide des lanières de papier d'aluminium pour le mettre dans une grande assiette.

4. *Sauce épicée au yogourt :* entre-temps, dans un bol, mélanger le yogourt, l'ail, la coriandre et le cumin. Réfrigérer jusqu'au moment de servir. Verser dans de petits bols individuels et servir comme accompagnement.

Truc

Vous pouvez aussi tapisser la cocotte de la mijoteuse avec un assez grand morceau d'étamine que vous utiliserez pour soulever le pain cuit.

Le garam masala est un mélange d'épices très prisé dans la cuisine indienne. Garam signifie « chaud » ou « piquant » en hindi, tandis que masala veut dire « mélange ».

Poulet au beurre sucré

Mijoteuse de 4 à 6 litres (16 à 24 tasses) :: 4 à 6 portions

30 g	beurre, fondu	2 c. à soupe
30 g	pâte de cari tandouri ou tikka	2 c. à soupe
15 g	gingembre, émincé	1 c. à soupe
2 g	cumin moulu	1 c. à thé
2 g	paprika	1 c. à thé
375 ml	lait concentré non sucré	1 ½ tasse
160 g	pâte de tomate	⅔ de tasse
15 g	cassonade ou sucre roux bien tassé	1 c. à soupe
8	hauts de cuisses de poulet désossés	8
125 g	yogourt nature	½ tasse
30 ml	jus de lime (citron vert) frais	2 c. à soupe
	Riz basmati, cuit et chaud	
8 g	coriandre fraîche, hachée	2 c. à soupe
15 g	noix de cajou, grillées et hachées	2 c. à soupe

Truc

Le lait concentré non sucré convient parfaitement à la mijoteuse, car il ne caille pas malgré de longues heures de cuisson. Il est important de ne pas le confondre avec le lait condensé sucré utilisé dans la préparation des desserts et des confiseries.

1. Dans une casserole, faire dorer 15 g (1 c. à soupe) de beurre. Ajouter 15 g (1 c. à soupe) de pâte de cari, le gingembre, le cumin et le paprika. Cuire en remuant pendant 2 minutes. Ajouter le lait concentré, la pâte de tomate et la cassonade, puis porter à ébullition. Baisser le feu et laisser mijoter environ 10 minutes, en remuant souvent, ou jusqu'à épaississement.

2. Mettre le reste du beurre dans la cocotte de la mijoteuse et faire pivoter celle-ci pour couvrir le fond et les côtés.

3. Dans un bol, mélanger le poulet, le yogourt et le reste de la pâte de cari. Transvider dans la cocotte et napper uniformément de sauce.

4. Couvrir et cuire à basse température de 5 à 6 heures ou à température élevée pendant 3 heures, jusqu'à ce qu'un jus clair s'écoule lorsqu'on pique le poulet. Ajouter le jus de lime. Servir sur un lit de riz et garnir de coriandre et de noix.

Les pâtes de cari tandouri et tikka sont de beaux mélanges d'épices et de fines herbes moulues conservées dans l'huile végétale. Leur goût est plutôt doux et on peut les mélanger avec du bouillon, du yogourt et des tomates en conserve pour concocter une sauce délicieuse pour la viande, la volaille, les fruits de mer ou les légumes. Une fois ouvert, le contenant se conserve jusqu'à 6 mois au réfrigérateur.

Poulet à la sauce chili sucrée

Mijoteuse de 4 à 6 litres (16 à 24 tasses) :: **5 ou 6 portions**

10 à 12	hauts de cuisses de poulet désossés	10 à 12
2	gousses d'ail, émincées	2
5 g	paprika	2 c. à thé
0,5 g	cinq-épices moulu	¼ de c. à thé
125 ml	sauce chili sucrée thaïe	½ tasse
60 ml	ketchup	¼ de tasse
30 ml	sauce de poisson	2 c. à soupe
30 ml	eau	2 c. à soupe

1. Ranger les cuisses de poulet dans la cocotte de la mijoteuse. Dans un bol, mélanger le reste des ingrédients. Verser sur le poulet.

2. Couvrir et cuire à basse température de 5 à 6 heures ou à température élevée de 2 ½ à 3 heures, jusqu'à ce qu'un jus clair s'écoule lorsqu'on pique le poulet.

On peut préparer soi-même son cinq-épices en mélangeant à parts égales : cannelle moulue, clous de girofle, anis étoilé, graines de fenouil et grains de poivre du Sichuan (ou poivre du moulin). À l'aide d'un moulin à café bien nettoyé ou dans un mortier, moudre le tout jusqu'à l'obtention d'une poudre très fine.

Poivrons et mange-tout au gingembre

6 portions

250 g	de pois mange-tout (pois gourmands), parés	4 tasses
2	poivrons au choix, en lanières de 2 cm (¾ de po)	2
30 ml	vinaigre de riz	2 c. à soupe
15 ml	huile végétale	1 c. à soupe
5 g	gingembre, râpé	1 c. à thé
	Sel et poivre du moulin	

1. Placer une marguerite dans une casserole et ajouter 2,5 cm (1 po) d'eau. Porter à faible ébullition. Ajouter les mange-tout et les poivrons. Couvrir et cuire de 2 à 4 minutes ou jusqu'à ce qu'ils soient tendres, mais encore un peu croquants.

2. Dans un bol, à l'aide d'un fouet, mélanger le vinaigre, l'huile végétale et le gingembre. Ajouter les légumes et remuer. Assaisonner au goût et servir aussitôt.

Poulet à la sauce chili sucrée et poivrons et mange-tout au gingembre

Casserole de saucisses de poulet et de haricots

Mijoteuse de 4 à 6 litres (16 à 24 tasses) :: 6 à 8 portions
Graisser la cocotte

½	baguette, en morceaux	
60 ml	huile d'olive	¼ de tasse
	Gros sel et poivre du moulin	
20 g	sauge fraîche (environ 25 feuilles)	⅓ de tasse
4	gousses d'ail, émincées	4
I	gros oignon, haché finement	I
500 g	saucisses de poulet ou de dinde, sans leur enveloppe	I lb
800 g	pois chiches, cuits ou en conserve (voir page 84), rincés et égouttés	4 tasses
I25 ml	vin blanc sec	½ tasse

1. À l'aide du robot culinaire, réduire le pain en miettes très grossières. Ajouter 30 ml (2 c. à soupe) d'huile d'olive et mélanger rapidement pour humecter les miettes. Assaisonner au goût et réserver.

2. Dans une poêle, à feu moyen-vif, chauffer le reste de l'huile d'olive et faire sauter la sauge de 2 à 3 minutes ou jusqu'à ce qu'elle soit croustillante. À l'aide d'une cuillère à égoutter, mettre la sauge dans une assiette tapissée de papier absorbant et réserver.

3. Dans la même poêle, faire sauter l'ail et l'oignon de 5 à 7 minutes. Ajouter les saucisses et, en les défaisant à l'aide d'une cuillère en bois, cuire de 3 à 5 minutes ou jusqu'à ce qu'elles aient perdu leur couleur rosée. Ajouter les pois chiches et le vin blanc. Transvider dans la cocotte graissée de la mijoteuse et saupoudrer de miettes de pain.

4. Couvrir et cuire à basse température de 6 à 8 heures ou à température élevée de 3 à 5 heures, jusqu'à ce que la préparation soit bouillonnante. Assaisonner au goût. Garnir de sauge émiettée au moment de servir.

Truc

Si vous ne raffolez pas des pois chiches, utilisez n'importe quelle variété de haricots blancs. Pour ajouter de la couleur au plat, choisissez plutôt des haricots rouges.

Le sauvignon et le chardonnay font bon ménage avec les ingrédients de cette recette.

Poulet et pommes de terre au cheddar

Mijoteuse de 4 à 5 litres (16 à 20 tasses) :: **6 portions**

625 g	poitrines (blancs) de poulet désossées et sans peau (environ 2 grosses), en lanières de 2,5 cm (1 po)	1 ¼ lb
80 ml	sauce barbecue épicée (Buffalo ou autre)	⅓ de tasse
250 ml	crème de céleri condensée en conserve non diluée	1 tasse
960 g	pommes de terre rissolées maison ou décongelées	6 tasses
250 ml	sauce pour salade au fromage bleu ou ranch	1 tasse
60 g	cheddar, râpé	½ tasse
60 g	chapelure ou flocons de maïs broyés	½ tasse
30 g	beurre, fondu	2 c. à soupe
3	oignons verts, hachés	3

Trucs

Pour gagner du temps, achetez des poitrines de poulet (blancs de volaille) préparées par votre boucher.

La sauce Buffalo est préparée avec du beurre et de la sauce piquante au piment de Cayenne. Si vous n'en trouvez pas à votre supermarché, n'importe quelle sauce barbecue épicée fera l'affaire.

Pour donner une touche rafraîchissante au repas, servez ce plat avec des bâtonnets de carotte et de céleri et une bière froide.

1. Dans un bol, bien enrober le poulet de sauce barbecue. Placer le poulet dans la cocotte de la mijoteuse.

2. Dans un grand bol, mélanger la crème de céleri, les pommes de terre, la sauce pour salade et le fromage. Répartir uniformément sur le poulet.

3. Dans un petit bol, mélanger la chapelure et le beurre. Étaler uniformément sur le poulet.

4. Couvrir et cuire à basse température de 6 à 8 heures, jusqu'à ce que les pommes de terre soient tendres et que le poulet ait perdu sa couleur rosée. Garnir d'oignons verts au moment de servir.

Poulet en sauce à l'orange et au sésame

Mijoteuse de 4 à 6 litres (16 à 24 tasses) :: **4 portions**

2	oranges	2
15 g	coriandre moulue	1 c. à soupe
1 g	piment de Cayenne	½ c. à thé
	Sel et poivre du moulin	
1,5 kg	cuisses ou pilons de poulet avec la peau	3 lb
30 ml	huile végétale	2 c. à soupe
5 ml	huile de sésame	1 c. à thé
3	gousses d'ail, émincées	3
15 g	gingembre, émincé	1 c. à soupe
0,5 g	flocons de piment	¼ de c. à thé
125 ml	bouillon de poulet	½ tasse
45 ml	tamari ou sauce soja foncée	3 c. à soupe
20 g	fécule de maïs	2 c. à soupe
30 ml	eau froide	2 c. à soupe
3	oignons verts, tranchés finement	3
½	poivron rouge, tranché finement	½
100 g	de pois mange-tout (pois gourmands), parés	1 tasse
	Nouilles de riz cuites et chaudes ou riz vapeur	
20 g	graines de sésame, grillées	2 c. à soupe

1. Râper le zeste des oranges et réserver. À l'aide d'un couteau d'office, retirer et jeter la pelure et la peau blanche des oranges. Couper chacune en tranches de 5 mm (¼ de po) et réserver.

2. Dans un bol, mélanger la coriandre, le cayenne, 2 g (½ c. à thé) de sel et 0,5 g (¼ de c. à thé) de poivre. Frotter le poulet avec ce mélange.

3. Dans une grande poêle antiadhésive, à feu moyen-vif, chauffer 15 ml (1 c. à soupe) d'huile végétale et l'huile de sésame. Cuire le poulet de 2 à 3 minutes de chaque côté ou jusqu'à ce qu'il soit doré sur toutes les faces. (Procéder par étapes si la poêle n'est pas assez grande et ajouter de l'huile végétale au besoin.) À l'aide d'une cuillère à égoutter, mettre le poulet dans la cocotte de la mijoteuse.

Trucs

Faites griller les graines de sésame dans une petite poêle sèche à feu moyen en la secouant sans cesse pendant 3 minutes ou jusqu'à ce que le sésame libère tous ses arômes.

Les temps de cuisson peuvent varier selon la mijoteuse utilisée. Laissez toujours cuire les aliments le temps minimal requis avant de vérifier la cuisson.

Servez ce plat avec un légume vert bien croquant, comme le brocoli.

4. Dans la même poêle, faire sauter l'ail et le gingembre avec le piment pendant 1 à 2 minutes tout au plus. Ajouter le bouillon et le tamari et cuire à feu vif pendant 1 minute. Verser sur le poulet. Saupoudrer 2 g (1 c. à thé) du zeste d'orange réservé et disposer les tranches d'orange sur le dessus.

5. Couvrir ct cuire à basse température de 5 à 6 heures ou à température élevée de 2 ½ à 3 heures, jusqu'à ce qu'un jus clair s'écoule lorsqu'on pique le poulet.

6. Dans un petit bol, à l'aide d'un fouet, mélanger la fécule de maïs avec l'eau. Verser dans la cocotte et ajouter les oignons verts, le poivron et les mange-tout. Couvrir et cuire à température élevée de 10 à 15 minutes ou jusqu'à épaississement de la sauce. Assaisonner au goût.

7. Servir les nouilles dans une grande assiette. Disposer le poulet et les légumes, puis napper de sauce. Saupoudrer le reste du zeste d'orange et les graines de sésame.

Le tamari est semblable à la sauce soja, mais il est plus épais et sa couleur est plus foncée. Il a un goût velouté très caractéristique. On l'utilise principalement comme condiment et sauce à tremper. On en trouve dans la plupart des supermarchés et dans tous les magasins d'alimentation naturelle.

Dinde au piment et au miel

Mijoteuse de 4 litres (16 tasses) ou plus :: 8 portions

I	poitrine (blanc) de dinde non désossée avec la peau (environ 2 kg/4 lb)	I
250 ml	salsa croquante épaisse	I tasse
45 g	miel	2 c. à soupe
10 g	piment chipotle en sauce adobo, haché	I c. à soupe
20 g	fécule de maïs	2 c. à soupe
30 ml	eau froide	2 c. à soupe

1. Placer la dinde dans la cocotte de la mijoteuse, os vers le fond. Dans un petit bol, mélanger la salsa, le miel et le piment. Verser sur la volaille.

2. Couvrir et cuire à basse température de 6 à 8 heures, jusqu'à ce que le thermomètre à viande inséré dans la partie la plus épaisse de la dinde indique 77 °C (170 °F). À l'aide d'une pince, placer la dinde dans une assiette et laisser reposer pendant 10 minutes avant de découper en tranches.

3. Entre-temps, dans un petit bol, mélanger la fécule de maïs avec l'eau. Verser dans les jus de cuisson accumulés dans la cocotte. Couvrir et cuire à température élevée de 10 à 15 minutes ou jusqu'à épaississement.

4. Retirer et jeter la peau de la dinde. Découper la volaille et disposer les tranches dans une grande assiette chaude. Napper légèrement de sauce et verser le reste de celle-ci dans une saucière chaude.

Trucs

Pour épaissir la sauce, il est préférable d'utiliser une salsa contenant de gros morceaux de légumes.

Servez ce plat avec le maïs au poivron rouge (recette ci-après).

Maïs au poivron rouge

6 à 8 portions

30 g	beurre	2 c. à soupe
I	oignon, haché finement	I
I	poivron rouge, haché finement	I
I	piment jalapeno, épépiné et haché finement	I
360 g	maïs en grains, décongelé	2 tasses
	Sel et poivre du moulin	
4 g	coriandre fraîche, hachée (facultatif)	I c. à soupe

1. Dans une poêle, à feu moyen-doux, chauffer le beurre et faire sauter l'oignon, le poivron, le piment et le maïs de 6 à 8 minutes ou jusqu'à ce qu'ils soient tendres. Assaisonner au goût et garnir de coriandre.

Osso buco de dinde

Mijoteuse de 5 litres (20 tasses) ou plus :: 6 portions

20 g	farine tout usage (type 55)	2 c. à soupe
2 g	sel	½ c. à thé
0,5 g	poivre du moulin	¼ de c. à thé
1,5 kg	cuisses de dinde sans peau	3 lb
30 ml	huile d'olive (environ)	2 c. à soupe
6	gousses d'ail, émincées	6
3	carottes, hachées	3
3	branches de céleri, hachées	3
1	oignon, haché finement	1
250 ml	sauce tomate en conserve	1 tasse
125 ml	vin blanc sec	½ tasse
60 ml	bouillon de poulet	¼ de tasse
2 g	zeste de citron, râpé	1 c. à thé
5 g	thym séché	1 c. à thé
330 g	pâtes (pennes, farfalles, etc.), cuites et chaudes	3 tasses

Trucs

On peut aussi servir cet osso buco sur de la purée de pommes de terre.

Ayez toujours des morceaux de dinde au congélateur afin de pouvoir faire cette recette quand bon vous semble. Profitez des fêtes de fin d'année pour faire quelques réserves.

1. Dans un bol, mélanger la farine, le sel et le poivre. Saupoudrer la dinde avec ce mélange.

2. Dans une grande poêle, à feu moyen-vif, chauffer 15 ml (1 c. à soupe) d'huile d'olive et cuire la dinde de 3 à 4 minutes de chaque côté ou jusqu'à ce qu'elle soit bien dorée. (Procéder par étapes si la poêle n'est pas assez grande et ajouter de l'huile d'olive au besoin.) Retirer du feu.

3. Dans la cocotte de la mijoteuse, mélanger l'ail, les carottes, le céleri et l'oignon. Disposer les légumes sur la dinde.

4. Dans un bol, mélanger la sauce tomate, le vin blanc, le bouillon, le zeste de citron et le thym. Verser sur la volaille.

5. Couvrir et cuire à basse température de 6 à 8 heures ou à température élevée de 3 à 4 heures, jusqu'à ce que la chair se détache des os. À l'aide d'une cuillère à égoutter, mettre la dinde sur une planche à découper. Désosser et couper en gros morceaux. Jeter les os.

6. Mélanger les pâtes cuites avec les jus de cuisson accumulés dans la cocotte. À l'aide d'une cuillère à égoutter, servir les pâtes dans des assiettes. Ajouter la dinde et napper de sauce.

Dinde à la bolognaise

Dinde à la bolognaise

Mijoteuse de 4 à 5 litres (16 à 20 tasses) :: **6 à 8 portions**

30 g	beurre	2 c. à soupe
30 ml	huile d'olive	2 c. à soupe
1	oignon, haché finement	1
1	petite carotte, hachée finement	1
1	branche de céleri, hachée finement	1
750 g	dinde hachée maigre	1 ½ lb
125 g	tranches épaisses de pancetta, hachées	1 tasse
125 ml	vin blanc sec	½ tasse
810 g	tomates broyées en conserve	3 ¼ tasses
125 ml	bouillon de poulet	½ tasse
60 ml	lait concentré non sucré ou crème à fouetter (35 %), chaud	¼ de tasse
	Sel et poivre du moulin	
1	courge spaghetti de 1 à 1,5 kg (2 à 3 lb), cuite (voir Trucs)	1

Trucs

Choisissez une courge qui est lourde pour sa grosseur. La pelure doit être ferme et dépourvue de taches de moisissure. Coupez-la en deux et mettez-la sur une plaque à pâtisserie à bord élevé, face coupée vers le fond. Faites-la cuire au four à 180 °C/350 °F/ gaz 4 de 55 à 60 minutes ou jusqu'à ce que vous puissiez défaire facilement la chair en spaghettis à l'aide d'une fourchette. Laissez refroidir un peu avant de la défaire en spaghettis.

Pour gagner du temps, faites cuire la courge la veille et gardez-les demi-courges cuites au réfrigérateur.

1. Dans une grande poêle, à feu moyen-vif, chauffer le beurre et l'huile d'olive. Faire sauter l'oignon, la carotte et le céleri de 5 à 7 minutes. Ajouter la dinde et la pancetta et, en défaisant la dinde avec une cuillère en bois, cuire de 3 à 5 minutes ou jusqu'à ce que la volaille ait perdu sa couleur rosée. Verser le vin blanc et faire revenir de 3 à 5 minutes ou jusqu'à évaporation presque complète du liquide. Transvider la préparation dans la cocotte de la mijoteuse. Ajouter les tomates et le bouillon.

2. Couvrir et cuire à basse température de 6 à 8 heures ou à température élevée de 3 à 4 heures, jusqu'à ce que la préparation soit bouillonnante. Juste avant de servir, incorporer le lait concentré et assaisonner au goût. Servir sur un lit de courge spaghetti.

La pancetta est un bacon italien salé et épicé, parfois fumé. Présentée en roulade comme un saucisson, elle se conserve jusqu'à 3 semaines au réfrigérateur ou 6 mois au congélateur. Il est important de toujours la garder bien emballée.

Poivrons farcis à la dinde et au couscous

Mijoteuse de 4 à 5 litres (16 à 20 tasses) :: **4 portions**

4	gros poivrons verts ou rouges	4
250 g	dinde hachée maigre	8 oz
80 g	oignons, hachés	½ tasse
1	gousse d'ail, hachée finement	1
375 ml	sauce tomate en conserve	1 ½ tasse
1 g	cumin moulu	½ c. à thé
1 g	cannelle moulue	¼ de c. à thé
1 g	sel	¼ de c. à thé
1	pincée de piment de Cayenne	1
120 g	couscous (semoule de blé dur)	⅔ de tasse
125 ml	eau	½ tasse
	Féta ou fromage de chèvre, émietté (facultatif)	
	Pignons (facultatif)	
	Coriandre fraîche, hachée (facultatif)	

1. Ouvrir les poivrons du côté du pédoncule et épépiner avec soin. Rincer et éponger avec du papier absorbant.

2. Dans une poêle antiadhésive, à feu moyen-vif, faire revenir la dinde, les oignons et l'ail, en défaisant la dinde avec le dos d'une cuillère en bois, pendant 5 minutes ou jusqu'à ce que la volaille ait perdu sa couleur rosée. Jeter le liquide. Ajouter la sauce tomate, le cumin, la cannelle, le sel et le cayenne. Mélanger la farce avec le couscous.

3. Farcir les poivrons avec la préparation. Verser l'eau dans la cocotte de la mijoteuse, puis ranger les poivrons à la verticale.

4. Couvrir et cuire à basse température de 5 à 7 heures, jusqu'à ce que les poivrons soient tendres. À l'aide d'une spatule ou d'une cuillère de service, dresser les poivrons dans une grande assiette. Jeter les jus de cuisson accumulés dans la cocotte.

5. Parsemer les poivrons farcis de fromage, de pignons et de coriandre au goût.

Trucs

À l'aide d'un vide-pomme, faites un petit trou dans la partie inférieure des poivrons afin que la vapeur puisse les pénétrer, préservant ainsi leur humidité. Vous obtiendrez alors une cuisson plus uniforme.

Profitez de la saison des récoltes pour en faire bonne provision. Si vous n'êtes que deux pour le repas, faites cuire les 4 poivrons et gardez la moitié de la recette pour un autre jour. Vous pourrez les réchauffer sans difficulté.

Sous-marins à la dinde et au fromage

Mijoteuse de 3 à 5 litres (12 à 20 tasses) :: 6 portions

1,5 kg	cuisses de dinde sans peau	3 lb
80 ml	vinaigrette à l'italienne	⅓ de tasse
15 ml	huile végétale	1 c. à soupe
1	poivron rouge, en lanières	1
1	poivron jaune, en lanières	1
1	oignon, tranché	1
6	petits pains empereurs, ouverts	6
125 g	fromage à la crème à l'ail et aux fines herbes	½ tasse

Trucs

On peut utiliser n'importe quelle vinaigrette à base d'huile et de vinaigre pour cette recette. Les vinaigrettes à la grecque et aux tomates séchées donnent beaucoup de saveur à ces sandwichs.

Les petits pains empereurs sont aussi appelés *pains kaiser*.

Pour effilocher la volaille, tenez une fourchette dans chaque main et placez-les dos à dos en les faisant pénétrer dans la chair. Éloignez-les délicatement l'une de l'autre en défaisant la chair en longs filaments.

1. Placer la dinde dans la cocotte de la mijoteuse et arroser de vinaigrette.

2. Couvrir et cuire à basse température de 6 à 8 heures ou à température élevée de 3 à 4 heures, jusqu'à ce que la chair se détache des os.

3. À l'aide d'une cuillère à égoutter, mettre la dinde sur une planche à découper. Effilocher la chair. Jeter les os et remettre la dinde dans la sauce pour la garder au chaud. On peut la garder à basse température pendant 2 heures en remuant de temps à autre.

4. Dans une poêle, à feu moyen-vif, chauffer l'huile végétale et faire sauter les poivrons et l'oignon de 6 à 8 minutes ou jusqu'à ce qu'ils soient tendres.

5. Tartiner la partie inférieure de chacun des pains avec 10 g (1 c. à soupe) de fromage. Répartir la dinde et les poivrons, puis refermer les sandwichs.

Tourte à la dinde et aux canneberges

Mijoteuse de 4 à 6 litres (16 à 24 tasses) :: 6 à 8 portions

50 g	farine tout usage (type 55)	⅓ de tasse
5 g	sauge moulue	1 c. à thé
5 g	sel	1 c. à thé
0,5 g	poivre du moulin	¼ de c. à thé
1,25 kg	dinde, en cubes de 2,5 cm (1 po)	2 ½ lb
30 ml	huile végétale (environ)	2 c. à soupe
8	champignons, en quartiers	8
2	oignons, hachés	2
2	carottes, en dés	2
2	branches de céleri, hachées finement	2
5 g	thym séché	1 c. à thé
375 ml	bouillon de poulet	1 ½ tasse
40 g	canneberges (airelles) séchées	⅓ de tasse
160 g	petits pois, décongelés	1 tasse
1	feuille de pâte feuilletée (environ 200 g/7 oz), décongelée	1

1. Dans un bol ou un sac en plastique résistant, mélanger la farine, la sauge, le sel et le poivre. Ajouter la dinde et bien l'enrober de farine. Secouer l'excédent de farine. (Procéder par étapes si le sac n'est pas assez grand.) Réserver le reste de la farine.

2. Dans une grande poêle, à feu moyen-vif, chauffer 15 ml (1 c. à soupe) d'huile végétale et cuire la dinde de 2 à 3 minutes ou jusqu'à ce qu'elle soit dorée sur toutes les faces. (Procéder par étapes si la poêle n'est pas assez grande et ajouter de l'huile végétale au besoin.) À l'aide d'une cuillère à égoutter, mettre la dinde dans la cocotte de la mijoteuse.

3. Dans la même poêle, faire sauter les champignons, les oignons, les carottes et le céleri avec le thym pendant 5 minutes. Ajouter la farine réservée et remuer pour bien enrober les légumes. À feu moyen, verser le bouillon et porter à ébullition en déglaçant la poêle à l'aide d'une spatule. Verser sur la dinde, puis ajouter les canneberges dans la cocotte.

4. Couvrir et cuire à basse température de 6 à 8 heures ou à température élevée de 3 à 4 heures, jusqu'à ce que la dinde soit tendre.

Tourte à la dinde et aux canneberges

5. Ajouter les pois. Couvrir et cuire à température élevée de 10 à 15 minutes.

6. Entre-temps, préchauffer le four à 190 °C/375 °F/gaz 5. Sur un plan de travail légèrement fariné, abaisser la pâte pour obtenir un rectangle de 38 cm x 25 cm (15 po x 10 po). Découper en 6 à 8 carrés de même taille (ou faire de 6 à 8 cercles à l'aide d'un emporte-pièce). Placer la pâte sur une grande plaque à pâtisserie en laissant au moins 1 cm (½ po) entre les carrés ou les cercles.

7. Cuire la pâte au four de 15 à 20 minutes ou jusqu'à ce qu'elle soit gonflée et dorée.

8. Répartir la préparation aux canneberges dans des bols et couvrir chaque portion d'un morceau de pâte feuilletée. Servir aussitôt.

Trucs

Essuyez les champignons avec un papier absorbant humide avant de les couper en quartiers. Si vous les rincez ou les faites tremper, ils absorberont trop d'eau et perdront leur forme pendant la cuisson.

La pâte feuilletée surgelée est souvent vendue en paquet de 397 à 511 g (14 à 18 oz). Pour cette recette, utilisez simplement la moitié d'un paquet.

Si vous avez du temps, préparez des coquilles de pâte feuilletée dans lesquelles vous servirez la préparation aux canneberges (airelles). La présentation sera ainsi plus jolie. Suivez les indications inscrites sur l'emballage pour évaluer le temps de cuisson requis.

Puisque la cocotte de la mijoteuse résiste bien à la chaleur du four, vous pouvez aussi étaler la pâte feuilletée décongelée sur la préparation et mettre la cocotte au four pour la faire dorer.

Sandwichs roulés à la dinde, au bacon et à l'avocat

Mijoteuse de 4 à 6 litres (16 à 24 tasses) :: Donne 8 sandwichs

4	tranches de bacon, en morceaux de 1 cm (½ po)	4
1 kg	cuisses ou pilons de dinde sans peau	2 lb
180 ml	sauce barbecue	¾ de tasse
20 g	assaisonnement pour tacos	2 c. à soupe
8	tortillas de blé de 25 cm (10 po)	8
1	avocat mûr, en purée	1
120 g	laitue, effilochée	2 tasses
80 g	poivrons rouges rôtis, égouttés et hachés	½ tasse

Trucs

Si vous manquez de temps, vous pouvez mettre la dinde dans la cocotte de la mijoteuse sans l'avoir fait griller au préalable. Faites cuire le bacon à la poêle et mettez-en un peu sur chacune des tortillas au moment d'assembler les sandwichs.

Comment garnir et plier les tortillas: étaler la garniture au centre de la tortilla chaude. Plier le côté droit de la tortilla sur la garniture. Plier la partie inférieure vers le haut. Plier le côté gauche sur la garniture et rouler vers le haut pour bien l'emprisonner en formant un rouleau serré. Envelopper la partie inférieure de papier d'aluminium, de papier-parchemin ou de papier ciré pour empêcher les jus de cuisson de couler.

1. Dans une poêle antiadhésive, à feu moyen, cuire le bacon de 4 à 6 minutes ou jusqu'à ce qu'il soit presque croustillant. Ajouter la dinde et faire dorer de 3 à 4 minutes de chaque côté. À l'aide d'une cuillère à égoutter, mettre la dinde et le bacon dans la cocotte de la mijoteuse. Jeter le gras qui s'est accumulé dans la poêle.

2. Dans une tasse à mesurer (verre gradué), mélanger la sauce barbecue et l'assaisonnement pour tacos. Verser sur la dinde et le bacon.

3. Couvrir et cuire à basse température de 6 à 8 heures ou à température élevée de 3 à 4 heures, jusqu'à ce que la chair de la dinde se détache des os.

4. À l'aide d'une cuillère à égoutter, mettre la dinde sur une planche à découper. Effilocher la chair. Jeter les os et remettre la dinde dans la sauce pour la garder au chaud. On peut la garder à basse température pendant 2 heures en remuant de temps à autre.

5. Préchauffer le four à 180°C /350°F/gaz 4. Envelopper les tortillas dans du papier d'aluminium et réchauffer au four pendant 10 minutes.

6. Répartir l'avocat, la laitue, la dinde et les poivrons sur les tortillas. Ajouter de la sauce au goût. Plier le côté droit des tortillas sur la garniture. Plier la partie inférieure vers le haut et rouler pour bien emprisonner la garniture.

Sandwichs chauds à la dinde

Sandwichs chauds à la dinde

Mijoteuse de 4 à 5 litres (16 à 20 tasses) :: 4 à 6 portions

15 ml	huile végétale	1 c. à soupe
750 g	dinde hachée maigre	1 ½ lb
1	petit oignon, haché finement	1
1	branche de céleri, hachée finement	1
410 g	tomates en dés en conserve	1 ⅔ tasse
30 g	cassonade ou sucre roux bien tassé	2 c. à soupe
4 g	cumin moulu	1 ½ c. à thé
2 g	assaisonnement au chili	1 c. à thé
2 g	sel	½ c. à thé
45 ml	sauce Worcestershire	3 c. à soupe
6	pains à hamburgers de blé entier, ouverts et grillés	6
120 g	mozzarella ou provolone, râpé	1 tasse
160 g	carottes, râpées	1 tasse

Trucs

Le goût de la dinde est si doux qu'on gagne souvent à y ajouter des assaisonnements qui savent la mettre en valeur.

Le reste de la préparation de dinde peut servir à garnir des pommes de terre cuites au four ou des nachos.

1. Dans une grande poêle antiadhésive, chauffer l'huile végétale à feu moyen-vif. Cuire la dinde, en la défaisant à l'aide d'une cuillère en bois, pendant 5 minutes ou jusqu'à ce qu'elle ait perdu sa couleur rosée. À l'aide d'une cuillère à égoutter, mettre la volaille dans la cocotte de la mijoteuse.

2. Ajouter l'oignon, le céleri, les tomates, la cassonade, le cumin, l'assaisonnement au chili, le sel et la sauce Worcestershire.

3. Couvrir et cuire à basse température de 6 à 8 heures ou à température élevée de 3 à 4 heures, jusqu'à ce que la préparation soit bouillonnante.

4. Répartir la préparation de dinde sur la partie inférieure des pains. Garnir de fromage et de carottes, puis refermer les sandwichs.

Bœuf et veau

Bœuf braisé aux légumes caramélisés

Mijoteuse de 4 litres (16 tasses) ou plus :: 6 à 8 portions

3	carottes	3
50 g	farine tout usage (type 55)	⅓ de tasse
	Sel et poivre du moulin	
I	morceau de bœuf à braiser désossé (rôti de côtes croisées, d'épaule ou de palette de 2 kg/4 lb)	I
45 ml	huile d'olive	3 c. à soupe
250 ml	vin rouge	I tasse
250 ml	bouillon de bœuf	I tasse
30 g	pâte de tomate	2 c. à soupe
5 g	romarin séché	I c. à thé
I	feuille de laurier	I
8	gousses d'ail, broyées	8
2	panais, en morceaux de 2,5 cm (I po)	2
2	patates douces, en morceaux de 2,5 cm (I po)	2
I	céleri-rave, en morceaux de 2,5 cm (I po)	I
I	oignon, en quartiers	I
I	branche de céleri, hachée	I
30 ml	eau froide	2 c. à soupe

1. Couper I carotte en 3 morceaux et les mettre dans la cocotte de la mijoteuse. Couper le reste des carottes en morceaux de 2,5 cm (I po) et réserver.

2. Dans un bol, mélanger la farine, I c. à café de sel et ½ c. à café de poivre. Éponger le rôti avec du papier absorbant et bien l'enrober de farine assaisonnée. Réserver le reste de la farine.

3. Dans une grande poêle, à feu moyen-vif, chauffer 30 ml (2 c. à soupe) d'huile d'olive. Cuire le rôti, en le retournant à l'aide de deux cuillères en bois, de 7 à 10 minutes ou jusqu'à ce qu'il soit doré sur toutes les faces. Placer le rôti dans la cocotte.

4. Dans la même poêle, porter le vin rouge à ébullition en déglaçant à l'aide d'une spatule. Ajouter le bouillon, la pâte de tomate, le romarin et le laurier. Verser dans la cocotte.

5. Couvrir et cuire à basse température de 8 à 12 heures ou à température élevée de 4 à 6 heures, jusqu'à ce que la viande soit tendre sous la fourchette.

Variante

Ce plat est idéal en automne alors que les marchés regorgent de bons légumes frais. Pourquoi ne pas essayer cette recette avec des cubes de courgette, de courge poivrée ou de courge Butternut, des petites pommes de terre nouvelles rouges coupées en deux, des oignons variés et d'autres légumes que vous aimez particulièrement?

Bœuf braisé aux légumes caramélisés

6. Au cours de la dernière heure de cuisson, préchauffer le four à 220 °C/425 °F/gaz 7. Sur une plaque à pâtisserie à bord élevé tapissée de papier-parchemin, mélanger les carottes réservées, l'ail, les panais, les patates, le céleri-rave, l'oignon et le céleri. Mélanger avec le reste de l'huile d'olive et assaisonner au goût. Étaler les légumes sur une seule couche et faire rôtir au four pendant 40 minutes ou jusqu'à ce qu'ils soient tendres, en prenant soin de les retourner à mi-cuisson.

7. Sur une planche à découper, couvrir la viande de papier d'aluminium sans serrer. Dans une casserole, filtrer les jus de cuisson accumulés dans la cocotte et jeter les solides.

8. Dans un bol, à l'aide d'un fouet, mélanger la farine réservée avec l'eau froide jusqu'à l'obtention d'une consistance lisse. Incorporer les jus de cuisson filtrés et porter à ébullition à feu moyen-vif. Baisser le feu et laisser mijoter en remuant souvent pendant 10 minutes ou jusqu'à épaississement.

9. Découper le rôti en tranches de 1 cm (½ po) d'épaisseur. Disposer dans une grande assiette chaude avec les légumes rôtis. Verser un peu de sauce sur la viande et servir le reste dans une saucière chaude.

Trucs

Il est recommandé de retourner le rôti dans la cocotte à mi-cuisson. Il pourra ainsi braiser uniformément de chaque côté.

Pour bien mettre en valeur le goût de la sauce, prenez un vin rouge bien charpenté (vin de Bordeaux, syrah, etc.). Vous pouvez utiliser d'autres légumes que ceux qui sont suggérés, mais n'oubliez pas que le temps de cuisson au four doit être le même pour tous.

Oignons caramélisés à la mijoteuse

Dans une mijoteuse de 4 à 6 litres (16 à 24 tasses), mélanger 4 gros oignons tranchés finement et 30 ml (2 c. à soupe) d'huile d'olive. Couvrir et cuire à température élevée de 6 à 8 heures, en remuant de temps à autre. Ces oignons se conservent jusqu'à 2 semaines dans un contenant hermétique gardé au réfrigérateur.

Bœuf braisé aux canneberges

Mijoteuse de 4 litres (16 tasses) ou plus :: 6 à 8 portions

30 g	farine tout usage (type 55)	3 c. à soupe
	Sel et poivre du moulin	
1	pointe de poitrine de bœuf	1
	ou rôti d'intérieur de ronde de 2 à 2,5 kg (4 à 5 lb), parée	
250 ml	bouillon de bœuf	1 tasse
250 ml	vin rouge sec (ex.: cabernet sauvignon)	1 tasse
40 g	mélasse de fantaisie	2 c. à soupe
125 ml	eau	½ tasse
24	petits oignons blancs, pelés (voir Trucs, page 112)	24
240 g	canneberges (airelles) fraîches ou décongelées	2 tasses
1	feuille de laurier	1

Trucs

Si vous préférez une sauce plus épaisse, gardez la viande cuite dans la cocotte et versez les jus de cuisson dans une casserole. Dans un petit bol, mesurez 30 ml (2 c. à soupe) de farine tout usage (type 55) et 60 ml (¼ de tasse) des jus de cuisson, en n'en versant que 30 ml (2 c. à soupe) à la fois et en remuant après chaque addition. Versez la farine dans la casserole et faites cuire à feu moyen en remuant jusqu'à épaississement.

Si vous avez une petite mijoteuse de 4 litres (16 tasses), coupez la pointe de poitrine en deux et placez les morceaux l'un sur l'autre. Retournez-les à mi-cuisson afin qu'ils soient bien imprégnés des jus de cuisson.

1. Mélanger la farine avec du sel et du poivre au goût. Fariner la viande avant de la mettre dans la cocotte de la mijoteuse.

2. Dans un bol, mélanger le bouillon, le vin rouge, la mélasse et 125 ml l'eau. Ajouter les oignons, les canneberges et le laurier.

3. Couvrir et cuire à basse température de 10 à 12 heures ou à température élevée de 5 à 6 heures, jusqu'à ce que la viande soit tendre sous la fourchette. Sur une planche à découper, couvrir la viande de papier d'aluminium sans serrer et laisser reposer pendant 10 minutes.

4. Découper la viande en tranches très fines et disposer dans une grande assiette chaude. Retirer le laurier de la sauce et dégraisser celle-ci avec soin. Verser sur la viande ou servir en saucière.

Rôti de bœuf à l'aneth

Mijoteuse de 4 litres (16 tasses) ou plus :: 4 à 6 portions

40 g	farine tout usage (type 55)	¼ de tasse
5 g	sel	1 c. à thé
0,5 g	poivre blanc moulu	¼ de c. à thé
1	morceau de bœuf à braiser désossé (rôti de côtes croisées, d'épaule ou de palette de 1 kg/2 lb)	1
30 ml	huile végétale	2 c. à soupe
4	gousses d'ail, hachées finement	4
2 g	aneth séché	½ c. à thé
250 ml	bouillon de bœuf	1 tasse
15 g	moutarde de Dijon	1 c. à soupe
4	pommes de terre Yukon Gold, en cubes de 2,5 cm (1 po)	4
1	gros oignon, coupé en 12 quartiers	1
340 g	carottes miniatures	2 tasses
1 ml	poivre au citron	½ c. à thé
5 g	aneth séché ou 15 g (1 c. à soupe) d'aneth frais	1 c. à thé
30 ml	eau	2 c. à soupe
250 ml	crème sure ou aigre allégée ou ordinaire	1 tasse

1. Dans un bol ou un grand sac en plastique hermétique, mélanger 30 ml (2 c. à soupe) de farine, le sel et le poivre blanc. Bien fariner le rôti sur toutes les faces. Jeter le reste de la farine.

2. Dans une grande poêle, à feu moyen, chauffer l'huile végétale. Cuire le rôti, de 7 à 10 minutes ou jusqu'à ce qu'il soit doré sur toutes les faces. Placer le rôti dans la cocotte de la mijoteuse.

3. Dans un petit bol, mélanger l'ail, l'aneth, le bouillon et la moutarde. Disposer les pommes de terre, l'oignon et les carottes autour du rôti et saupoudrer de poivre au citron.

4. Couvrir et cuire à basse température de 8 à 10 heures ou à température élevée de 4 à 6 heures, jusqu'à ce que la viande et les légumes soient tendres sous la fourchette. Placer le rôti sur une planche à découper et les légumes dans une grande assiette chaude. Couvrir pour garder au chaud.

5. Dans un petit bol, mélanger le reste de la farine, l'aneth et l'eau jusqu'à consistance lisse. Dégraisser les jus de cuisson accumulés dans la cocotte, puis les verser dans une casserole. Porter à ébullition à feu moyen-vif. Incorporer la farine diluée et cuire de 2 à 3 minutes en remuant sans cesse. Retirer du feu et incorporer la crème sure.

6. Découper le rôti en tranches. Napper la viande et les légumes de sauce et servir aussitôt.

Sandwichs au bœuf barbecue

Mijoteuse de 4 litres (16 tasses) ou plus :: 4 à 6 portions

2	gousses d'ail, émincées	2
15 g	gingembre, râpé	1 c. à soupe
7 g	assaisonnement au chili	1 c. à soupe
1 g	cumin moulu	½ c. à thé
0,5 g	flocons de piment	¼ de c. à thé
180 ml	soda racinette (*root beer*)	¾ de tasse
80 ml	sauce barbecue à la fumée de noyer	⅓ de tasse
30 g	pâte de tomate	2 c. à soupe
15 ml	jus de citron frais	1 c. à soupe
10 ml	sauce Worcestershire	2 c. à thé
1	rôti de pointe de surlonge de 1,5 à 1,75 kg (3 à 3 ½ lb)	1
	Sel et poivre du moulin	
10 ml	huile d'olive	2 c. à thé
1	oignon, en quartiers	1
20 g	fécule de maïs	2 c. à soupe
30 ml	eau froide	2 c. à soupe
4 à 6	petits pains empereurs croûtés (*kaiser*),	4 à 6

1. Dans une casserole, à l'aide d'un fouet, mélanger l'ail, le gingembre, l'assaisonnement au chili, le cumin, le piment, le soda, la sauce barbecue, la pâte de tomate, le jus de citron et la sauce Worcestershire. Porter à ébullition à feu moyen-vif. Laisser mijoter à feu doux pendant 5 minutes en remuant et retirer du feu.

2. Éponger le rôti avec du papier absorbant et assaisonner légèrement de sel et de poivre. Dans une grande poêle, à feu moyen-vif, chauffer l'huile d'olive et cuire le rôti, de 7 à 10 minutes ou jusqu'à ce qu'il soit doré sur toutes les faces. Placer le rôti dans la cocotte de la mijoteuse. Disposer les oignons tout autour et couvrir de sauce.

3. Couvrir et cuire à basse température de 8 à 10 heures ou à température élevée de 4 à 6 heures, jusqu'à ce que la viande soit tendre sous la fourchette. Placer le rôti sur une planche à découper et les oignons égouttés dans un bol.

4. Verser les jus de cuisson dans une casserole et dégraisser avec soin. Dans un petit bol, à l'aide d'un fouet, mélanger la fécule de maïs avec l'eau. Verser dans la casserole et porter à ébullition à feu vif en fouettant sans cesse, jusqu'à léger épaississement.

5. Découper le rôti en tranches fines. Garnir les pains de viande et d'oignons, puis ajouter de la sauce au goût.

Rôti de bœuf au café

Rôti de bœuf au café

Mijoteuse de 4 litres (16 tasses) ou plus :: 8 à 10 portions

I	morceau de bœuf à braiser désossé (rôti de côtes croisées, d'épaule ou de palette de 2 kg/4 lb)	I
I	tête d'ail (séparer les gousses) ou oignon en quartiers	I
250 ml	vinaigre blanc ou vinaigre de cidre	I tasse
30 ml	huile végétale	2 c. à soupe
500 ml	café fort liquide	2 tasses
30 ml	gin ou whisky (facultatif)	2 c. à soupe
500 ml	eau	2 tasses

Trucs

L'ajout de vinaigre, de jus de pomme ou de vin préserve la tendreté de la viande pendant qu'elle mijote tout doucement.

La cuisson à la mijoteuse permet d'attendrir les coupes de viande moins coûteuses. La cuisson à basse température est alors particulièrement recommandée, mais si vous manquez de temps il ne faut pas hésiter à cuire la viande à température élevée. Elle sera tout aussi tendre sous la fourchette.

1. La veille, à l'aide d'un couteau bien affûté, faire des incisions dans le rôti et y insérer les gousses d'ail. Placer le rôti dans un bol ou un grand sac en plastique hermétique et verser le vinaigre dans les incisions. Couvrir le bol ou fermer le sac et réfrigérer de 24 à 48 heures.

2. Le lendemain, égoutter la viande et jeter le vinaigre. Dans une grande poêle, à feu moyen, chauffer l'huile végétale. Cuire le rôti, en le retournant à l'aide de deux cuillères en bois, de 7 à 10 minutes ou jusqu'à ce qu'il soit doré sur toutes les faces. Placer le rôti dans la cocotte de la mijoteuse.

3. Dans la même poêle, verser le café, le gin et l'eau. Déglacer la poêle et verser le liquide dans la cocotte.

4. Couvrir et cuire à basse température de 8 à 10 heures ou à température élevée de 4 à 6 heures, jusqu'à ce que la viande soit tendre sous la fourchette. Placer le rôti sur une planche à découper et couvrir de papier d'aluminium sans serrer. Laisser reposer pendant 10 minutes.

5. Dégraisser les jus de cuisson accumulés dans la cocotte. Arroser la viande avec les jus de cuisson.

Bœuf aux tomates et au piment chipotle

Mijoteuse de 5 litres (20 tasses) ou plus :: 6 à 8 portions

I	pointe de poitrine de bœuf de 2 à 2,5 kg (4 à 5 lb), parée	I
	Poivre du moulin	
15 ml	huile végétale	I c. à soupe
4	gousses d'ail, émincées	4
I	oignon, tranché finement	I
810 g	tomates en dés en conserve	3 ¼ tasses
15 g	origan séché	I c. à soupe
7 g	assaisonnement au chili	I c. à soupe
15 g	cassonade ou sucre roux bien tassé	I c. à soupe
2 g	cumin moulu	I c. à thé
5 g	thym séché	I c. à thé
15 ml	vinaigre de vin rouge	I c. à soupe
6 g	piment chipotle en sauce adobo, haché finement	2 c. à thé
20 g	fécule de maïs	2 c. à soupe
30 ml	eau froide	2 c. à soupe
2	oignons verts, tranchés	2

1. Au besoin, couper la pointe de poitrine de bœuf en deux selon la taille de la mijoteuse. Poivrer généreusement. Dans une grande poêle, à feu moyen-vif, chauffer l'huile végétale et cuire la viande (un morceau à la fois au besoin) de 7 à 10 minutes ou jusqu'à ce qu'elle soit dorée sur toutes les faces. Mettre la viande dans la cocotte de la mijoteuse.

2. Dans un bol, mélanger l'ail, l'oignon, les tomates, l'origan, l'assaisonnement au chili, la cassonade, le cumin, le thym, le vinaigre et le piment. Verser sur la viande.

3. Couvrir et cuire à basse température de 10 à 12 heures ou à température élevée de 5 à 6 heures, jusqu'à ce que la viande soit tendre sous la fourchette. Sur une planche à découper, couvrir la viande de papier d'aluminium sans serrer et laisser reposer pendant 10 minutes.

4. Verser les jus de cuisson dans une casserole et dégraisser avec soin. Dans un petit bol, à l'aide d'un fouet, mélanger la fécule de maïs avec l'eau. Verser dans la casserole et porter à ébullition à feu vif en fouettant sans cesse, jusqu'à léger épaississement.

5. Découper la viande en tranches très fines. Verser un peu de sauce dans une grande assiette chaude. Disposer les tranches de viande sur la sauce et garnir d'oignons verts. Napper avec le reste de la sauce au goût.

Bifteck aux champignons et à la moutarde

Mijoteuse de 4 à 6 litres (16 à 24 tasses) :: **4 portions**

I	tranche de palette ou d'épaule ou I bifteck d'intérieur de ronde désossé de 750 g (I ½ lb)	I
10 g	farine tout usage (type 55)	I c. à soupe
125 g	chapeaux de bolets ou de portobellos, hachés grossièrement	4 oz
4	échalotes ou petits oignons, coupés en deux	4
3	gousses d'ail, tranchées finement	3
I	feuille de laurier	I
10 g	thym séché	2 c. à thé
250 ml	bouillon de bœuf	I tasse
45 g	moutarde de Dijon	3 c. à soupe
30 ml	brandy ou bouillon de bœuf	2 c. à soupe
30 g	beurre	2 c. à soupe
125 g	champignons de Paris ou pleurotes, tranchés	I ½ tasse
125 g	chapeaux de shiitakes, tranchés	I ½ tasse
	Sel et poivre du moulin	
30 g	fromage de chèvre, émietté (facultatif)	¼ de tasse

1. Parer la viande et couper en 4 morceaux de même grosseur. Fariner de chaque côté et placer dans la cocotte de la mijoteuse. Ajouter les chapeaux de bolets, les échalotes, 2 gousses d'ail tranchées, le laurier et le thym.

2. Dans un bol, mélanger le bouillon, la moutarde et le brandy. Verser dans la cocotte.

3. Couvrir et cuire à basse température de 8 à 10 heures ou à température élevée de 4 à 5 heures, jusqu'à ce que la viande soit tendre sous la fourchette.

4. Juste avant de servir, dans une grande poêle antiadhésive, à feu moyen-vif, chauffer le beurre et faire sauter le reste des champignons et de l'ail de 3 à 5 minutes. Assaisonner.

5. À l'aide d'une cuillère à égoutter, mettre la viande et les légumes dans une grande assiette chaude. Jeter le laurier. Faire fondre le fromage dans les jus de cuisson, assaisonner au goût et verser sur la viande. Garnir de champignons sautés.

Préparation à l'avance

On peut assembler ce plat jusqu'à 24 heures à l'avance. Faire les étapes I et 2, couvrir et réfrigérer toute la nuit. Le lendemain, placer la cocotte dans la mijoteuse et poursuivre la recette avec l'étape 3.

Bifteck à la sauce crémeuse au vin rouge

Mijoteuse de 4 à 6 litres (16 à 24 tasses), ovale de préférence :: 4 à 6 portions

1	bavette à biffteck de 750 g à 1 kg (1 ½ à 2 lb), parée	1
	Sel et poivre du moulin	
20 g	farine tout usage (type 55)	2 c. à soupe
12	chapeaux de champignons bruns (shiitakes, bolets, etc.)	12
6	oignons verts (partie blanche seulement), tranchés finement	6
4	gousses d'ail, émincées	4
5 g	assaisonnement à l'italienne	1 c. à thé
60 ml	vin rouge	¼ de tasse
250 ml	crème de champignons condensée en conserve non diluée (à teneur réduite en sel de préférence)	1 tasse
30 ml	eau	2 c. à soupe

1. Saler, poivrer et fariner la bavette de chaque côté. Mettre la viande dans la cocotte de la mijoteuse et couvrir de champignons et d'oignons verts. Ajouter l'ail, l'assaisonnement à l'italienne et 2 g (1 c. à thé) de poivre.

2. Dans un bol, mélanger le vin rouge, la crème de champignons et l'eau. Verser sur la viande et les légumes.

3. Couvrir et cuire à basse température de 8 à 10 heures ou à température élevée de 4 à 5 heures, jusqu'à ce que la viande soit tendre sous la fourchette. Disposer la bavette sur une planche à découper et les champignons dans une grande assiette creuse chaude. Couvrir la viande de papier d'aluminium sans serrer et laisser reposer pendant 10 minutes.

4. Découper la bavette en tranches très fines et disposer la viande dans l'assiette contenant les champignons. Assaisonner la sauce dans la cocotte et verser sur la viande et les champignons.

Trucs

Il est nécessaire d'avoir une grande mijoteuse ovale afin de cuire la bavette en un seul morceau. Au moment de la mettre dans la cocotte, elle touchera probablement aux parois, mais elle rétrécira en cours de cuisson. Si vous avez une petite mijoteuse, coupez la bavette en deux.

Vous pouvez aussi utiliser des portobellos ou d'autres champignons à large chapeau dans cette recette. Trois gros champignons devraient suffire pour couvrir entièrement la viande.

Servez ce plat avec du brocoli cuit à la vapeur et des tranches de baguette pour absorber la sauce. Le lendemain, utilisez les restes pour faire des sandwichs.

Bifteck à la sauce crémeuse au vin rouge

Bifteck et fèves au lard

Mijoteuse de 4 litres (16 tasses) ou plus :: 4 portions

I	tranche de palette ou d'épaule ou I bifteck d'intérieur de ronde désossé de I kg (2 lb)	I
4	pommes de terre, en cubes de 2,5 cm (I po)	4
I	oignon, haché	I
5 g	sel	I c. à thé
0,5 g	poivre du moulin	¼ de c. à thé
810 g	fèves au lard à la sauce barbecue en conserve	3 ¼ tasses

1. Parer la viande et la couper en 4 morceaux de même grosseur avant de la mettre dans la cocotte de la mijoteuse.

2. Disposer les pommes de terre et l'oignon sur la viande et assaisonner au goût. Couvrir uniformément de fèves au lard.

3. Couvrir et cuire à basse température de 8 à 10 heures ou à température élevée de 4 à 5 heures, jusqu'à ce que la viande et les pommes de terre soient tendres et que le liquide soit bouillonnant.

Grâce à la mijoteuse, vous pouvez attendrir des coupes de viande de bœuf qui ne sont pas assez tendres pour la cuisson sur le gril ou à la poêle.

Trucs

Si vous avez du mal à trouver des fèves au lard à la sauce barbecue, achetez des fèves à la sauce tomate ou au sirop d'érable.

Gardez les restes dans de petits contenants en plastique que vous réchaufferez au micro-ondes à l'heure du lunch.

Bœuf braisé à la bière

Mijoteuse de 4 litres (16 tasses) ou plus :: 6 portions

30 g	farine tout usage (type 55)	3 c. à soupe
	Sel et poivre du moulin	
1,5 kg	bœuf en cubes de 2,5 cm (1 po)	3 lb
45 à 60 ml	huile végétale	3 à 4 c. à soupe
4	carottes, coupées en quatre sur la longueur, puis en morceaux de 1 cm (½ po)	4
6	oignons, tranchés	6
4	gousses d'ail, émincées	4
250 g	petits champignons, parés	3 tasses
5 g	thym séché	1 c. à thé
1	bouteille de bière brune (Guiness, stout, etc.) de 341 ml (12 oz)	1
125 ml	bouillon de bœuf	½ tasse
15 g	cassonade ou sucre roux bien tassé	1 c. à soupe
15 ml	vinaigre de vin rouge	1 c. à soupe
2	feuilles de laurier	2

Trucs

Pour préparer les champignons, coupez et jetez d'abord l'extrémité des pieds. Essuyez les champignons avec un papier absorbant humide. Si vous les rincez ou les faites tremper, ils absorberont trop d'eau et perdront leur forme pendant la cuisson.

Servez ce plat sur des nouilles aux œufs mélangées avec du beurre fondu et de l'aneth frais émincé ainsi qu'un légume vert cuit à la vapeur.

1. Dans un sac en plastique résistant, mélanger la farine, 5 g (1 c. à thé) de sel et 1 g (½ c. à thé) de poivre. En procédant par étapes, mélanger la viande avec la farine. Réserver le reste de la farine.

2. Dans une grande poêle antiadhésive, à feu moyen-vif, chauffer la moitié de l'huile végétale et cuire la viande pendant 5 minutes ou jusqu'à ce qu'elle soit dorée. (Procéder par étapes si la poêle n'est pas assez grande et ajouter de l'huile végétale au besoin.) À l'aide d'une cuillère à égoutter, mettre la viande dans la cocotte de la mijoteuse. Ajouter les carottes.

3. Dans la même poêle, à feu moyen, faire sauter les oignons de 3 à 4 minutes. Ajouter l'ail, les champignons, le thym, 1 g (½ c. à thé) de poivre et la farine réservée. Faire sauter pendant 1 minute, puis ajouter la bière, le bouillon, la cassonade et le vinaigre. Cuire en remuant pendant 1 minute ou jusqu'à épaississement. Verser sur la viande et ajouter le laurier.

4. Couvrir et cuire à basse température de 8 à 10 heures ou à température élevée de 4 à 6 heures, jusqu'à ce que les légumes soient tendres et que la préparation soit bouillonnante. Jeter le laurier et assaisonner au goût.

Fajitas à la bavette et relish au maïs

Fajitas à la bavette et relish au maïs

Mijoteuse de 4 litres (16 tasses) ou plus :: 6 portions

l	bavette à bifteck de l kg (2 lb), parée	l
2	oignons, tranchés finement	2
2	gousses d'ail, hachées finement	2
250 ml	salsa croquante épaisse	l tasse
3 g	paprika fumé	l ½ c. à thé
l g	cumin moulu	½ c. à thé
5 g	sel	l c. à thé
l	poivron rouge, en lanières	l
l	poivron jaune, en lanières	l
l	grosse tomate, en dés	l
270 g	maïs en grains en conserve, égoutté	l ½ tasse
12 g	coriandre fraîche, hachée finement	3 c. à soupe
15 ml	jus de lime (citron vert) frais	l c. à soupe
0,5 g	poivre du moulin	¼ de c. à thé
12	tortillas de blé de 25 cm (10 po)	12
125 ml	crème sure ou aigre	½ tasse
240 g	cheddar ou monterey jack, râpé	2 tasses

1. Mettre la viande dans la cocotte de la mijoteuse et couvrir d'oignons.

2. Dans un bol, mélanger l'ail, la salsa, le paprika, le cumin et 2 g (½ c. à thé) de sel. Verser sur la viande et les oignons.

3. Couvrir et cuire à basse température de 6 à 8 heures ou à température élevée de 3 à 4 heures, jusqu'à ce que la viande soit tendre. Disposer la viande sur une planche à découper ou dans un bol et l'effilocher. Remettre le bœuf dans la cocotte.

4. Ajouter les poivrons. Couvrir et cuire à température élevée de 30 à 45 minutes ou jusqu'à ce qu'ils soient tendres mais encore un peu croquants.

5. Entre-temps, dans un bol, préparer la relish en mélangeant la tomate, le maïs, la coriandre, le jus de lime, le reste du sel et le poivre. Laisser reposer à température ambiante de 20 à 30 minutes.

6. Juste avant de servir, préchauffer le four à 180 °C/350 °F/gaz 4. Envelopper les tortillas dans du papier d'aluminium et réchauffer au four pendant 10 minutes.

7. Étaler 80 g (½ tasse) de la préparation de viande au centre de chacune des tortillas. Garnir de relish, de crème sure et de fromage. Plier les tortillas pour emprisonner la garniture.

Cari de bœuf

Mijoteuse de 4 à 6 litres (16 à 24 tasses) :: 6 portions

30 ml	huile végétale (environ)	2 c. à soupe
I kg	bœuf en cubes de 2,5 cm (I po)	2 lb
2	oignons, tranchés finement	2
250 ml	crème de tomate condensée non diluée	I tasse
30 g	pâte de cari de Madras	2 c. à soupe
I g	garam masala ou poudre de cari	½ c. à thé
I g	paprika	½ c. à thé
125 g	yogourt nature	½ tasse

1. Dans une grande poêle antiadhésive, à feu moyen-vif, chauffer 15 ml (I c. à soupe) d'huile végétale. Cuire la viande pendant 5 minutes ou jusqu'à ce qu'elle soit dorée. (Procéder par étapes si la poêle n'est pas assez grande et ajouter de l'huile végétale au besoin.) À l'aide d'une cuillère à égoutter, mettre la viande dans la cocotte de la mijoteuse.

2. Dans la même poêle, à feu moyen, faire sauter les oignons de 3 à 4 minutes ou jusqu'à ce qu'ils soient tendres et translucides. Répartir les oignons sur la viande.

3. Dans un bol, mélanger la crème de tomate, la pâte de cari, le garam masala et le paprika. Verser sur la viande et mélanger.

4. Couvrir et cuire à basse température de 8 à 10 heures ou à température élevée de 4 à 5 heures, jusqu'à ce que la viande soit tendre. Incorporer le yogourt et servir aussitôt.

Truc

Lorsque vous faites revenir de la viande dans l'huile chaude, évitez de surcharger la poêle, sinon vous obtiendrez de la viande cuite à la vapeur. Retournez-la fréquemment et procédez le plus rapidement possible, puis retirez-la à l'aide d'une cuillère à égoutter.

Le garam masala est un mélange d'épices moulues utilisé couramment dans la cuisine de l'Inde et de l'Asie du Sud. Sans être particulièrement piquant, il ajoute une saveur intense aux aliments. On peut maintenant s'en procurer dans la plupart des supermarchés et les magasins d'alimentation naturelle.

Bœuf à l'ail et au gingembre

Mijoteuse de 3 à 5 litres (12 à 20 tasses) :: 6 portions

15 ml	huile végétale (environ)	1 c. à soupe
5 ml	huile de sésame (facultatif)	1 c. à thé
750 g	bifteck désossé (extérieur de ronde, tranche de palette ou d'épaule), en cubes de 2,5 cm (1 po)	1 ½ lb
3	gousses d'ail, émincées	3
10 g	gingembre, râpé	2 c. à thé
60 ml	sauce soja	¼ de tasse
30 ml	sauce de poisson	2 c. à soupe
30 ml	sauce chili thaïe douce	2 c. à soupe
30 ml	sauce hoisin	2 c. à soupe
15 ml	vinaigre de riz	1 c. à soupe
2 ml	sambal oelek (facultatif)	½ c. à thé

Trucs

Ce plat est aussi succulent avec du riz et des haricots verts cuits à la vapeur.

Pour faire un repas équilibré, servez la viande avec du riz vapeur ou des vermicelles chauds ainsi que des bok choy miniatures. Garnissez les assiettes d'oignons verts tranchés et d'arachides hachées. Mélangez le reste de la sauce avec des nouilles pour le lunch du lendemain.

1. Dans une grande poêle antiadhésive, à feu moyen-vif, chauffer 7 ml (1 ½ c. à thé) d'huile végétale et cuire la viande pendant 5 minutes ou jusqu'à ce qu'elle soit dorée. (Procéder par étapes si la poêle n'est pas assez grande et ajouter de l'huile végétale au besoin.) À l'aide d'une cuillère à égoutter, mettre la viande dans la cocotte de la mijoteuse.

2. Ajouter le reste des ingrédients.

3. Couvrir et cuire à basse température de 6 à 8 heures ou à température élevée de 3 à 4 heures, jusqu'à ce que la viande soit tendre sous la fourchette.

Le sambal oelek est une sauce chili d'origine indonésienne. Une toute petite quantité parvient à donner beaucoup de caractère à tous les plats. On peut s'en procurer dans les supermarchés, les épiceries orientales et les magasins d'alimentation naturelle.

Casserole de bœuf et purée de pommes de terre

Mijoteuse de 4 à 6 litres (16 à 24 tasses) :: 6 à 8 portions

Casserole de bœuf

30 ml	huile végétale (environ)	2 c. à soupe
1 kg	bœuf en cubes de 2,5 cm (1 po)	2 lb
1	oignon, haché	1
1	gousse d'ail, émincée	1
2	carottes, en morceaux de 2,5 cm (1 po)	2
120 g	champignons, tranchés	1 ½ tasse
2 g	basilic séché	½ c. à thé
2 g	origan séché	½ c. à thé
0,5 g	poivre du moulin	¼ de c. à thé
810 ml	sauce tomate	3 ¼ tasses

Purée de pommes de terre

750 g	pommes de terre pour cuisson au four (3 ou 4), pelées et coupées en quartiers	1 ½ lb
1	œuf, battu légèrement	1
100 g	parmesan, râpé	1 tasse
	Sel et poivre du moulin	
8 g	persil frais, haché	2 c. à soupe

1. *Casserole de bœuf* : dans une grande poêle antiadhésive, à feu moyen-vif, chauffer 15 ml (1 c. à soupe) d'huile végétale et cuire la viande pendant 5 minutes ou jusqu'à ce qu'elle soit dorée. (Procéder par étapes si la poêle n'est pas assez grande et ajouter de l'huile végétale au besoin.) À l'aide d'une cuillère à égoutter, mettre la viande dans la cocotte de la mijoteuse.

2. Dans la même poêle, à feu moyen, faire sauter l'oignon et l'ail pendant 5 minutes. Ajouter les carottes, les champignons, le basilic, l'origan et le poivre. Faire sauter environ 5 minutes, jusqu'à ce que les champignons soient tendres. Verser sur la viande, ajouter la sauce tomate et bien mélanger.

3. Couvrir et cuire à basse température de 6 à 8 heures ou à température élevée de 3 à 4 heures, jusqu'à ce que la viande soit presque tendre et que la préparation soit bouillonnante.

Casserole de bœuf et purée de pommes de terre

4. *Purée de pommes de terre :* entre-temps, dans une grande casserole, couvrir les pommes de terre d'eau froide et porter à ébullition à feu moyen-vif. Baisser le feu et laisser mijoter pendant 20 minutes ou jusqu'à ce qu'elles soient tendres. Égoutter et réduire en purée lisse. Ajouter l'œuf et 75 g (¾ de tasse) de parmesan. Assaisonner au goût et ajouter le persil.

5. Étaler la purée de pommes de terre sur la viande dans la cocotte et parsemer le reste du parmesan. Couvrir et cuire à basse température de 1 à 2 heures, jusqu'à ce que les pommes de terre soient légèrement dorées.

Préparation à l'avance

On peut préparer la purée de pommes de terre jusqu'à 12 heures à l'avance. Réfrigérer dans un contenant hermétique jusqu'au lendemain.

On peut faire l'étape 2 jusqu'à 2 jours à l'avance. Mettre les légumes sautés dans un contenant hermétique, mélanger avec la sauce tomate et réfrigérer. Au moment de la préparation du repas, faire l'étape 1, ajouter les légumes et poursuivre la recette avec l'étape 3.

La texture de la purée de pommes de terre dépend de la variété utilisée. La Yukon Gold, à chair jaune crème, possède un bon goût de beurre et fait une purée remarquable. La Russet, souvent utilisée pour la cuisson au four, fait aussi l'affaire. La pomme de terre blanche ordinaire fait une bonne purée, mais son goût est moins intéressant. Évitez les pommes de terre nouvelles, car elles ne renferment pas suffisamment d'amidon pour faire une purée digne de ce nom.

Trucs

Conservez les champignons dans un sac en papier et pliez le bord une ou deux fois. Vous pouvez aussi les mettre dans un bol en verre et les couvrir d'une petite serviette ou de papier absorbant humide. Il est important que l'air y circule bien. Gardez-les au réfrigérateur, mais pas dans le bac à légumes, et utilisez-les rapidement. Certaines variétés se conservent jusqu'à 1 semaine si le contenant n'a pas été ouvert.

Pour préparer les champignons, coupez le bout du pied, puis essuyez minutieusement le chapeau. Ne les rincez pas et ne les faites pas tremper, car ils absorberont l'eau et deviendront trop mous en cours de cuisson.

Le véritable parmesan est le Parmigiano-Reggiano. Il est plus cher, mais son goût est vraiment unique. Un morceau bien enveloppé se conserve plusieurs mois au réfrigérateur et on peut le râper au fur et à mesure de ses besoins.

Si vous utilisez un reste de purée de pommes de terre, il vous en faudra environ 540 g (3 tasses). Réchauffez-la au micro-ondes à puissance élevée pendant 5 minutes, puis ajoutez l'œuf, le parmesan et le persil comme indiqué dans la recette. La purée chaude est plus facile à mélanger que la purée froide.

Casserole de bœuf au cheddar

Mijoteuse de 4 à 6 litres (16 à 24 tasses) :: 4 à 6 portions

330 g	petites pâtes (pennes, rigatonis ou zitis)	3 tasses
500 g	bœuf haché maigre	1 lb
2	oignons, hachés finement	2
2	gousses d'ail, émincées	2
1	petit poivron vert, haché finement	1
250 g	champignons, hachés	3 tasses
2 g	thym séché	½ c. à thé
375 ml	lait concentré non sucré	1 ½ tasse
250 g	fromage à la crème à l'ail et aux fines herbes	1 tasse
15 g	moutarde de Dijon	1 c. à soupe
240 g	cheddar fort, râpé	2 tasses

Garniture

120 g	chapelure	1 tasse
45 g	beurre, fondu	3 c. à soupe
60 g	cheddar fort, râpé	½ tasse

Truc

Utilisez toujours une grande casserole pour cuire les pâtes. Il faut compter au moins 1 litre (4 tasses) d'eau par 100 g (3 ½ oz) de pâtes. Ajoutez environ 15 g (1 c. à soupe) de gros sel ou de sel marin dans l'eau bouillante. Évitez le sel de table (sel fin), car il se dissout plus rapidement.

1. Dans une grande casserole d'eau bouillante salée, cuire les pâtes environ 8 minutes ou jusqu'à ce qu'elles soient al dente. Égoutter et transvider dans la cocotte de la mijoteuse.

2. Dans une grande poêle antiadhésive, à feu moyen-vif, cuire la viande, en la défaisant avec le dos d'une cuillère en bois, pendant 7 minutes ou jusqu'à ce qu'elle ait perdu sa couleur rosée. À l'aide d'une cuillère à égoutter, mettre la viande dans la cocotte.

3. Dans la même poêle, à feu moyen, faire sauter les oignons, l'ail, le poivron, les champignons et le thym de 3 à 4 minutes. Transvider dans la cocotte.

4. Dans la même poêle, mettre le lait concentré, le fromage à la crème et la moutarde. Cuire en remuant doucement de 3 à 4 minutes ou jusqu'à épaississement. Mélanger avec la préparation de pâtes et ajouter le cheddar.

5. Couvrir et cuire à basse température pendant 8 heures ou à température élevée pendant 4 heures, jusqu'à ce que la préparation soit bouillonnante.

6. *Garniture :* dans un bol, mélanger la chapelure, le beurre et le cheddar, puis saupoudrer sur les pâtes. Couvrir et cuire à température élevée pendant 20 minutes ou jusqu'à ce que le fromage soit fondu.

Macaroni au fromage épicé

Mijoteuse de 3 à 5 litres (12 à 20 tasses) :: 4 à 6 portions

500 g	dinde ou bœuf haché maigre	1 lb
1	oignon, haché finement	1
2	gousses d'ail, émincées	2
410 g	tomates en dés en conserve, égouttées	1 ⅔ tasse
250 ml	sauce tomate	1 tasse
15 g	assaisonnement au chili	2 c. à soupe
1 g	cumin moulu	½ c. à thé
0,5 g	flocons de piment	¼ de c. à thé
0,5 g	poivre du moulin	¼ de c. à thé
110 g	macaronis (coudes)	1 tasse
120 g	cheddar, râpé	1 tasse

1. Dans une grande poêle antiadhésive, à feu moyen-vif, cuire la viande l'oignon et l'ail, en défaisant la viande avec le dos d'une cuillère en bois, pendant 7 minutes ou jusqu'à ce qu'elle ait perdu sa couleur rosée. À l'aide d'une cuillère à égoutter, mettre la viande dans la cocotte de la mijoteuse.

2. Ajouter les tomates, la sauce tomate, l'assaisonnement au chili, le cumin, le piment et le poivre.

3. Couvrir et cuire à basse température pendant 4 heures ou à température élevée pendant 2 heures, jusqu'à ce que la préparation soit bouillonnante.

4. Dans une grande casserole d'eau bouillante salée, cuire les pâtes de 7 à 8 minutes ou jusqu'à ce qu'elles soient al dente. Égoutter et transvider dans la cocotte. Ajouter le fromage. Couvrir et cuire à basse température pendant 1 heure.

Truc

Vous pleurez en coupant des oignons? Placez-les au congélateur pendant quelques minutes avant de les hacher.

Pâté aux haricots rouges et aux piments

Mijoteuse de 4 à 6 litres (16 à 24 tasses) :: **4 à 6 portions**

15 ml	huile végétale	1 c. à soupe
500 g	bœuf haché maigre	1 lb
1	oignon, haché	1
7 g	assaisonnement au chili	1 c. à soupe
15 g	origan séché	1 c. à soupe
2 g	cumin moulu	1 c. à thé
310 ml	sauce pour enchiladas	1 ¼ tasse
400 g	haricots rouges, cuits ou en conserve 6 ½ oz (voir page 84), rincés et égouttés	2 tasses
185 g	préparation pour muffins à la semoule de maïs	
1	œuf, battu légèrement	1
80 ml	lait	⅓ de tasse
30 g	beurre, fondu	2 c. à soupe
60 g	cheddar ou monterey jack, râpé	½ tasse
80 g	piments verts doux hachés en conserve, avec leur liquide	½ tasse
60 ml	crème sure ou aigre	¼ de tasse
4	oignons verts, hachés	4

Truc

Il est très important de faire dorer la viande hachée avant de la mettre dans la cocotte afin qu'elle atteigne la température recommandée de 71 °C (160 °F) ou de 74 °C (165 °F) pour la volaille. Si vous avez une poêle antiadhésive de qualité, vous n'aurez pas besoin d'utiliser d'huile de cuisson, sauf si vous faites dorer de la dinde ou du poulet haché, tous deux très maigres.

1. Dans une grande poêle antiadhésive, à feu moyen-vif, chauffer l'huile végétale et cuire le bœuf et l'oignon, en défaisant la viande avec le dos d'une cuillère en bois, pendant 7 minutes ou jusqu'à ce qu'elle ait perdu sa couleur rosée. Ajouter l'assaisonnement au chili, l'origan et le cumin. Faire sauter de 1 à 2 minutes. À l'aide d'une cuillère à égoutter, mettre la viande dans la cocotte de la mijoteuse. Ajouter la sauce pour enchiladas et les haricots rouges.

2. Mettre la préparation pour muffins dans un bol et faire un puits au centre. Mettre l'œuf, le lait et le beurre dans le puits et mélanger légèrement (la texture doit rester grumeleuse). Ajouter le fromage, les piments et leur liquide. Étaler uniformément sur la viande.

3. Placer deux linges propres sur la cocotte, puis placer le couvercle (la garniture pourra ainsi gonfler sans ramollir). Couvrir et cuire à basse température de 6 à 8 heures ou à température élevée de 3 à 4 heures, jusqu'à ce que la garniture soit gonflée et croustillante et que la préparation soit bouillonnante.

4. Garnir de crème et d'oignons verts au goût.

Cari de bœuf et purée de patates douces

Cari de bœuf et purée de patates douces

Mijoteuse de 3 à 5 litres (12 à 20 tasses) :: 4 à 6 portions

5	gousses d'ail, hachées finement	5
I	oignon, haché grossièrement	I
I	morceau de gingembre de 5 cm (2 po), haché grossièrement	I
30 ml	huile végétale	2 c. à soupe
750 g	bœuf ou agneau haché maigre	I ½ lb
7 g	poudre de cari	I c. à soupe
2 g	cumin moulu	I c. à thé
5 g	coriandre moulue	I c. à thé
I g	piment de Cayenne	½ c. à thé
500 ml	bouillon de bœuf	2 tasses
30 g	pâte de tomate	2 c. à soupe
4	grosses patates douces	4
30 g	beurre	2 c. à soupe
	Sel et poivre du moulin	
60 g	persil frais, haché	I tasse
160 g	petits pois, décongelés	I tasse
40 g	amandes effilées	⅓ de tasse
55 g	raisins secs	⅓ de tasse
4 g	coriandre fraîche, hachée	I c. à soupe
	Noix de cajou, hachées	

1. À l'aide du robot culinaire ou d'un bon couteau, hacher l'ail, l'oignon et le gingembre.

2. Dans une grande poêle antiadhésive, à feu moyen, chauffer l'huile végétale et faire sauter l'ail, l'oignon et le gingembre pendant 5 minutes ou jusqu'à ce qu'ils commencent à dorer. Ajouter le bœuf et cuire, en le défaisant avec le dos d'une cuillère en bois, pendant 7 minutes ou jusqu'à ce qu'il ait perdu sa couleur rosée. Ajouter le cari, le cumin, la coriandre moulue et le cayenne. Faire sauter de I à 2 minutes. À l'aide d'une cuillère à égoutter, mettre la préparation dans la cocotte de la mijoteuse. Ajouter le bouillon et la pâte de tomate.

3. Couvrir et cuire à basse température de 6 à 8 heures ou à température élevée de 3 à 4 heures, jusqu'à ce la préparation soit bouillonnante.

4. Entre-temps, préchauffer le four à 200 °C /400 °F/gaz 6. À l'aide d'une fourchette, piquer les patates à plusieurs reprises. Cuire au four environ 1 heure ou jusqu'à ce qu'elles soient tendres. Laisser refroidir un peu avant de retirer la pelure. Dans un bol, réduire les patates en purée avec le beurre, 5 g (1 c. à thé) de sel et 1 g (½ c. à thé) de poivre. Incorporer le persil et réserver au chaud.

5. Ajouter les pois, les amandes et les raisins secs dans la cocotte. Couvrir et cuire à température élevée de 10 à 15 minutes. Assaisonner au goût.

6. Étaler la purée de patates dans une grande assiette chaude. Faire un puits au centre et remplir de cari de bœuf. Garnir de coriandre fraîche et de noix de cajou.

Préparation à l'avance

Après avoir préparé la purée de patates douces comme indiqué à l'étape 4, on peut la couvrir et la conserver au réfrigérateur pendant 1 jour ou au congélateur pendant 2 mois. Le moment venu, on la fait décongeler au réfrigérateur, puis on la laisse reposer à température ambiante pendant 30 minutes avant de la réchauffer.

On peut assembler le cari de bœuf jusqu'à 2 jours à l'avance. Faire les étapes 1 et 2, laisser refroidir, couvrir et réfrigérer. Lorsqu'on est prêt à procéder à la cuisson, placer la cocotte dans la mijoteuse et poursuivre la recette avec l'étape 3.

Trucs

Il est important de cuire complètement la viande hachée, soit jusqu'à ce qu'elle ait perdu sa couleur rosée, avant de la mettre dans la cocotte. Utilisez une cuillère en bois pour la défaire dans la poêle, sinon il restera de gros morceaux de viande.

Vous pouvez aussi faire bouillir les patates douces au lieu de les cuire au four. Après les avoir pelées et coupées en gros morceaux, mettez-les dans une casserole et couvrez-les d'eau à hauteur. Portez à ébullition à feu vif, puis laissez bouillir à feu moyen pendant 20 minutes. Égouttez et réduisez en purée comme indiqué à l'étape 4.

Faites provision de bœuf haché lorsque son prix est moins élevé. Divisez-le en portions de 500 g (1 lb) que vous façonnerez en rondelles et rangerez dans un sac en plastique hermétique gardé au congélateur. Il est beaucoup plus facile de faire décongeler une rondelle de viande hachée qu'un gros morceau.

Pain de viande à la sauce tomate

Mijoteuse de 4 litres (16 tasses) ou plus :: 4 portions

500 g	dinde, poulet ou bœuf haché maigre	1 lb
1	œuf, battu légèrement	1
1	gousse d'ail, émincée	1
180 g	mozzarella ou cheddar, râpé	1 ½ tasse
160 ml	sauce tomate	⅔ de tasse
30 g	chapelure	¼ de tasse
5 g	basilic séché	1 c. à thé
2 g	sel	½ c. à thé
1 g	origan séché	¼ de c. à thé
0,5 g	poivre du moulin	¼ de c. à thé

Variante

Ajouter 80 g (½ tasse) de tranches de pepperoni à la viande hachée.

Truc

Chapelure maison : à l'aide du robot culinaire, réduire des restes de pain en fines miettes. Transvider dans un sac de congélation, inscrire la date et garder au congélateur pas plus de 3 mois. Pour faire sécher ou griller la chapelure, l'étaler sur une grande plaque à pâtisserie à bord élevé et passer au four préchauffé à 180 °C/350 °F/gaz 4 pendant 10 à 12 minutes, en remuant de temps à autre.

1. Couper une feuille de papier d'aluminium de 60 cm (2 pi) en 2 sur la longueur de façon à obtenir 2 lanières. Plier chacune des lanières en 2 sur la longueur. Entrecroiser les lanières dans la cocotte de la mijoteuse en laissant les extrémités remonter le long des parois et par-dessus le bord.

2. Dans un grand bol, avec les mains, mélanger la viande, l'œuf, l'ail, la moitié du fromage et de la sauce tomate, la chapelure, le basilic, le sel, l'origan et le poivre. Presser la préparation dans la cocotte.

3. Rentrer les bouts de papier sous le couvercle. Couvrir et cuire à basse température de 8 à 10 heures ou à température élevée de 4 à 6 heures, jusqu'à ce que le thermomètre à viande inséré au centre du pain de viande indique 77 °C (170 °F). Étaler le reste de la sauce tomate, puis faire une dernière couche de fromage. Couvrir et cuire à basse température pendant 20 minutes ou jusqu'à ce que le fromage soit fondu.

4. Retirer le couvercle et soulever le pain de viande à l'aide des lanières de papier d'aluminium pour le placer sur une planche à découper. Laisser refroidir pendant 10 minutes avant de découper en tranches.

Pain de viande à la féta et aux tomates séchées

Mijoteuse de 4 litres (16 tasses) ou plus :: 6 à 8 portions

750 g	bœuf haché maigre	1 ½ lb
250 g	porc haché maigre	8 oz
2	gousses d'ail, émincées	2
1	œuf, battu légèrement	1
30 g	chapelure	¼ de tasse
5 g	origan séché	1 c. à thé
0,5 g	poivre du moulin	¼ de c. à thé
	Persil frais, haché	

Farce

80 g	féta, émiettée	½ tasse
30 g	tomates séchées dans l'huile, égouttées et hachées	¼ de tasse
2 g	origan séché	½ c. à thé
1	gousse d'ail, émincée	1

1. Couper une feuille de papier d'aluminium de 60 cm (2 pi) en 2 sur la longueur de façon à obtenir 2 lanières. Plier chacune des lanières en 2 sur la longueur. Entrecroiser les lanières dans la cocotte de la mijoteuse en laissant les extrémités remonter le long des parois et par-dessus le bord.

2. Dans un grand bol, avec les mains, mélanger le bœuf, le porc, l'ail, l'œuf, la chapelure, l'origan et le poivre. Réserver.

3. *Farce :* dans un petit bol, mélanger le fromage, les tomates séchées, l'origan et l'ail. Presser la moitié de la préparation de viande dans la cocotte. Couvrir avec la préparation de fromage en laissant une bordure tout autour afin que la farce ne déborde pas. Ajouter le reste de la préparation de viande et presser les côtés.

4. Rentrer les bouts de papier sous le couvercle. Couvrir et cuire à basse température de 8 à 10 heures ou à température élevée de 4 à 6 heures, jusqu'à ce que le thermomètre à viande inséré au centre du pain de viande indique 77 °C (170 °F).

5. Retirer le couvercle et soulever le pain de viande à l'aide des lanières de papier d'aluminium pour le placer sur une planche à découper. Laisser reposer pendant 10 minutes avant de découper en tranches. Garnir de persil au moment de servir.

Trucs

Si votre mijoteuse est ovale, pressez la viande en lui donnant aussi une forme ovale et en veillant à ce que chaque couche ait au moins 2,5 cm (1 po) d'épaisseur. Si les couches sont trop minces, elles cuiront trop rapidement.

Le porc haché ajoute beaucoup de saveur à ce pain de viande, mais on peut le remplacer par du poulet haché ou augmenter simplement la quantité de bœuf haché.

Utilisez les restes dans un pain pita que vous garnirez de laitue, de tomates, de concombres et de féta émiettée.

Bouts de côtes au vin rouge

Mijoteuse de 4 à 6 litres (16 à 24 tasses) :: **4 à 6 portions**

30 ml	huile végétale (environ)	2 c. à soupe
1 kg	bouts de côtes ou haut-de-côtes de bœuf, en sections de 8 cm (3 po)	2 lb
	Sel et poivre du moulin	
2	oignons espagnols, en dés	2
2	branches de céleri, en tranches de 1 cm (½ po)	2
1	carotte, en rondelles de 1 cm (½ po)	1
125 g	pancetta, en dés	4 oz
250 ml	barolo ou autre vin rouge robuste	1 tasse
250 ml	sauce tomate	1 tasse

Trucs

À défaut de pancetta, prenez des tranches épaisses de bacon ordinaire ou à teneur réduite en sel.

Préférez les petits bouts de côtes épais et non désossés, car ils offrent plus de viande que les côtes levées longues et minces. Chaque bout de côte doit peser environ 125 g (4 oz). Vous pouvez retirer les os avant de servir.

1. Dans un grand faitout, à feu vif, chauffer 15 ml (1 c. à soupe) d'huile végétale jusqu'à ce qu'elle atteigne son point de fumée. Saler et poivrer généreusement la viande. Cuire de 4 à 5 minutes de chaque côté ou jusqu'à ce qu'elle soit dorée. (Procéder par étapes si le faitout n'est pas assez grand et ajouter de l'huile végétale au besoin.) À l'aide d'une cuillère à égoutter, mettre la viande dans la cocotte de la mijoteuse.

2. Jeter le gras accumulé dans le faitout. Ajouter les oignons, le céleri, la carotte et la pancetta. Faire sauter à feu moyen-vif environ 8 minutes ou jusqu'à ce que les légumes soient dorés et commencent à ramollir. Disposer autour de la viande dans la cocotte.

3. Dans un bol, mélanger le vin rouge et la sauce tomate. Verser sur la viande et les légumes.

4. Couvrir et cuire à basse température de 8 à 12 heures ou à température élevée de 4 à 6 heures, jusqu'à ce que la viande se détache des os et que les légumes soient tendres. À l'aide d'une cuillère à égoutter, réserver la viande au chaud dans une grande assiette.

5. Filtrer les jus de cuisson dans une passoire posée au-dessus d'une casserole. Jeter les solides. Porter à ébullition à feu moyen-vif. Baisser le feu et laisser mijoter de 10 à 12 minutes ou jusqu'à ce qu'il ne reste plus que 625 ml (2 ½ tasses) de liquide environ. Assaisonner au goût et verser sur la viande.

Préparation à l'avance

Ce plat est encore meilleur le lendemain de sa préparation. Faire les 5 étapes, laisser refroidir un peu, couvrir et réfrigérer pas plus de 24 heures. Pour de meilleurs résultats, réchauffer la viande environ 30 minutes dans une casserole allant au four à 180 °C/350 °F/ gaz 4.

Pain aux trois viandes

Mijoteuse de 4 à 6 litres (16 à 24 tasses) :: 4 à 6 portions

500 g	bœuf haché maigre	1 lb
250 g	dinde hachée	8 oz
250 g	porc haché maigre	8 oz
2	œufs, battus légèrement	2
120 g	chapelure	1 tasse
375 ml	salsa douce	1 ½ tasse
15 ml	sauce Worcestershire	1 c. à soupe
2 g	moutarde sèche	1 c. à thé
2 g	sel	½ c. à thé
0,5 g	poivre du moulin	¼ de c. à thé

1. Couper une feuille de papier d'aluminium de 60 cm (2 pi) en 2 sur la longueur de façon à obtenir 2 lanières. Plier chacune des lanières en 2 sur la longueur. Entrecroiser les lanières dans la cocotte de la mijoteuse en laissant les extrémités remonter le long des parois et par-dessus le bord.

2. Dans un grand bol, mélanger le bœuf, la dinde, le porc, les œufs, la chapelure, 250 g (1 tasse) de salsa, la sauce Worcestershire, la moutarde, le sel et le poivre. Presser la préparation dans la cocotte.

3. Rentrer les extrémités des lanières de papier sous le couvercle. Couvrir et cuire à basse température de 8 à 10 heures ou à température élevée de 4 à 6 heures, jusqu'à ce que le thermomètre à viande inséré au centre du pain de viande indique 77°C (170°F). Étaler le reste de la salsa sur le pain de viande. Couvrir et cuire à température élevée pendant 10 minutes.

4. Retirer le couvercle et soulever le pain de viande à l'aide des lanières de papier d'aluminium pour le mettre sur une planche à découper. Laisser refroidir pendant 10 minutes avant de découper en tranches.

Trucs

Si vous aimez les saveurs plus prononcées, utilisez de la salsa piquante.

Faites votre purée de pommes de terre avec du babeurre au lieu du lait ou de la crème. Vous ne pourrez plus vous en passer !

Servez ce pain de viande avec des haricots verts cuits à la vapeur et de la purée de pommes de terre.

Pain aux trois viandes

Sandwichs aux boulettes de viande et salade de chou

Mijoteuse de 4 à 6 litres (16 à 24 tasses) :: **4 à 6 portions**

Boulettes de viande

750 g	bœuf haché maigre	1 ½ lb
2	gousses d'ail, émincées	2
10 g	graines de céleri	2 c. à thé
2 g	sel	½ c. à thé
0,5 g	poivre du moulin	¼ de c. à thé
30 ml	huile végétale (environ)	2 c. à soupe

Sauce tomate épicée

6	tranches minces de citron	6
60 g	cassonade ou sucre roux bien tassé	¼ de tasse
250 ml	ketchup	1 tasse
160 ml	sauce chili	⅔ de tasse
30 ml	sauce Worcestershire	2 c. à soupe
30 g	moutarde épicée	2 c. à soupe
125 ml	eau	½ tasse
6 à 8	petits pains à sous-marins ou à hot-dogs	6 à 8
12 à 16	tranches fines d'oignon rouge ou blanc	12 à 16
560 g	salade de chou ou de brocoli préparée	3 ½ tasses
125 ml	vinaigrette pour salade de chou	½ tasse

1. *Boulettes de viande :* dans un bol, avec les mains, mélanger la viande, l'ail, les graines de céleri, le sel et le poivre. Façonner des boulettes de 2,5 cm (1 po) de diamètre.

2. Dans une poêle, à feu moyen-vif, chauffer 15 ml (1 c. à soupe) d'huile végétale. Cuire les boulettes environ 3 minutes ou jusqu'à ce qu'elles soient bien dorées. (Procéder par étapes si la poêle n'est pas assez grande et ajouter de l'huile végétale au besoin.) À l'aide d'une cuillère à égoutter, mettre les boulettes dans la cocotte de la mijoteuse.

Trucs

Il est important de ne pas manipuler les boulettes de viande trop longtemps. Elles doivent être souples et garder leur forme tout en étant tendres. Elles deviennent trop denses si on les manipule exagérément.

Avant de façonner les boulettes, humectez vos mains avec de l'eau ou frottez-les avec un peu d'huile ou de farine afin que les aliments ne collent pas.

Les boulettes de viande destinées aux soupes ou aux sandwichs doivent avoir idéalement 2,5 cm (1 po) de diamètre. Soyez vigilant, car on a souvent tendance à les faire trop grosses !

Des petits pains empereurs (*kaiser*) ou des tranches de baguette légèrement grillées conviennent aussi à cette recette.

3. *Sauce tomate épicée :* dans la même poêle, à feu moyen, mélanger tous les ingrédients avec l'eau. Porter à ébullition en remuant et verser sur la viande.

4. Couvrir et cuire à basse température pendant 8 heures ou à température élevée pendant 4 heures, jusqu'à ce que les boulettes de viande aient perdu leur couleur rosée. Jeter les tranches de citron.

5. Ouvrir les pains et retirer une partie de la mie en laissant une bordure de 1 cm (½ po) d'épaisseur tout autour. Défaire les tranches d'oignon en rondelles et réserver. Dans un bol, mélanger la salade de chou et la vinaigrette.

6. Placer 2 ou 3 boulettes de viande sur la partie inférieure de chacun des pains.

Préparation à l'avance

Ouvrir les pains et retirer une partie de la mie à l'avance, puis les conserver dans un sac en plastique jusqu'au moment de l'assemblage. Préparer la salade de chou le matin et la réfrigérer afin que les légumes crus s'attendrissent en s'imprégnant de vinaigrette.

Jarrets de veau, sauce épicée aux haricots noirs

Jarrets de veau, sauce épicée aux haricots noirs

Mijoteuse de 4 à 6 litres (16 à 24 tasses) :: 6 à 8 portions

30 ml	huile végétale (environ)	2 c. à soupe
6 à 8	jarrets de veau de 375 g (12 oz) chacun, ficelés (voir Trucs)	6 à 8
4	oignons verts, tranchés (séparer les parties verte et blanche)	4
I	piment Anaheim ou de Californie rouge, émincé	I
125 ml	sauce aux haricots noirs à l'ail	½ tasse
5 g	gingembre, émincé	I c. à thé
I g	poivre du moulin	½ c. à thé
	Zeste et jus de I orange	

Trucs

Procurez-vous des jarrets de veau chez votre boucher ou au supermarché. Leur tissu conjonctif permet à la chair de rester attachée à l'os. Au cours d'une cuisson prolongée, lorsque ce tissu se brise, la viande se détache de l'os et tombe dans la sauce. Il est donc important de ficeler solidement les jarrets avant de les faire dorer à la poêle. Vous pouvez aussi demander à votre boucher de le faire pour vous.

Le piment jalapeno peut remplacer le piment Anaheim avec brio dans cette recette.

S'il reste de la sauce après le repas, mélangez-la avec des nouilles pour le lunch du lendemain.

1. Dans une grande poêle, à feu moyen, chauffer 15 ml (1 c. à soupe) d'huile végétale et cuire les jarrets de veau pendant 4 minutes ou jusqu'à ce qu'ils soient légèrement dorés sur toutes les faces. (Procéder par étapes si la poêle n'est pas assez grande et ajouter de l'huile végétale au besoin.) À l'aide d'une cuillère à égoutter, mettre la viande dans la cocotte de la mijoteuse.

2. Dans un bol, mélanger la partie blanche des oignons verts, le piment, la sauce aux haricots noirs, le gingembre, le poivre, la moitié du zeste et le jus d'orange. Transvider sur la viande et bien mélanger.

3. Couvrir et cuire à basse température pendant 10 heures ou à température élevée pendant 6 heures, jusqu'à ce la viande soit très tendre. Garnir avec le reste des oignons verts et du zeste d'orange.

Ragoût de veau et de poireaux et popovers aux herbes

Mijoteuse de 4 à 6 litres (16 à 24 tasses) :: 6 portions

Ragoût de veau

30 ml	huile végétale (environ)	2 c. à soupe
1 kg	veau en cubes de 2,5 cm (1 po)	2 lb
4	poireaux (parties blanche et vert pâle), tranchés finement	4
250 g	champignons, hachés	3 tasses
20 g	farine tout usage (type 55)	2 c. à soupe
	Sel et poivre du moulin	
500 ml	bouillon de veau ou de poulet	2 tasses
30 ml	vinaigre balsamique blanc ou vinaigre de cidre	2 c. à soupe
5 g	thym séché	1 c. à thé
125 ml	eau	½ tasse
125 ml	crème à fouetter (35 %)	½ tasse

Popovers aux herbes

2	œufs	2
150 g	farine tout usage (type 55)	1 tasse
250 ml	lait	1 tasse
3 g	ciboulette fraîche, ciselée	1 c. à soupe
4 g	persil frais, haché	1 c. à soupe
5 g	romarin séché	1 c. à thé
2 g	sel	½ c. à thé

1. *Ragoût de veau :* dans une grande poêle, à feu moyen, chauffer 15 ml (1 c. à soupe) d'huile végétale et cuire la viande pendant 4 minutes ou jusqu'à ce qu'elle soit dorée sur toutes les faces. (Procéder par étapes si la poêle n'est pas assez grande et ajouter de l'huile végétale au besoin.) À l'aide d'une cuillère à égoutter, mettre la viande dans la cocotte de la mijoteuse.

2. Dans la même poêle, faire sauter les poireaux et les champignons de 5 à 10 minutes ou jusqu'à ce qu'ils soient tendres. Saupoudrer la farine, 5 g (1 c. à thé) de sel et 1 g (½ c. à thé) de poivre. Bien mélanger, puis incorporer le bouillon, le vinaigre, le thym et l'eau. Porter à ébullition, déglacer la poêle et verser sur la viande.

Trucs

Les poireaux renferment beaucoup de sable. Retirez la partie vert foncé et coupez le blanc en deux sur la longueur. Rincez à l'eau froide en détachant les feuilles. Égouttez dans une passoire avant de couper en tranches.

Conservez les champignons dans un sac en papier et pliez le bord une ou deux fois. Vous pouvez aussi les mettre dans un bol en verre et les couvrir d'une petite serviette ou de papier absorbant humide. Il est important que l'air y circule bien. Gardez-les au réfrigérateur, mais pas dans le bac à légumes, et utilisez-les rapidement. Certaines variétés se conservent jusqu'à 1 semaine si le contenant n'a pas été ouvert.

3. Couvrir et cuire à basse température pendant 8 heures ou à température élevée pendant 4 heures, jusqu'à ce que la viande soit tendre. Ajouter la crème et assaisonner au goût.

4. *Popovers aux herbes* : entre-temps, graisser un moule à muffins ayant 12 cavités. Dans un grand bol, battre les œufs jusqu'à ce qu'ils soient mousseux. Ajouter le reste des ingrédients et mélanger juste ce qu'il faut, sans plus. (La pâte doit rester un peu grumeleuse ; éviter de trop mélanger.) Répartir la pâte dans le moule à muffins.

5. Placer le moule à muffins dans le four froid. Régler la température à 230 °C /450 °F/gaz 8 et cuire pendant 25 minutes. À l'aide d'un couteau bien affûté, piquer le dessus des popovers pour laisser la vapeur s'échapper. Cuire de 5 à 10 minutes ou jusqu'à ce qu'ils soient gonflés et bien dorés.

6. Ouvrir les popovers avant de les mettre dans des bols. Couvrir de ragoût et servir aussitôt.

Préparation à l'avance

Placer les popovers cuits et démoulés sur une plaque à pâtisserie. Couvrir d'un linge propre et réserver à température ambiante pendant 8 heures. Réchauffer au four à 180 °C/350 °F/gaz 4 pendant 5 à 10 minutes.

Veau Marengo

Mijoteuse de 4 à 6 litres (16 à 24 tasses) :: **6 portions**

30 g	farine tout usage (type 55)	3 c. à soupe
5 g	sel	1 c. à thé
1 g	poivre du moulin	½ c. à thé
1 kg	veau en cubes de 2,5 cm (1 po)	2 lb
30 ml	huile végétale (environ)	2 c. à soupe
2	gousses d'ail, émincées	2
1	oignon, haché finement	1
250 g	tomates en dés	1 tasse
30 g	pâte de tomate	2 c. à soupe
160 ml	vin blanc sec	⅔ de tasse
250 ml	bouillon de veau ou de poulet	1 tasse
250 g	petits champignons	3 tasses
24	petits oignons, pelés (voir Truc)	24
12 à 15	olives Kalamata	12 à 15
	Pâtes (farfalles ou pennes), cuites et chaudes	
	Persil frais, haché (facultatif)	
	Huile de truffe blanche (facultatif)	

1. Dans un sac en plastique résistant, mélanger la farine, le sel et le poivre. En procédant par étapes, mélanger le veau et la farine.

2. Dans une grande poêle, à feu moyen-vif, chauffer 15 ml (1 c. à soupe) d'huile végétale et cuire la viande pendant 4 minutes ou jusqu'à ce qu'elle soit dorée sur toutes les faces. (Procéder par étapes si la poêle n'est pas assez grande et ajouter de l'huile végétale au besoin.) À l'aide d'une cuillère à égoutter, mettre la viande dans la cocotte de la mijoteuse.

3. Dans le même poêlon, mettre l'ail, l'oignon haché, les tomates et la pâte de tomate. Mélanger, ajouter le vin blanc et laisser bouillir jusqu'à réduction de moitié. Verser dans la cocotte et ajouter le bouillon, les champignons et les petits oignons. Bien mélanger.

4. Couvrir et cuire à basse température de 6 à 8 heures ou à température élevée de 3 à 4 heures, jusqu'à ce que la viande soit tendre.

5. Ajouter les olives. Couvrir et cuire à température élevée pendant 15 minutes.

6. Servir les pâtes dans des bols et ajouter la préparation de veau. Garnir de persil au goût et verser une petite quantité d'huile de truffe.

Truc

On trouve différentes variétés de petits oignons : blancs, rouges et jaunes. Dans cette recette, on peut utiliser des petits oignons surgelés, mais il est pourtant si facile d'apprêter ceux qui sont frais. Pour préparer les petits oignons non épluchés, faites un X à la base de chacun à l'aide d'un couteau bien affûté. À feu moyen-vif, portez une casserole d'eau à ébullition et immergez les oignons dans le liquide pendant 1 minute. Égouttez et transvidez aussitôt dans un grand bol d'eau glacée. Laissez refroidir avant de presser les oignons pour les libérer de leur pelure.

Veau Marengo

Porc et agneau

Rôti de porc, sauce aux figues et au porto

Mijoteuse de 4 litres (16 tasses) ou plus :: 4 à 6 portions

I	longe de porc désossée de 1,25 kg (2 ½ lb), parée	I
15 ml	huile d'olive	I c. à soupe
5 g	romarin séché	I c. à thé
I g	poivre du moulin	½ c. à thé
180 ml	figues séchées (variété Mission), hachées	¾ de tasse
I	échalote, en dés	I
250 ml	porto	I tasse
125 ml	bouillon de poulet	½ tasse
22 g	miel	I c. à soupe
2	bâtons de cannelle de 8 cm (3 po)	2
30 g	beurre	2 c. à soupe

1. Mettre la viande dans la cocotte de la mijoteuse. Badigeonner d'huile d'olive et saupoudrer de romarin et de poivre. Disposer les figues tout autour.

2. Dans un bol, mélanger l'échalote, le porto, le bouillon et le miel. Verser autour de la viande. Immerger les bâtons de cannelle dans le liquide.

3. Couvrir et cuire à basse température de 4 à 6 heures ou jusqu'à ce que la viande soit tendre sous la fourchette. Disposer la longe de porc dans une grande assiette chaude et couvrir de papier d'aluminium sans serrer.

4. Jeter les bâtons de cannelle. À l'aide du pied-mélangeur (mixeur-plongeur) ou du robot culinaire, réduire les jus de cuisson en purée lisse. Ajouter le beurre et remuer pour le faire fondre.

5. Découper la viande en tranches et servir la sauce en saucière.

Préparation à l'avance

On peut assembler ce plat jusqu'à 12 heures à l'avance. Faire les étapes I et 2, couvrir et réfrigérer toute la nuit. Le lendemain, placer la cocotte dans la mijoteuse et poursuivre la recette avec l'étape 3.

Truc

Si le miel se cristallise (ou si vous utilisez du miel crémeux), placez le pot dans une casserole d'eau chaude et laissez reposer jusqu'à ce que les cristaux soient dissous et que le miel soit fondu. On peut aussi mettre la quantité de miel requise dans un petit bol résistant à la chaleur que l'on place dans la casserole. Ou, si l'on préfère, on peut chauffer le miel au micro-ondes, à puissance moyenne-élevée (70 %), pendant 1 minute, en mélangeant après 30 secondes.

Les figues Mission sont de petites figues noires de la Californie. Une fois séchées, elles ont un goût fumé complexe qui se marie bien avec les plats mijotés salés.

Rôti de porc, sauce aux figues et au porto

Rôti de porc braisé aux haricots blancs

Mijoteuse de 4 litres (16 tasses) ou plus :: 6 à 8 portions

1	gousse d'ail, émincée	1
5 g	sauge séchée	1 c. à thé
5 g	romarin séché	1 c. à thé
30 ml	huile d'olive	2 c. à soupe
1	rôti de longe de porc désossé de 1,25 à 1,5 kg (2 ½ à 3 lb), paré	1
	Sel et poivre du moulin	
1	oignon, haché finement	1
410 ml	sauce tomate en conserve	1 ⅔ tasse
800 g	haricots blancs, cuits ou en conserve (voir page 84), rincés et égouttés	4 tasses
60 ml	vin blanc sec	¼ de tasse
1	gousse d'ail	1
8 g	sauge fraîche, hachée	¼ de tasse
15 g	persil plat frais, haché	¼ de tasse
5 g	romarin frais, haché	1 c. à thé
30 ml	pignons, grillés (voir Trucs, page 196)	2 c. à soupe

1. Dans un bol, mélanger l'ail émincé, la sauge séchée, le romarin séché et 15 ml (1 c. à soupe) d'huile d'olive. Frotter la viande sur toutes les faces avec ce mélange et assaisonner au goût. Mettre la viande dans la cocotte de la mijoteuse.

2. Dans un bol, mélanger l'oignon, la sauce tomate, les haricots blancs et le vin blanc. Réserver.

3. À l'aide du robot culinaire, hacher finement la gousse d'ail et les herbes fraîches. Ajouter le reste de l'huile d'olive et les pignons et bien mélanger. Verser la moitié des herbes sur les haricots et autour de la viande. Réfrigérer le reste des herbes fraîches.

Trucs

Écrasez le romarin entre vos doigts avant de l'ajouter au reste des ingrédients afin qu'il puisse dégager pleinement son parfum enivrant.

N'hésitez pas à acheter un rôti non désossé pour faire cette recette. Vous pourrez le couper facilement en portions individuelles.

4. Couvrir et cuire à basse température de 5 à 6 heures, jusqu'à ce que la viande soit tendre sous la fourchette. Disposer dans une grande assiette chaude et couvrir de papier d'aluminium sans serrer.

5. Transvider la préparation de haricots dans une casserole et porter à ébullition à feu moyen-vif. Baisser le feu et laisser mijoter pendant 5 minutes ou jusqu'à léger épaississement. Incorporer les herbes réservées.

6. Découper la viande en tranches, disposer dans des assiettes et servir les haricots tout autour.

Préparation à l'avance

On peut assembler ce plat jusqu'à 12 heures à l'avance. Préparer les étapes 1 et 2, couvrir et réfrigérer toute la nuit. Le lendemain, placer la cocotte dans la mijoteuse et poursuivre la recette avec l'étape 3.

Porc aux poivrons rouges

Mijoteuse de 4 à 6 litres (16 à 24 tasses) :: 4 à 6 portions

20 g	farine tout usage (type 55)	2 c. à soupe
2 g	thym séché	½ c. à thé
1 g	paprika	½ c. à thé
2 g	sel	½ c. à thé
0,5 g	poivre du moulin	¼ de c. à thé
4 à 6	côtelettes de longe de porc de 2,5 cm (1 po) d'épaisseur, parées	4 à 6
30 ml	huile végétale (environ)	2 c. à soupe
250 ml	bouillon de poulet	1 tasse
2	poivrons rouges, tranchés finement	2
2	gousses d'ail, émincées	2
1	oignon, tranché finement	1
8 g	persil frais, haché	2 c. à soupe

1. Dans une assiette, mélanger la farine, le thym, le paprika, le sel et le poivre. Fariner les côtelettes de chaque côté et jeter le reste de la farine.

2. Dans une grande poêle, à feu moyen-vif, chauffer 15 ml (1 c. à soupe) d'huile végétale et cuire les côtelettes pendant 3 minutes de chaque côté ou jusqu'à ce qu'elles soient bien dorées. (Procéder par étapes si la poêle n'est pas assez grande et ajouter de l'huile végétale au besoin.) Mettre la viande dans la cocotte de la mijoteuse.

3. Dans la même poêle, verser le bouillon, porter à ébullition et déglacer. Verser dans la cocotte, puis ajouter les poivrons, l'ail et l'oignon.

4. Couvrir et cuire à basse température de 4 à 5 heures ou à température élevée de 2 à 2 ½ heures, jusqu'à ce que la viande soit tendre sous la fourchette et que la sauce soit bouillonnante.

5. Au moment de servir les côtelettes, napper de sauce et garnir de persil.

Trucs

La tranche d'épaule de porc est un bon substitut pour les côtelettes. Le temps de cuisson sera alors de 6 à 8 heures à basse température ou de 3 à 4 heures à température élevée.

Servez ce plat sur un lit de nouilles aux œufs. Si vous aimez les pommes, mettez-en quelques quartiers dans la mijoteuse 30 minutes avant la fin de la cuisson.

Côtelettes de porc
au bon goût de pizza

Mijoteuse de 4 à 6 litres (16 à 24 tasses) :: 6 portions

6	côtelettes de longe de porc de 2,5 cm (1 po) d'épaisseur	6
2 g	sel	½ c. à thé
0,5 g	poivre du moulin	¼ de c. à thé
30 ml	huile végétale (environ)	2 c. à soupe
1	oignon, haché	1
1	poivron vert, haché	1
80 g	champignons, tranchés	1 tasse
500 ml	sauce pour pizza	2 tasses
120 g	mozzarella, râpée	1 tasse
800 g	orzo, cuit et chaud	4 tasses

Trucs

Soyez créatif au moment d'ajouter les garnitures. Imaginez que les côtelettes de porc sont une croûte à pizza et couvrez-les de vos ingrédients préférés : pepperoni, ananas, piments, olives, etc.

Servez ces côtelettes de porc sur des pâtes si vous avez du mal à vous procurer de l'orzo, mais celui-ci offre l'avantage d'absorber parfaitement la sauce.

1. Assaisonner les côtelettes de porc de chaque côté. Dans une grande poêle, à feu moyen-vif, chauffer 15 ml (1 c. à soupe) d'huile végétale et cuire les côtelettes pendant 3 minutes de chaque côté ou jusqu'à ce qu'elles soient bien dorées. (Procéder par étapes si la poêle n'est pas assez grande et ajouter de l'huile végétale au besoin.) Mettre la viande dans la cocotte de la mijoteuse.

2. Disposer l'oignon, le poivron et les champignons sur les côtelettes, puis verser la sauce pour pizza. Couvrir uniformément de mozzarella.

3. Couvrir et cuire à basse température de 4 à 5 heures ou à température élevée de 2 à 2 ½ heures, jusqu'à ce que le fromage soit fondu.

4. Répartir l'orzo dans des assiettes, ajouter la viande et napper de sauce.

Côtelettes de porc, haricots de Lima et pommes de terre rissolées

Côtelettes de porc, haricots de Lima et pommes de terre rissolées

Mijoteuse de 4 à 6 litres (16 à 24 tasses) :: **4 portions**

400 g	haricots de Lima frais ou décongelés	2 tasses
I	oignon, haché finement	I
15 g	persil séché	I c. à soupe
15 g	cassonade ou sucre roux bien tassé	I c. à soupe
2 g	moutarde sèche	I c. à thé
30 ml	huile végétale (environ)	2 c. à soupe
4	côtelettes de longe de porc de 2,5 cm (I po) d'épaisseur	4
480 g	pommes de terre rissolées, décongelées	3 tasses
120 g	cheddar, râpé	I tasse
125 ml	crème sure ou aigre	½ tasse
	Persil frais, haché (facultatif)	

1. Dans une casserole d'eau bouillante salée, cuire les haricots de Lima environ 5 minutes ou jusqu'à ce qu'ils soient tendres. Égoutter et réserver 125 ml (½ tasse) de l'eau de cuisson. Transvider les haricots dans la cocotte de la mijoteuse.

2. Dans un bol, mélanger l'eau de cuisson réservée, l'oignon, le persil séché, la cassonade et la moutarde. Verser sur les haricots.

3. Dans une grande poêle, à feu moyen-vif, chauffer 15 ml (I c. à soupe) d'huile végétale et cuire les côtelettes pendant 3 minutes de chaque côté ou jusqu'à ce qu'elles soient bien dorées. (Procéder par étapes si la poêle n'est pas assez grande et ajouter de l'huile végétale au besoin.) Mettre la viande dans la cocotte.

4. Dans un bol, mélanger les pommes de terre, la moitié du fromage et la crème. Disposer sur la viande.

5. Couvrir et cuire à basse température de 4 à 5 heures ou à température élevée de 2 à 2 ½ heures, jusqu'à ce que la viande soit tendre sous la fourchette.

6. Saupoudrer le reste du cheddar sur les pommes de terre. Couvrir et cuire à température élevée pendant 10 minutes ou jusqu'à ce que le fromage soit fondu. Garnir de persil frais au goût.

Préparation à l'avance

On peut assembler partiellement ce plat jusqu'à 2 jours à l'avance. Préparer les étapes I et 2, couvrir et réfrigérer. Lorsqu'on est prêt à procéder à la cuisson, placer la cocotte dans la mijoteuse et poursuivre la recette avec l'étape 3.

Porc aux pommes et au raifort

Mijoteuse de 4 à 6 litres (16 à 24 tasses) :: **4 portions**

4	tranches d'épaule de porc de 2,5 cm d'épaisseur, parées	4
7 g	paprika	1 c. à soupe
5 g	thym séché	1 c. à thé
5 g	sel	1 c. à thé
1 g	poivre du moulin	½ c. à thé
30 ml	huile végétale (environ)	2 c. à soupe
2	pommes vertes (ex.: Granny Smith), pelées et coupées en quartiers de 1 cm (½ po)	2
1	oignon, tranché finement	1
80 ml	vin blanc sec	⅓ de tasse
80 ml	bouillon de poulet	⅓ de tasse
125 ml	crème à fouetter (35 %)	½ tasse
20 g	farine tout usage (type 55)	2 c. à soupe
30 g	raifort crémeux (environ)	2 c. à soupe
15 g	moutarde de Dijon	1 c. à soupe
6 g	ciboulette fraîche, ciselée (facultatif)	2 c. à soupe

1. Assaisonner la viande de chaque côté avec le paprika, le thym, le sel et le poivre. Dans une grande poêle, à feu moyen-vif, chauffer 15 ml (1 c. à soupe) d'huile végétale et cuire la viande pendant 3 minutes de chaque côté ou jusqu'à ce qu'elle soit dorée. (Procéder par étapes si la poêle n'est pas assez grande et ajouter de l'huile végétale au besoin.) Laisser égoutter la viande dans une assiette tapissée de papier absorbant avant de la mettre dans la mijoteuse. Ajouter les pommes et l'oignon dans la cocotte, puis verser le vin blanc et le bouillon.

2. Couvrir et cuire à basse température de 6 à 8 heures ou à température élevée de 3 à 4 heures, jusqu'à ce que la viande soit tendre sous la fourchette. À l'aide d'une cuillère à égoutter, mettre la viande dans une grande assiette chaude et couvrir de papier d'aluminium sans serrer.

3. Dans un pot muni d'un couvercle, mélanger la crème et la farine en secouant vigoureusement. Verser dans les jus de cuisson accumulés dans la cocotte, puis ajouter le raifort et la moutarde. Couvrir et cuire à température élevée de 15 à 20 minutes ou jusqu'à léger épaississement. Verser sur la viande et garnir de ciboulette.

Trucs

Pour la cuisson à la mijoteuse, achetez des côtelettes ayant au moins 2,5 cm (1 po) d'épaisseur, sinon elles sécheront trop vite.

Si vous préférez utiliser des côtelettes de longe de porc, le temps de cuisson sera de 4 à 5 heures à basse température ou de 2 à 2 ½ heures à température élevée.

Pour éviter d'avoir des grumeaux dans vos soupes et vos plats mijotés, mélangez vigoureusement le liquide et la farine dans un pot fermé avant de verser le tout dans la sauce ou le liquide chaud.

Tacos au porc effiloché

Mijoteuse de 4 litres (16 tasses) ou plus :: 6 à 8 portions

I	rôti de soc de porc de 1,75 kg (3 ½ lb), paré	I
2 g	sel	½ c. à thé
I g	poivre du moulin	½ c. à thé
6	gousses d'ail, émincées	6
2	oignons, hachés finement	2
250 ml	bouillon de poulet	I tasse
7 g	assaisonnement au chili	I c. à soupe
180 g	maïs en grains, décongelé	I tasse
250 ml	salsa	I tasse
30 g	pâte de tomate	2 c. à soupe
15 g	coriandre ou persil frais, haché finement	¼ de tasse
16	coquilles à tacos dures ou tortillas molles, chaudes (voir Truc)	16
120 g	laitue iceberg, hachée	2 tasses
250 g	tomates, hachées	I tasse
120 g	cheddar, râpé	I tasse
60 ml	crème sure ou aigre allégée	¼ de tasse

Truc

Pour réchauffer les coquilles à tacos dures, rangez-les sur une plaque à pâtisserie placée dans le four préchauffé à 180 °C/350 °F/gaz 4 pendant 5 minutes. Quant aux tortillas molles, enveloppez-les dans du papier d'aluminium et réchauffez-les à la même température pendant 15 à 20 minutes.

1. Placer le rôti dans la cocotte de la mijoteuse. Ajouter le sel, le poivre, l'ail, les oignons, le bouillon et l'assaisonnement au chili.

2. Couvrir et cuire à basse température de 8 à 10 heures ou à température élevée de 4 à 5 heures, jusqu'à ce que la viande soit tendre sous la fourchette. Laisser refroidir un peu sur une planche à découper.

3. Retirer la ficelle du rôti et effilocher la viande à l'aide de deux fourchettes.

4. Écumer les jus de cuisson accumulés dans la mijoteuse. Remettre la viande dans les jus de cuisson, puis ajouter le maïs, la salsa et la pâte de tomate. Couvrir et cuire à température élevée pendant 15 minutes ou jusqu'à ce que la viande soit chaude et que la sauce épaississe. Incorporer la coriandre.

5. Servir dans des bols dans les coquilles à tacos. Garnir de laitue, de tomates, de fromage et de crème sure.

Préparation à l'avance

On peut assembler ce plat jusqu'à 2 jours à l'avance. Faire l'étape 1, couvrir et réfrigérer. Lorsqu'on est prêt à procéder à la cuisson, placer la cocotte dans la mijoteuse et poursuivre la recette avec l'étape 2.

Porc aux abricots séchés et aux pignons

Mijoteuse de 4 à 6 litres (16 à 24 tasses) :: **4 portions**

4	côtelettes de longe de porc de 2,5 cm (1 po) d'épaisseur	4
2 g	sel	½ c. à thé
0,5 g	poivre du moulin	¼ de c. à thé
30 ml	huile d'olive (environ)	2 c. à soupe
1	gros oignon rouge, tranché finement	1
12	abricots séchés, tranchés	12
180 ml	jus de pomme non sucré	¾ de tasse
10 g	gingembre, émincé	2 c. à thé
2 g	thym séché	½ c. à thé
1	bâton de cannelle de 8 cm (3 po)	1
	Pignons, grillés (voir Trucs)	

1. Assaisonner les côtelettes de porc de chaque côté. Dans une grande poêle, à feu moyen-vif, chauffer 15 ml (1 c. à soupe) d'huile d'olive et cuire les côtelettes pendant 3 minutes de chaque côté ou jusqu'à ce qu'elles soient bien dorées. (Procéder par étapes si la poêle n'est pas assez grande et ajouter de l'huile d'olive au besoin.) Réserver dans une assiette.

2. Dans la même poêle, à feu moyen, ajouter le reste de l'huile d'olive et faire sauter l'oignon environ 3 minutes ou jusqu'à ce qu'il soit tendre et translucide.

3. Dans la cocotte de la mijoteuse, disposer la moitié des oignons et des abricots séchés. Ajouter les côtelettes et couvrir avec le reste de l'oignon et des abricots. Ajouter le jus de pomme, le gingembre, le thym et le bâton de cannelle.

4. Couvrir et cuire à basse température de 4 à 5 heures ou à température élevée de 2 à 2 ½ heures, jusqu'à ce que la viande soit tendre sous la fourchette. Jeter le bâton de cannelle. Garnir de pignons au moment de servir.

Trucs

Il est recommandé de saisir le porc à la poêle avant de le mettre dans la cocotte de la mijoteuse afin d'éliminer une partie du gras. Cela lui donnera aussi meilleur goût. Si vous manquez de temps, vous pouvez le mettre dans la mijoteuse sans le faire dorer au préalable.

Pour griller les pignons, mettez-les dans une poêle antiadhésive sèche à feu doux et faites-les revenir doucement de 2 à 3 minutes ou jusqu'à ce qu'ils soient légèrement dorés. Soyez vigilant, car ils ont tendance à brûler en un rien de temps !

Servez ces côtelettes sur un lit de couscous bien chaud.

Porc aux abricots séchés et aux pignons

Poutine de porc

Mijoteuse de 4 à 5 litres (16 à 20 tasses) :: 6 à 8 portions

Porc

6	tranches de bacon, hachées	6
1	rôti de soc de porc de 1,5 kg (3 lb), paré et coupé en cubes de 2,5 cm (1 po)	1
15 ml	huile végétale (facultatif)	1 c. à soupe
3	gousses d'ail, émincées	3
2	carottes, en dés	2
2	branches de céleri, en dés	2
1	gros oignon, haché	1
15 g	thym séché	1 c. à soupe
15 g	persil séché	1 c. à soupe
2 g	paprika	1 c. à thé
2 g	sel	½ c. à thé
0,5 g	poivre du moulin	¼ de c. à thé
375 ml	bouillon de bœuf (voir Truc)	1 ½ tasse
1	feuille de laurier	1
20 g	fécule de maïs	2 c. à soupe
30 ml	eau froide	2 c. à soupe

Poutine

1,5 kg	pommes de terre Fingerling, coupées en deux sur la longueur	3 lb
45 ml	huile d'olive	3 c. à soupe
10 g	gros sel	2 c. à thé
0,5 g	poivre du moulin	¼ de c. à thé
250 g	fromage en grains frais	1 tasse
	Persil frais, haché	

1. *Porc :* dans une grande poêle antiadhésive, à feu moyen-vif, faire revenir le bacon environ 5 minutes ou jusqu'à ce qu'il soit croustillant. Réserver dans une assiette tapissée de papier absorbant.

On peut aussi faire cette
recette avec du bœuf.
Utiliser un morceau
à braiser (rôti de côtes
croisées, d'épaule ou de
palette) coupé en cubes
de 2,5 cm (1 po).

Option intéressante :
réduire le bouillon de bœuf
à 250 ml (1 tasse) et
ajoutez 125 ml (½ tasse)
de vin rouge sec.

Pour une recette plus
raffinée, prendre un
fromage à pâte molle
coupé en morceaux
(ex. : brie)

Truc

On utilise habituellement
du bouillon de poulet pour
faire les sauces des plats
à base de porc, mais on
recommande du bouillon
de bœuf pour cette
recette, car il apporte
une belle richesse à
l'ensemble. Si vous
préférez une sauce plus
légère, prenez du bouillon
de poulet ou de veau.

2. Dans la même poêle, verser de l'huile végétale au besoin et cuire les cubes de porc environ 4 minutes ou jusqu'à ce qu'ils soient dorés sur toutes les faces. (Procéder par étapes si la poêle n'est pas assez grande et ajouter de l'huile végétale au besoin.) À l'aide d'une cuillère à égoutter, mettre les cubes de viande dans la cocotte de la mijoteuse.

3. Dans la même poêle, faire sauter l'ail, les carottes, le céleri et l'oignon avec le thym, le persil, le paprika, le sel et le poivre environ 5 minutes. Mettre le bacon et la préparation de légumes dans la cocotte de la mijoteuse.

4. Verser le bouillon dans la poêle et porter à ébullition. Cuire environ 5 minutes en déglaçant la poêle. Verser sur la viande et ajouter le laurier.

5. Couvrir et cuire à basse température de 8 à 10 heures ou à température élevée de 4 à 5 heures, jusqu'à ce que la viande soit tendre sous la fourchette.

6. *Poutine :* entre-temps, préchauffer le four à 200 °C /400 °F/gaz 6. Dans un grand bol, mélanger les pommes de terre, l'huile d'olive, le sel et le poivre. Étaler en une seule couche sur une plaque à pâtisserie tapissée de papier-parchemin. Cuire au four de 40 à 50 minutes, en remuant une ou deux fois en cours de cuisson, jusqu'à ce que les pommes de terre soient tendres et dorées.

7. Dans un petit bol, à l'aide d'un fouet, mélanger la fécule de maïs avec l'eau. Verser dans la cocotte. Couvrir et cuire à température élevée pendant 10 minutes ou jusqu'à épaississement de la sauce. Jeter le laurier.

8. Répartir les pommes de terre dans des assiettes. Ajouter la viande et garnir de fromage en grains et de persil. Servir aussitôt.

Préparation à l'avance

On peut assembler ce plat jusqu'à 2 jours à l'avance, sans la viande. Préparer les étapes 1 et 3, couvrir et réfrigérer. Lorsqu'on est prêt à procéder à la cuisson, reprendre à l'étape 2. Placer la cocotte dans la mijoteuse, ajouter le porc et poursuivre la recette avec l'étape 4.

Côtelettes de porc collantes

Côtelettes de porc collantes

Mijoteuse de 4 à 5 litres (16 à 20 tasses) :: 4 à 6 portions

30 ml	huile végétale (environ)	2 c. à soupe
4 à 6	côtelettes de longe de porc de 2,5 cm (1 po) d'épaisseur, parées	4 à 6
3	gousses d'ail, émincées	3
3	anis étoilés ou 2 g (1 c. à thé) de cinq-épices moulu	3
15 g	gingembre, émincé	1 c. à soupe
15 g	sucre granulé	1 c. à soupe
0,5 g	poivre du moulin	¼ de c. à thé
125 ml	sauce hoisin ou sauce aux haricots noirs	½ tasse
30 ml	vinaigre de riz	2 c. à soupe
15 ml	sauce chili Sriracha	1 c. à soupe
4	carottes, en morceaux de 2,5 cm (1 po)	4
10 g	fécule de maïs	1 c. à soupe
30 ml	eau froide	2 c. à soupe
1	oignon vert, haché finement	1
	Nouilles de riz, cuites	
8 g	coriandre fraîche, hachée	2 c. à soupe
	Graines de sésame, grillées (facultatif)	

1. Dans une grande poêle, à feu moyen-vif, chauffer 15 ml (1 c. à soupe) d'huile végétale et cuire les côtelettes pendant 3 minutes de chaque côté ou jusqu'à ce qu'elles soient bien dorées. (Procéder par étapes si la poêle n'est pas assez grande et ajouter de l'huile végétale au besoin.) Réserver dans une assiette.

2. Dans un bol, mélanger l'ail, l'anis, le gingembre, le sucre, le poivre, la sauce hoisin, le vinaigre et la sauce chili.

3. Mettre les carottes dans la cocotte de la mijoteuse, puis ajouter la viande. Parsemer le mélange à l'ail sur les côtelettes.

4. Couvrir et cuire à basse température de 4 à 5 heures ou à température élevée de 2 à 2 ½ heures, jusqu'à ce que la viande soit tendre sous la fourchette. À l'aide d'une cuillère à égoutter, mettre la viande et les carottes dans une assiette chaude et couvrir pour garder au chaud.

5. Verser les jus de cuisson dans une casserole et porter à ébullition à feu moyen-vif. Dans un bol, à l'aide d'un fouet, mélanger la fécule de maïs avec l'eau. Verser dans la casserole et porter à ébullition en fouettant sans cesse jusqu'à épaississement. Ajouter les oignons verts.

6. Servir les nouilles dans une grande assiette et ajouter les côtelettes de porc. Verser un peu de sauce et servir le reste en saucière. Garnir de coriandre et saupoudrer de graines de sésame au goût.

La sauce chili Sriracha est un ketchup thaï composé de piments, de sucre, de vinaigre, d'ail et de sel. Elle ajoute du piquant aux plats sans masquer le goût des autres ingrédients. On peut maintenant s'en procurer dans la plupart des supermarchés et dans les épiceries orientales.

Trucs

Faites cuire les nouilles de riz dans l'eau bouillante jusqu'à ce qu'elles soient tendres. Égouttez et rincez. Ne les faites pas bouillir plus de 2 à 3 minutes, sinon elles deviendront trop molles.

La tranche d'épaule de porc est un bon substitut des côtelettes. Le temps de cuisson sera alors de 6 à 8 heures à basse température ou de 3 à 4 heures à température élevée.

Les temps de cuisson peuvent varier selon la mijoteuse utilisée. Laissez toujours cuire les aliments le temps minimal requis avant de vérifier la cuisson.

Porc à l'ananas et aux noix de macadam

Mijoteuse de 3 à 4 litres (12 à 16 tasses) :: **6 portions**

30 ml	huile végétale (environ)	2 c. à soupe
1	rôti de soc de porc de 1 kg (2 lb), paré et coupé en cubes de 2,5 cm (1 po)	1
2	branches de céleri, hachées	2
1	oignon, haché finement	1
30 ml	vinaigre de vin blanc	2 c. à soupe
15 g	moutarde de Dijon	1 c. à soupe
15 ml	sauce hoisin	1 c. à soupe
5 g	sel	1 c. à thé
1 g	poivre du moulin	½ c. à thé
160 g	morceaux d'ananas en conserve, égouttés (réserver le jus)	1 tasse
20 g	fécule de maïs	2 c. à soupe
30 ml	eau froide	2 c. à soupe
1	mangue mûre, en morceaux	1
120 g	noix de macadam ou amandes mondées	1 tasse
50 g	noix de coco râpée non sucrée	½ tasse

1. Dans une grande poêle antiadhésive, à feu moyen-vif, chauffer 15 ml (1 c. à soupe) d'huile végétale et cuire la viande environ 4 minutes ou jusqu'à ce qu'elle soit dorée. (Procéder par étapes si la poêle n'est pas assez grande et ajouter de l'huile végétale au besoin.) À l'aide d'une cuillère à égoutter, mettre la viande dans la cocotte de la mijoteuse. Ajouter le céleri et l'oignon.

2. Dans un bol, mélanger le vinaigre, la moutarde, la sauce hoisin, le sel, le poivre et le jus d'ananas réservé. Verser dans la cocotte.

3. Couvrir et cuire à basse température de 6 à 8 heures ou à température élevée de 3 à 4 heures, jusqu'à ce que la viande soit tendre sous la fourchette et que la préparation soit bouillonnante. À l'aide d'une cuillère à égoutter, mettre la viande dans un bol.

4. Dans un petit bol, à l'aide d'un fouet, mélanger la fécule de maïs avec l'eau. Verser dans les jus de cuisson accumulés dans la cocotte. Couvrir et cuire à température élevée de 10 à 15 minutes ou jusqu'à épaississement de la sauce.

5. Remettre la viande dans la cocotte. Ajouter les ananas, la mangue, les noix de macadam et la noix de coco. Réchauffer en remuant avant de servir.

Sandwichs au porc barbecue et salade de chou aux poivrons

Mijoteuse de 4 litres (16 tasses) ou plus :: 4 à 6 portions

Porc barbecue

4	grosses gousses d'ail, émincées	4
2 g	cumin moulu	1 c. à thé
1 g	paprika	½ c. à thé
2 g	coriandre moulue	½ c. à thé
2 g	sel	½ c. à thé
0,5 g	poivre du moulin	¼ de c. à thé
0,5 g	piment de Cayenne	¼ de c. à thé
115 g	mélasse noire	⅓ de tasse
80 ml	vinaigre de cidre	⅓ de tasse
60 g	pâte de tomate	¼ de tasse
1	rôti de soc de porc de 1 kg (2 lb), paré	1
2	feuilles de laurier	2
4 à 6	petits pains empereurs (*kaiser*) croûtés, ouverts	4 à 6

Salade de chou aux poivrons

1 kg	salade de chou ou de brocoli	7 tasses
80 g	poivron rouge, tranché finement	½ tasse
80 g	poivron vert, tranché finement	½ tasse
½	concombre, pelé, coupé en deux sur la longueur, épépiné et tranché finement	½
3	oignons verts, coupés en biais en tranches fines	3
80 g	mayonnaise	⅓ de tasse
15 ml	vinaigre de cidre	1 c. à soupe
1 g	sel	¼ de c. à thé
0,5 g	poivre du moulin	¼ de c. à thé

1. Porc barbecue : dans un bol, à l'aide d'un fouet, mélanger l'ail, le cumin, le paprika, la coriandre, le sel, le poivre, le cayenne, la mélasse, le vinaigre et la pâte de tomate.

2. Mettre la viande dans la cocotte de la mijoteuse avec le laurier. Enrober uniformément la viande avec la préparation de mélasse.

3. Couvrir et cuire à basse température de 8 à 10 heures ou à température élevée de 4 à 5 heures, jusqu'à ce que la viande soit tendre sous la fourchette. Laisser refroidir le rôti pendant quelques minutes sur une planche à découper.

4. Retirer la ficelle et effilocher la viande à l'aide de deux fourchettes.

5. Écumer les jus de cuisson accumulés dans la mijoteuse. Jeter le laurier et remettre la viande dans les jus de cuisson.

6. *Salade de chou aux poivrons :* dans un grand bol, mélanger tous les légumes. Ajouter le reste des ingrédients et remuer.

7. Couvrir la partie inférieure des pains de porc effiloché. Garnir de salade et refermer les sandwichs. Servir aussitôt.

Préparation à l'avance

On peut préparer la salade jusqu'à 2 jours à l'avance. Couvrir et réfrigérer jusqu'au moment de servir.

On peut assembler ce plat jusqu'à 2 jours à l'avance. Préparer les étapes 1 et 2, couvrir et réfrigérer. Lorsqu'on est prêt à procéder à la cuisson, placer la cocotte dans la mijoteuse et poursuivre la recette avec l'étape 3.

Le meilleur paprika vient de la Hongrie. Choisissez celui qui vous plaît le plus : doux, moyen ou fort.

La mélasse est un résidu non cristallisable du jus de la canne à sucre. La mélasse de fantaisie, plus légère, a un goût sucré, tandis que la mélasse noire, aussi appelée mélasse verte ou mélasse de cuisine, est plus épaisse et offre un goût plus robuste et moins sucré. La blackstrap est aigre-douce et très épaisse. La mélasse de fantaisie et la mélasse noire sont interchangeables dans la plupart des recettes. Achetez de la mélasse non sulfurée, car son goût est plus pur.

Porc aux piments et à la salsa

Mijoteuse de 4 litres (16 tasses) ou plus :: 4 à 6 portions

I	rôti de soc de porc de I kg (2 lb), paré et coupé en cubes de 2,5 cm (I po)	I
80 g	piments verts doux hachés en conserve, égouttés	½ tasse
1,2 litre	salsa croquante épaisse	4 ½ tasses
400 g	haricots noirs, cuits ou en conserve (voir page 84), rincés et égouttés	2 tasses
	Riz mexicain chaud (recette ci-après) ou tortillas de blé chaudes	
120 g	cheddar ou monterey jack, râpé	I tasse
	Guacamole, crème sure ou aigre (facultatif)	

1. Dans la cocotte de la mijoteuse, mélanger la viande, les piments et la salsa.

2. Couvrir et cuire à basse température de 6 à 8 heures ou jusqu'à ce que la viande soit tendre sous la fourchette.

3. Ajouter les haricots noirs. Couvrir et cuire à basse température de 5 à 10 minutes ou jusqu'à ce qu'ils soient bien chauds.

4. Servir la viande sur un lit de riz mexicain (recette ci-après) ou dans des tortillas. Garnir de fromage et de guacamole au goût.

Préparation à l'avance

On peut assembler ce plat jusqu'à 12 heures à l'avance. Préparer l'étape I, couvrir et réfrigérer toute la nuit. Le lendemain, placer la cocotte dans la mijoteuse et poursuivre la recette avec l'étape 2.

Trucs

Pour gagner du temps, demandez à votre boucher de couper le rôti en cubes pour vous. Sinon, parez un morceau d'épaule de porc et coupez-le en cubes. Vous aurez besoin d'au moins 1 kg (2 lb) de viande désossée.

Si vous trouvez du porc en cubes chez votre boucher ou au supermarché, cela conviendra parfaitement pour cette recette.

Porc aux piments et à la salsa

Riz mexicain

Préchauffer le four à 180 °C/350 °F/gaz 4 :: 8 portions

I	oignon blanc, haché finement	I
560 g	tomates en dés en conserve, avec leur jus	2 ¼ tasses
400 g	riz blanc à grain long	2 tasses
80 ml	huile végétale	⅓ de tasse
4	gousses d'ail, émincées	4
3	piments jalapenos, épépinés et émincés	3
500 ml	bouillon de poulet	2 tasses
7 g	sel	I ½ c. à thé
30 g	coriandre fraîche, hachée finement	½ tasse
I	lime (citron vert), en quartiers	I

1. Dans un bol, mélanger l'oignon, les tomates et leur jus. Réserver.

2. Dans une passoire à mailles fines, rincer le riz jusqu'à ce que l'eau devienne claire. Bien égoutter.

3. Dans une poêle allant au four, à feu moyen-vif, chauffer l'huile végétale environ 2 minutes. (Jeter quelques grains de riz dans l'huile chaude ; s'ils grésillent, cela indique que l'huile est assez chaude.) Faire sauter le riz de 6 à 8 minutes ou jusqu'à ce qu'il soit légèrement doré et translucide.

4. À feu moyen, mettre l'ail et les deux tiers des piments dans la poêle. Faire sauter environ I ½ minute. Ajouter la préparation d'oignon, le bouillon et le sel. Porter à ébullition à feu vif.

5. Couvrir et cuire dans le four préchauffé pendant 30 à 35 minutes, en remuant à mi-cuisson, jusqu'à ce que le riz soit tendre et que le liquide soit complètement absorbé. Ajouter la coriandre et le reste des piments. Accompagner de quartiers de lime.

Truc

Les piments jalapenos renferment des huiles volatiles qui peuvent vous brûler la peau ou les yeux si vous les manipulez sans protection. Portez des gants en plastique ou en caoutchouc pour les émincer et évitez de toucher votre visage. Si vous touchez les piments avec vos mains nues, lavez-les minutieusement à l'eau chaude savonneuse.

Porc haché et chou à l'aigre-doux

Mijoteuse de 5 litres (20 tasses) ou plus, ovale de préférence :: 4 portions

l	chou vert de 1 kg (2 lb), coupé en quatre sur la longueur (retirer le trognon)	l
60 ml	bouillon de poulet à teneur réduite en sel	¼ de tasse
3	gousses d'ail, tranchées finement	3
5 g	sel	1 c. à thé
15 ml	huile d'olive	1 c. à soupe
l	gros oignon, tranché finement	l
500 g	porc haché ou dinde hachée maigre (ou moitié-moitié)	1 lb
1 g	poivre du moulin	½ c. à thé
810 g	tomates en dés en conserve, avec leur jus	3 ¼ tasses
40 g	cerises ou canneberges (airelles) séchées	⅓ de tasse
15 g	cassonade ou sucre roux bien tassé	1 c. à soupe
45 ml	vinaigre de vin rouge	3 c. à soupe
8 g	persil plat frais, haché	2 c. à soupe

Truc

Le chou de Savoie est tout indiqué pour cette recette. Il est d'ailleurs recommandé pour la cuisson. Ses feuilles vert pâle ou vert foncé bien nervurées sont tendres et ont un goût plus doux et plus sucré que le chou vert. Essayez aussi cette recette avec du chou rouge.

1. Placer le chou dans la cocotte de la mijoteuse. Ajouter le bouillon, 1 gousse d'ail tranchée et 1 g (¼ de c. à thé) de sel.

2. Entre-temps, dans une grande poêle antiadhésive, à feu moyen-vif, chauffer l'huile d'olive et faire sauter l'oignon environ 3 minutes. Ajouter le reste de l'ail et faire sauter pendant 1 minute. Ajouter la viande, le reste du sel et le poivre. Cuire en défaisant la viande à l'aide d'une cuillère en bois pendant 3 minutes ou jusqu'à ce qu'elle ait perdu sa couleur rosée. Ajouter les tomates et leur jus, les fruits séchés, la cassonade et le vinaigre. Transvider dans la cocotte.

3. Couvrir et cuire à basse température de 8 à 10 heures ou à température élevée de 4 à 5 heures, jusqu'à ce que la préparation soit bouillonnante. Servir dans un grand plat et garnir de persil.

Préparation à l'avance

On peut assembler ce plat jusqu'à 12 heures à l'avance. Préparer les étapes 1 et 2, puis laisser le porc refroidir avant de le mettre dans la cocotte de la mijoteuse. Couvrir et réfrigérer toute la nuit. Le lendemain, placer la cocotte dans la mijoteuse et poursuivre la recette avec l'étape 3.

Cari de porc et nouilles aux pommes

Mijoteuse de 3,5 à 5 litres (14 à 20 tasses) :: 6 portions

30 ml	huile végétale (environ)	2 c. à soupe
1	rôti de soc de porc de 1 kg (2 lb), paré et coupé en cubes de 2,5 cm (1 po)	1
1	gros oignon, tranché	1
2	gousses d'ail, émincées	2
15 g	gingembre, râpé	1 c. à soupe
1	bâton de cannelle de 8 cm (3 po)	1
5 g	coriandre moulue	1 c. à thé
2 g	cumin moulu	1 c. à thé
5 g	curcuma moulu	1 c. à thé
1 g	flocons de piment	½ c. à thé
2 g	graines de fenouil	½ c. à thé
2 g	sel	½ c. à thé
0,5 g	poivre du moulin	¼ de c. à thé
125 ml	bouillon de poulet	½ tasse
10 g	farine tout usage (type 55)	1 c. à soupe
250 g	yogourt nature au lait entier	1 tasse
22 g	miel	1 c. à soupe
2	pommes rouges, en cubes	2
350 g	nouilles lo mein	12 oz
20 g	coriandre ou persil frais, haché	⅓ de tasse
40 g	raisins secs	¼ de tasse
40 g	arachides rôties, hachées	¼ de tasse

1. Dans une grande poêle antiadhésive, à feu moyen-vif, chauffer 15 ml (1 c. à soupe) d'huile végétale. Cuire la viande environ 4 minutes ou jusqu'à ce qu'elle soit dorée sur toutes les faces. (Procéder par étapes si la poêle n'est pas assez grande et ajouter de l'huile végétale au besoin.) À l'aide d'une cuillère à égoutter, mettre la viande dans la cocotte de la mijoteuse.

2. Dans la même poêle, à feu moyen, faire sauter l'oignon jusqu'à ce qu'il soit tendre et translucide. Ajouter l'ail, le gingembre, le bâton de cannelle, la coriandre moulue, le cumin, le curcuma, les flocons de piment, les graines de fenouil, le sel et le poivre. Faire sauter environ 3 minutes, puis verser le bouillon. Transvider dans la cocotte.

Trucs

Gardez toujours votre racine de gingembre au congélateur dans un contenant en plastique. (Le gingembre ramollit rapidement au réfrigérateur.) Elle se conservera plus longtemps, et vous pourrez la râper plus facilement. Utilisez une râpe Microplane pour obtenir de meilleurs résultats.

Il est préférable d'utiliser des nouilles lo mein pour cette recette, car on peut les cuire dans l'eau bouillante, ce qui convient mieux au cari que des nouilles frites. Si vous n'avez pas de nouilles chinoises, prenez des pâtes italiennes longues (fettucinis, linguines, etc.).

3. Couvrir et cuire à basse température de 8 à 10 heures ou à température élevée de 4 à 5 heures, jusqu'à ce que la viande soit tendre sous la fourchette.

4. Dans un bol, mélanger la farine, le yogourt et le miel. Verser dans la cocotte et ajouter les pommes. Couvrir et cuire à température élevée pendant 20 minutes ou jusqu'à ce que la préparation soit plus épaisse et que les pommes ramollissent un peu. Jeter le bâton de cannelle.

5. Entre-temps, dans une grande casserole d'eau bouillante salée, cuire les nouilles de 3 à 4 minutes ou jusqu'à ce qu'elles soient tendres. Égoutter et mélanger avec le cari de porc. Servir dans une grande assiette et garnir de coriandre fraîche, de raisins secs et d'arachides.

En chinois, le mot mein signifie « nouilles ». Les plus populaires sont les lo mein et les chow mein. Les lo mein sont ajoutées aux plats sautés en fin de cuisson. Elles restent tendres et absorbent bien la sauce. Les chow mein sont frites afin d'offrir une texture croquante et croustillante.

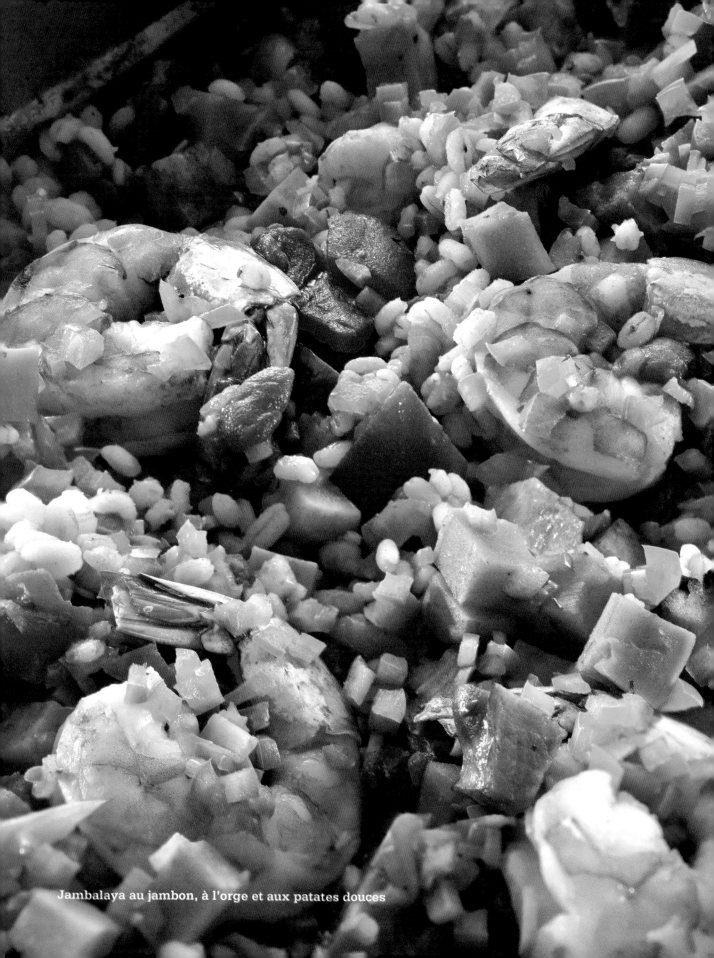

Jambalaya au jambon, à l'orge et aux patates douces

Jambalaya au jambon,
à l'orge et aux patates douces

Mijoteuse de 3,5 à 5 litres (14 à 20 tasses) ou plus :: 6 portions

15 ml	huile végétale	1 c. à soupe
320 g	jambon Forêt-Noire, en cubes	2 tasses
2	gousses d'ail, émincées	2
2	branches de céleri, hachées	2
1	oignon, haché	1
5 g	assaisonnement à la cajun	2 c. à thé
5 g	origan séché	1 c. à thé
5 g	sel	1 c. à thé
1 g	poivre du moulin	½ c. à thé
810 g	tomates en dés en conserve, avec leur jus	3 ¼ tasses
750 ml	bouillon de poulet	3 tasses
200 g	orge perlé, rincé	1 tasse
2	grosses patates douces, pelées et coupées en cubes de 1 cm (½ po)	2
2	feuilles de laurier	2
1	poivron vert, haché finement	1
250 g	grosses crevettes, décortiquées (facultatif)	8 oz
8 g	persil frais, haché	2 c. à soupe
	Sauce piquante aux piments	

1. Dans une grande poêle, à feu moyen, chauffer l'huile végétale et faire sauter le jambon, l'ail, le céleri et l'oignon avec l'assaisonnement à la cajun, l'origan, le sel et le poivre environ 5 minutes ou jusqu'à ce que le jambon soit doré sur toutes les faces et que les oignons soient tendres et translucides. Ajouter les tomates et leur jus, le bouillon et l'orge. Porter à ébullition. Transvider dans la cocotte de la mijoteuse, puis ajouter les patates et le laurier.

2. Couvrir et cuire à basse température de 6 à 8 heures ou à température élevée de 3 à 4 heures, jusqu'à ce que le liquide soit presque complètement absorbé.

3. Incorporer le poivron et les crevettes. Couvrir et cuire à température élevée pendant 20 minutes ou jusqu'à ce que le poivron soit tendre et que les crevettes soient chaudes. Jeter le laurier et ajouter le persil. Assaisonner au goût de sauce piquante aux piments.

Préparation à l'avance

On peut assembler ce plat jusqu'à 2 jours à l'avance. Préparer l'étape 1 sans mettre l'orge, couvrir et réfrigérer. Lorsqu'on est prêt à procéder à la cuisson, placer la cocotte dans la mijoteuse, ajouter l'orge et poursuivre la recette avec l'étape 2.

Trucs

Si vous avez du mal à trouver de l'assaisonnement à la cajun au supermarché, préparez-le vous-même en mélangeant 3 g (1 ½ c. à thé) de cumin moulu, 5 g (1 c. à thé) de thym moulu, 2 g (1 c. à thé) de paprika, 0,5 g (¼ de c. à thé) de piment de Cayenne et une pincée de piment de la Jamaïque moulu.

Rincez l'orge perlé dans une passoire à mailles fines en le remuant jusqu'à ce que l'eau devienne claire. Égouttez-le avec soin avant de le mettre dans la poêle.

L'orge perlé peut remplacer le riz dans plusieurs recettes. Il a été décortiqué, cuit à la vapeur et poli, ce qui signifie que le son a été retiré. En cuisant, il acquiert une texture crémeuse agréable à mastiquer.

Courgettes farcies au riz et au jambon

Mijoteuse de 5 litres (20 tasses) ou plus, ovale de préférence :: 4 portions

2	courgettes de 18 cm (7 po)	2
	Sel	
2	tranches épaisses de jambon Forêt-Noire, hachées finement	2
1	petit oignon, haché finement	1
410 g	tomates en dés en conserve, avec leur jus	1 ⅔ tasse
200 g	riz blanc à grain long, cuit	1 tasse
1 g	paprika	½ c. à thé
2 g	origan séché	½ c. à thé
80 g	féta, émiettée	½ tasse

Variante

On peut remplacer le jambon par de la dinde ou du poulet fumé.

Truc

Il est préférable de faire cette recette dans une mijoteuse ovale, car celle-ci pourra contenir les courgettes sans qu'on ait besoin de les détailler en morceaux. Si vous devez absolument les couper, couvrez-les de riz à défaut de pouvoir les farcir.

1. Retirer les bouts des courgettes avant de les couper en deux sur la longueur. Gratter et jeter la pulpe renfermant les graines. Saler les courgettes au goût et réserver.

2. Entre-temps, dans un grand bol, mélanger le reste des ingrédients, sauf la féta. Farcir les courgettes et les ranger dans la cocotte de la mijoteuse.

3. Couvrir et cuire à basse température de 4 à 5 heures ou jusqu'à ce que les courgettes soient tendres. Garnir de féta. Couvrir et cuire de 5 à 10 minutes ou jusqu'à ce que le fromage soit fondu.

Préparation à l'avance

On peut assembler ce plat jusqu'à 12 heures à l'avance. Préparer les étapes 1 et 2, couvrir et réfrigérer toute la nuit. Le lendemain, placer la cocotte dans la mijoteuse et poursuivre la recette avec l'étape 3.

Porc et fèves au lard de luxe

Mijoteuse de 4 à 6 litres (16 à 24 tasses) :: **4 à 6 portions**

500 g	saucisses douces (allemandes ou autres)	1 lb
6	tranches épaisses de bacon, hachées	6
810 g	fèves au lard à la sauce tomate en conserve	3 ¼ tasses
2	gousses d'ail, émincées	2
2	carottes, en morceaux de 1 cm (½ po)	2
1	oignon, haché finement	1
1	branche de céleri, hachée	1
250 ml	ketchup	1 tasse
250 ml	jus ou cidre de pomme non sucré	1 tasse
30 ml	vinaigre de cidre	2 c. à soupe
30 g	moutarde au miel ou allemande	2 c. à soupe
30 ml	sirop d'érable	2 c. à soupe

1. Dans une grande poêle, à feu moyen-vif, faire revenir les saucisses pendant 10 minutes ou jusqu'à ce qu'elles soient dorées sur toutes les faces. Retirer du feu et couper en tranches de 2,5 cm (1 po). Transvider dans la cocotte de la mijoteuse.

2. Ajouter le reste des ingrédients.

3. Couvrir et cuire à basse température de 6 à 8 heures ou à température élevée de 3 à 4 heures, jusqu'à ce que la préparation soit bouillonnante.

Préparation à l'avance

On peut assembler ce plat jusqu'à 12 heures à l'avance. Préparer les étapes 1 et 2, puis laisser les saucisses refroidir avant de les mettre dans la cocotte. Couvrir et réfrigérer toute la nuit. Le lendemain, placer la cocotte dans la mijoteuse et poursuivre la recette avec l'étape 3.

Truc

Les restes seront exquis si vous les servez sur des petits pains empereurs (*kaiser*) ou des spätzles, ces petites nouilles très populaires dans le sud de l'Allemagne, en Alsace et en Suisse.

Casserole de rigatonis à la saucisse

Mijoteuse de 4 à 6 litres (16 à 24 tasses) :: **8 portions**

Graisser la cocotte

300 g	rigatonis	3 tasses
500 g	saucisses italiennes douces ou piquantes, sans leur enveloppe	1 lb
3	gousses d'ail, émincées	3
810 g	tomates broyées en conserve	3 ¼ tasses
250 ml	crème de champignons condensée en conserve non diluée	1 tasse
15 g	basilic séché	1 c. à soupe
240 g	poivrons rouges rôtis en pot, égouttés et hachés (voir Trucs, page 261)	1 ½ tasse
2	courgettes, hachées grossièrement	2
300 g	mozzarella, râpée	2 ½ tasses
50 g	parmesan, râpé	½ tasse
60 g	chapelure fraîche	½ tasse
30 g	beurre, fondu	2 c. à soupe

Trucs

Ajoutez une bonne quantité de sel à l'eau de cuisson des pâtes afin qu'elles l'absorbent et gonflent bien. Il est faux de croire que l'ajout de sel accélère leur cuisson puisque la quantité utilisée n'est pas suffisante pour augmenter la température de l'eau.

La cuisson à la mijoteuse convient bien aux pâtes en casserole, puisque la sauce a le temps de bien les imprégner. Si vous les laissez cuire pendant plus de 6 heures, il est important que la mijoteuse passe en mode « garder au chaud/ *warm* » au bon moment afin que les pâtes ne deviennent pas trop molles.

1. Dans une grande casserole d'eau bouillante salée, cuire les pâtes de 7 à 8 minutes ou jusqu'à ce qu'elles soient al dente. Égoutter.

2. Entre-temps, dans une grande poêle, à feu moyen-vif, cuire les saucisses de 6 à 8 minutes ou jusqu'à ce qu'elles soient dorées, en les défaisant à l'aide d'une cuillère en bois. Retirer du feu.

3. Dans un bol, mélanger l'ail, les tomates, la crème de champignons et le basilic.

4. Mettre la moitié des pâtes dans la cocotte graissée de la mijoteuse. Ajouter la moitié des saucisses et des poivrons ainsi que les courgettes. Couvrir avec la moitié de la préparation de tomates. Saupoudrer la moitié de la mozzarella. Répéter les couches avec le reste des ingrédients.

5. Dans un bol, mélanger le parmesan et la chapelure. Étaler sur la préparation et arroser de beurre fondu. Couvrir et cuire à basse température de 4 à 6 heures ou à température élevée de 2 à 3 heures, jusqu'à ce que la préparation soit bouillonnante.

Lasagne à la saucisse et au pesto

**Mijoteuse de 5 litres (20 tasses) ou plus,
ovale ou rectangulaire de préférence :: 8 portions**

500 g	saucisses italiennes douces ou piquantes, sans leur enveloppe	1 lb
2	carottes, hachées finement	2
2	gousses d'ail, émincées	2
1	oignon, haché finement	1
10 g	basilic séché	2 c. à thé
2 g	sel	½ c. à thé
0,5 g	poivre du moulin	¼ de c. à thé
810 ml	sauce tomate	3 ¼ tasses
240 g	mozzarella, râpée	2 tasses
250 g	ricotta	1 tasse
100 g	parmesan, râpé finement	1 tasse
60 g	pesto de basilic	¼ de tasse
4 à 6	feuilles de lasagnes fraîches (ou 15 pâtes à lasagnes prêtes pour le four)	4 à 6

1. Dans un grand faitout ou une grande casserole, à feu moyen-vif, cuire les saucisses de 6 à 8 minutes ou jusqu'à ce qu'elles soient dorées en les défaisant à l'aide d'une cuillère en bois. Ajouter les carottes, l'ail, l'oignon, le basilic, le sel et le poivre. Faire sauter de 3 à 5 minutes ou jusqu'à ce que l'oignon soit tendre et translucide. Ajouter la sauce, remuer et réserver.

2. Dans un bol, mélanger 120 g (1 tasse) de mozzarella, la ricotta, le parmesan et le pesto.

3. Mettre le quart des saucisses dans la cocotte de la mijoteuse. Couvrir avec une feuille de lasagne fraîche (ou 5 pâtes à lasagnes prêtes pour le four en morceaux). Briser une autre feuille de lasagne en morceaux au besoin afin de couvrir entièrement les saucisses. Ajouter le tiers de la préparation de fromages et le quart des saucisses. Répéter les couches deux autres fois en terminant avec les saucisses.

4. Couvrir et cuire à basse température de 4 à 6 heures ou jusqu'à ce que les pâtes soient tendres et chaudes.

5. Saupoudrer le reste de la mozzarella dans la cocotte. Éteindre la mijoteuse, couvrir et laisser reposer environ 10 minutes ou jusqu'à ce que le fromage soit fondu.

Trucs

Les pâtes à lasagnes fraîches se découpent facilement à l'aide de ciseaux, ce qui permet de mieux épouser la forme d'une mijoteuse ronde ou ovale.

Si votre mijoteuse est ronde, brisez les coins des pâtes à lasagnes. Il n'est pas nécessaire de les faire cuire à l'avance.

Les temps de cuisson peuvent varier selon la mijoteuse utilisée. La lasagne ayant souvent tendance à cuire trop rapidement, vérifiez la cuisson dès que le nombre d'heures minimal est atteint.

Lasagne à la saucisse et au pesto

Spaghettis aux côtes levées

Mijoteuse de 4 litres (16 tasses) ou plus :: 6 à 8 portions

750 g	côtes levées de porc	1 ½ lb
500 g	saucisses italiennes douces	1 lb
4	gousses d'ail, émincées	4
75 g	parmesan, râpé	¾ de tasse
60 g	chapelure à l'italienne	½ tasse
30 g	basilic séché	2 c. à soupe
15 g	sucre	1 c. à soupe
1 g	poivre du moulin	½ c. à thé
1,5 litre	jus de tomate	6 tasses
160 g	pâte de tomate	⅔ de tasse
750 g	spaghettis	1 ½ lb
	Persil plat frais, haché	
	Parmesan, râpé (facultatif)	

1. Couper les côtes levées en portions de 2 ou 3 côtes chacune. Couper les saucisses en morceaux de 8 cm (3 po) de longueur. Réserver.

2. Dans la cocotte de la mijoteuse, mélanger l'ail, le fromage, la chapelure, le basilic, le sucre et le poivre. À l'aide d'un fouet, incorporer le jus de tomate et la pâte de tomate. Ajouter les côtes levées et les saucisses, puis les arroser de sauce.

3. Couvrir et cuire à basse température de 8 à 10 heures ou à température élevée de 4 à 6 heures, jusqu'à ce que la viande se détache des os.

4. Entre-temps, dans une grande casserole d'eau bouillante salée, cuire les pâtes de 8 à 10 minutes ou jusqu'à ce qu'elles soient al dente. Égoutter.

5. À l'aide d'une cuillère à égoutter, disposer les côtes levées et les saucisses sur le pourtour d'une grande assiette. Écumer la sauce. Mélanger les pâtes avec 500 ml (2 tasses) de sauce, puis dresser au centre de l'assiette. Garnir de persil et saupoudrer de parmesan au goût. Servir le reste de la sauce dans des bols.

Préparation à l'avance

On peut assembler ce plat jusqu'à 12 heures à l'avance. Couper les côtes levées et les saucisses comme indiqué à l'étape 1 et réfrigérer séparément. Faire la préparation de fromage et réfrigérer dans un autre contenant. Le lendemain, assembler les ingrédients dans la cocotte de la mijoteuse et poursuivre la recette avec l'étape 3.

Truc

Pour empêcher les pâtes de ramollir, évitez de les laisser dans l'eau plus longtemps que nécessaire. Mettez-les dans la casserole dès que l'eau arrive à pleine ébullition, puis maintenez une ébullition stable pendant le reste de la cuisson.

Côtes de porc aux tomatilles et aux piments

Mijoteuse de 3 à 5 litres (12 à 20 tasses) :: **4 à 6 portions**

Préchauffer le gril et positionner la grille à 15 cm/6 po de la source de chaleur

500 g	tomatilles fraîches pelées ou tomatilles en conserve égouttées	3 tasses
2 kg	longe partie des côtes (*country-style ribs*), coupée en côtes individuelles de préférence	4 lb
30 ml	huile d'olive	2 c. à soupe
	Sel et poivre du moulin	
3	gousses d'ail, émincées	3
2	piments jalapenos, épépinés et hachés finement	2
I	oignon, haché finement	I
160 g	piments verts doux en conserve, en dés	I tasse
15 g	origan séché	I c. à soupe
125 ml	eau	½ tasse
20 g	coriandre fraîche, hachée (environ)	⅓ de tasse
	Cheddar, râpé	
	Quartiers de lime (citron vert)	

Trucs

Les tomatilles non pelées se conservent jusqu'à 1 mois dans un sac en papier gardé au réfrigérateur. Si elles deviennent humides, l'intérieur de leur enveloppe deviendra légèrement visqueux. Avant de les utiliser, pelez-les et lavez-les.

On peut congeler les tomatilles entières ou coupées en tranches.

I. Au mélangeur, réduire les tomatilles en purée lisse et réserver.

2. Frotter la viande avec l'huile d'olive avant de la placer dans une lèchefrite ou une plaque à pâtisserie à bord élevé tapissée de papier d'aluminium. Assaisonner au goût. Cuire sous le gril de 10 à 15 minutes, en retournant à mi-cuisson, ou jusqu'à ce que la viande soit dorée. Égoutter et placer dans la cocotte de la mijoteuse.

3. Ajouter la purée de tomatilles, l'ail, les jalapenos, l'oignon, les piments verts, l'origan, 2 g (½ c. à thé) de sel, 0,5 g (¼ de c. à thé) de poivre et l'eau.

4. Couvrir et cuire à basse température pendant 5 heures ou à température élevée pendant 2 ½ heures, jusqu'à ce que les côtes soient tendres (les retourner deux fois en cours de cuisson).

5. Ajouter la coriandre. Servir avec du fromage et arroser de jus de lime.

Les tomatilles sont de petits fruits verts dont l'enveloppe brune ressemble à un mince papier brun froissé. On peut les remplacer par des tomates italiennes fermes assaisonnées de jus de citron.

Côtes levées épicées à la sauce barbecue

Côtes levées épicées à la sauce barbecue

Mijoteuse de 5 litres (20 tasses) ou plus :: 4 portions

Graisser la cocotte

1,5 kg	côtes levées de dos de porc	3 lb
15 g	flocons d'oignons déshydratés	2 c. à soupe
2 g	moutarde sèche	1 c. à thé
2 g	flocons de piment	1 c. à thé
1 g	piment de la Jamaïque moulu	½ c. à thé
2 g	cannelle moulue	½ c. à thé
1 g	poudre d'ail	½ c. à thé
1	oignon, tranché	1
125 ml	eau	½ tasse
375 ml	sauce barbecue	1 ½ tasse

Trucs

Achetez des côtes levées déjà parées, sinon demandez à votre boucher de retirer la membrane qui les recouvre. Les côtes levées non parées sont moins chères, mais il faut faire soi-même cette opération. Saisissez la membrane argentée à l'aide d'un papier absorbant, placez vos doigts sous la membrane et tirez-la doucement pour la séparer de la viande.

Pour cette recette, vous pouvez utiliser de la longe (partie des côtes), *country-style ribs* en anglais, que vous couperez en portions individuelles. Cette coupe offre plus de viande que les côtes levées ordinaires.

1. Couper les côtes levées en portions de 3 à 4 côtes chacune. Retirer la peau argentée si nécessaire (voir Trucs).

2. Dans un petit bol, mélanger les flocons d'oignons, la moutarde, les flocons de piment, le piment de la Jamaïque, la cannelle et la poudre d'ail. Frotter les côtes levées avec ce mélange avant de les ranger dans la cocotte graissée de la mijoteuse. Insérer des tranches d'oignon entre les côtes levées, puis verser l'eau tout autour.

3. Couvrir et cuire à basse température de 8 à 9 heures ou jusqu'à ce que les côtes levées soient tendres. À l'aide d'une cuillère à égoutter, mettre la viande dans une assiette. Jeter les jus de cuisson.

4. Verser la sauce barbecue dans un bol peu profond. Tremper les côtes levées dans la sauce, puis les remettre dans la cocotte. Verser le reste de la sauce sur la viande. Couvrir et cuire à basse température pendant 1 heure ou jusqu'à ce que les côtes levées soient luisantes.

Préparation à l'avance

On peut assembler ce plat jusqu'à 12 heures à l'avance. Préparer les étapes 1 et 2, couvrir et réfrigérer toute la nuit. Le lendemain, placer la cocotte dans la mijoteuse et poursuivre la recette avec l'étape 3.

Côtes de porc braisées au fenouil et aux olives

Mijoteuse de 5 litres (20 tasses) ou plus :: 6 à 8 portions

40 g	farine tout usage (type 55)	¼ de tasse
10 g	graines de fenouil	2 c. à thé
5 g	gros sel	1 c. à thé
0,5 g	poivre du moulin	¼ de c. à thé
1,5 kg	longe partie des côtes (*country-style ribs*), coupée en côtes individuelles de préférence	3 lb
80 ml	huile d'olive (environ)	⅓ de tasse
1	gros bulbe de fenouil (retirer les tiges et les frondes), coupé sur la longueur en tranches de 1 cm (½ po)	1
1	oignon, tranché	1
6	gousses d'ail, émincées	6
5 g	romarin séché	1 c. à thé
250 ml	bouillon de poulet	1 tasse
250 g	tomates en dés	1 tasse
125 ml	jus d'orange frais	½ tasse
75 g	olives Kalamata, dénoyautées	½ tasse
8 g	persil plat frais, haché	2 c. à soupe
2 g	zeste d'orange, râpé	1 c. à thé

1. Dans une assiette, mélanger la farine, les graines de fenouil, le sel et le poivre. Fariner la viande et secouer pour enlever l'excédent. Réserver le reste de la farine.

2. Dans une grande poêle antiadhésive, à feu moyen-vif, chauffer 30 ml (2 c. à soupe) d'huile d'olive et cuire la viande environ 3 minutes de chaque côté ou jusqu'à ce qu'elle soit bien dorée. (Procéder par étapes si la poêle n'est pas assez grande et ajouter de l'huile d'olive au besoin.) Réserver dans une assiette.

3. Fariner les tranches de fenouil et réserver le reste de la farine. Dans la même poêle, verser le reste de l'huile d'olive et cuire le fenouil environ 2 minutes de chaque côté ou jusqu'à ce qu'il soit légèrement doré. Transvider dans la cocotte et placer la viande sur le fenouil.

4. Dans la même poêle, à feu moyen, faire revenir l'oignon environ 3 minutes ou jusqu'à ce qu'il soit tendre et translucide. Ajouter l'ail, le romarin et la farine réservée. Bien remuer, verser le bouillon et porter à ébullition. Ajouter les tomates et le jus d'orange. Cuire en remuant pendant 5 minutes ou jusqu'à léger épaississement. Verser sur la viande.

Côtes de porc braisées au fenouil et aux olives

5. Couvrir et cuire à basse température pendant 5 heures ou à température élevée pendant 2 ½ heures, jusqu'à ce que la viande soit tendre.

6. Garnir d'olives, de persil et de zeste d'orange. Couvrir et cuire de 6 à 8 minutes ou jusqu'à ce que les olives soient bien chaudes.

Pour préparer le bulbe de fenouil, coupez et jetez les tiges vides et coriaces et réservez les frondes (feuilles aplaties) que vous pourrez utiliser pour garnir différents plats. Coupez le bulbe en deux sur la longueur, puis faites des tranches verticales.

Trucs

Le persil plat, aussi appelé persil italien, est plus parfumé et moins amer que le persil frisé.

Au moment de prélever le zeste d'orange, évitez de prendre la peau blanche située sous la pelure. L'idéal est d'utiliser un zesteur ou une râpe Microplane, deux ustensiles peu coûteux faciles à se procurer.

Côtes de porc aux patates douces

Mijoteuse de 4 litres (16 tasses) ou plus :: 6 portions
Préchauffer le gril, la grille doit être à 15 cm/6 po de la source de chaleur

1,5 kg	longe partie des côtes (*country-style ribs*), coupée en côtes individuelles de préférence	3 lb
15 g	sel	1 c. à soupe
1 g	poivre du moulin	½ c. à thé
15 g	assaisonnement jerk jamaïcain	2 c. à soupe
60 ml	rhum foncé	¼ de tasse
30 ml	huile végétale	2 c. à soupe
30 g	beurre, ramolli	2 c. à soupe
1 kg	patates douces, pelées et coupées en tranches de 1 cm (½ po)	6 ¼ tasses
1	oignon, tranché	1
30 g	cassonade ou sucre roux bien tassé	2 c. à soupe
3	oignons verts, tranchés	3
1	tomate, hachée finement	1

Truc

Vous pouvez aussi utiliser des côtes levées ordinaires ou des côtes levées de flanc dans cette recette, mais la longe partie des côtes offre plus de viande. Pour réduire la teneur en gras de ce plat, coupez le morceau de viande en portions de 5 ou 6 côtes que vous mettrez dans une grande casserole d'eau. Portez à ébullition, baissez le feu et laissez mijoter de 30 à 45 minutes. Commencez ensuite la recette.

1. Placer la viande dans une lèchefrite ou une plaque à pâtisserie à bord élevé tapissée de papier d'aluminium. Saler et poivrer. Cuire sous le gril de 10 à 15 minutes, en retournant à mi-cuisson, jusqu'à ce que la viande soit dorée. Laisser égoutter dans une assiette tapissée de papier-parchemin.

2. Dans un bol, mélanger l'assaisonnement jerk, le rhum et l'huile végétale. Réserver.

3. Beurrer le fond de la cocotte de la mijoteuse. Ranger les patates et l'oignon, puis saupoudrer de cassonade. Ajouter la viande et couvrir uniformément de la préparation au rhum.

4. Couvrir et cuire à basse température de 6 à 8 heures ou à température élevée de 3 à 4 heures, jusqu'à ce que la viande soit tendre. À l'aide d'une cuillère à égoutter, disposer les patates et la viande dans une grande assiette chaude et couvrir de papier d'aluminium sans serrer.

5. Écumer les jus de cuisson et mélanger avec les oignons verts et la tomate. Verser sur la viande.

L'assaisonnement jerk jamaïcain est surtout utilisé pour relever le goût des viandes qui seront cuites sur le gril. Le mélange renferme habituellement des piments forts, du piment de la Jamaïque, de la cannelle, du clou de girofle, du thym, de l'ail et de l'oignon.

Tajine d'agneau

Tajine d'agneau

Mijoteuse de 4 litres (16 tasses) ou plus :: 4 à 6 portions

30 ml	huile végétale (environ)	2 c. à soupe
I kg	agneau désossé, en cubes de 2,5 cm (1 po)	2 lb
4	panais, en dés	4
2	patates douces, pelées et coupées en dés	2
I	oignon, haché finement	I
4	gousses d'ail, hachées finement	4
7 g	poudre de cari	I c. à soupe
I g	cumin moulu	½ c. à thé
0,5 g	piment de la Jamaïque moulu	¼ de c. à thé
250 ml	bouillon de bœuf	I tasse
410 g	tomates en dés en conserve, avec leur jus	I ⅔ tasse
I	bâton de cannelle de 8 cm (3 po)	I
I g	flocons de piment	½ c. à thé
30 g	beurre d'arachide croquant	2 c. à soupe
	Sel	
	Couscous, cuit et chaud	
	Coriandre ou persil frais, haché	

1. Dans une grande poêle antiadhésive, à feu moyen-vif, chauffer 15 ml (1 c. à soupe) d'huile végétale et cuire l'agneau pendant 4 minutes ou jusqu'à ce qu'il soit doré sur toutes les faces. (Procéder par étapes si la poêle n'est pas assez grande et ajouter de l'huile végétale au besoin.) À l'aide d'une cuillère à égoutter, mettre la viande dans la cocotte de la mijoteuse et laisser le gras dans la poêle.

2. Dans la même poêle, à feu moyen-doux, faire sauter les panais, les patates et l'oignon environ 4 minutes ou jusqu'à ce qu'ils commencent à devenir tendres. Ajouter l'ail, le cari, le cumin et le piment de la Jamaïque. Faire sauter environ I minute ou jusqu'à ce que les légumes soient bien enrobés d'épices. À l'aide d'une cuillère à égoutter, mettre la préparation dans la cocotte de la mijoteuse.

3. Verser le bouillon et porter à ébullition en déglaçant la poêle. Verser sur la viande et les légumes. Ajouter les tomates et leur jus, la cannelle et les flocons de piment.

4. Couvrir et cuire à basse température de 6 à 8 heures ou à température élevée de 3 à 4 heures, jusqu'à ce que la viande soit tendre et que la préparation soit bouillonnante.

5. Jeter le bâton de cannelle. Incorporer le beurre d'arachide, bien mélanger et saler au goût.

6. Servir le couscous dans une grande assiette. Couvrir avec la préparation d'agneau et de légumes et garnir de coriandre au goût.

On trouve maintenant du couscous (semoule de blé dur) précuit instantané dans la plupart des supermarchés. Sauf indication contraire du fabricant, pour 4 portions, porter 375 ml (1 ½ tasse) d'eau à ébullition. Ajouter 180 g (1 tasse) de couscous, couvrir et retirer du feu. Laisser reposer pendant 5 minutes, puis détacher les grains à l'aide d'une fourchette. Ajouter ensuite de la coriandre ou du persil frais haché. Le couscous parfumé aux fines herbes est un merveilleux complément pour la plupart des plats mijotés.

Trucs

Pour un maximum de saveur, prenez des graines de cumin et des baies de piment de la Jamaïque. Faites-les griller dans une poêle sèche à feu moyen-vif en remuant sans cesse environ 3 minutes ou jusqu'à ce qu'elles libèrent tous leurs arômes. Réduisez-les en fine poudre à l'aide d'un moulin à épices ou dans un mortier.

Ce tajine étant encore meilleur le lendemain de sa préparation, n'hésitez pas à le faire la veille. Gardez-le au réfrigérateur jusqu'au moment de le réchauffer.

Agneau effiloché au vinaigre à la menthe

Mijoteuse de 4 litres (16 tasses) ou plus :: 6 à 8 portions

Agneau effiloché

I	rôti d'épaule d'agneau de 1,5 à 2 kg / 3 à 4 lb, ficelé	I
2 g	sel	½ c. à thé
0,5 g	poivre du moulin	¼ de c. à thé
4 à 6	gousses d'ail, broyées	4 à 6
125 ml	jus de citron frais	½ tasse
60 ml	huile d'olive	¼ de tasse
5 g	origan séché	I c. à thé
2 g	muscade moulue	I c. à thé

Vinaigre à la menthe

60 ml	vinaigre balsamique blanc	¼ de tasse
4 g	feuilles de menthe fraîche, hachées	I c. à soupe
I5 g	sucre	I c. à soupe

Trucs

Si vous achetez un rôti d'épaule surgelé, laissez-le décongeler au réfrigérateur pendant 1 à 2 jours avant de faire la recette.

La menthe fraîche présente dans le vinaigre est un ingrédient clé de cette recette. Il n'est pas recommandé de prendre de la menthe séchée. On trouve des fines herbes hachées dans certains supermarchés… une bonne façon de gagner du temps.

1. *Agneau effiloché :* mettre la viande dans la cocotte de la mijoteuse. Saler et poivrer.

2. Dans un bol, mélanger l'ail, le jus de citron, l'huile d'olive, l'origan et la muscade. Verser sur l'agneau.

3. Couvrir et cuire à basse température de 10 à 12 heures ou à température élevée de 5 à 6 heures, jusqu'à ce que la viande soit tendre sous la fourchette. Placer l'agneau dans un bol et retirer la ficelle. À l'aide de deux fourchettes, effilocher la chair grossièrement et jeter l'excédent de gras. Disposer dans une grande assiette creuse.

4. *Vinaigre à la menthe :* dans une petite casserole, porter à ébullition le vinaigre, la menthe et le sucre. Baisser le feu et laisser mijoter en remuant pendant 1 minute ou jusqu'à dissolution du sucre. Verser sur la viande.

Jarrets d'agneau à l'orange et aux olives

Mijoteuse de 4 litres (16 tasses) ou plus :: 4 à 6 portions

40 g	farine tout usage (type 55)	¼ de tasse
5 g	sel	1 c. à thé
1 g	poivre du moulin	½ c. à thé
2 kg	jarrets d'agneau entiers ou en grosses tranches bien charnues	4 lb
30 ml	huile d'olive (environ)	2 c. à soupe
4	gousses d'ail, émincées	4
1	gros oignon rouge, haché finement	1
15 g	romarin séché	1 c. à soupe
250 ml	sauce tomate	1 tasse
125 ml	vin blanc sec	½ tasse
125 ml	bouillon de poulet	½ tasse
	Zeste râpé et jus de 1 orange navel	
75 g	olives Kalamata	½ tasse

1. Dans une assiette, mélanger la farine, le sel et le poivre. Fariner légèrement la viande et secouer pour enlever l'excédent. Réserver le reste de la farine.

2. Dans une grande poêle antiadhésive, à feu moyen-vif, chauffer 15 ml (1 c. à soupe) d'huile d'olive et cuire la viande de 10 à 15 minutes ou jusqu'à ce qu'elle soit dorée. (Procéder par étapes si la poêle n'est pas assez grande et ajouter de l'huile d'olive au besoin.) À l'aide d'une pince, mettre la viande dans la cocotte de la mijoteuse et laisser le gras dans la poêle.

3. Dans la même poêle, à feu moyen, faire sauter l'ail et l'oignon avec le romarin environ 2 minutes ou jusqu'à ce que l'ail soit tendre. Verser la sauce, le vin blanc, le bouillon et le jus d'orange. Cuire en remuant jusqu'à épaississement et verser sur la viande.

4. Couvrir et cuire à basse température de 10 à 12 heures ou à température élevée de 5 à 6 heures, jusqu'à ce que la viande se détache de l'os. Éteindre la mijoteuse et laisser reposer pendant 10 minutes. Servir dans une grande assiette chaude et garnir de zeste d'orange et d'olives.

Truc

Achetez des olives Kalamata en vrac plutôt qu'en conserve. Elles sont plus salées et bien meilleures.

Le jarret est la partie inférieure de la patte et il est presque toujours vendu avec l'os. Cette coupe de viande n'étant pas très tendre, elle convient parfaitement à la cuisson à la mijoteuse qui permet au collagène abondant de fondre tout en produisant une sauce des plus veloutées.

Jarrets d'agneau à l'orange et aux olives

Plats mijotés pour plusieurs convives

Raviolis au fromage et à la sauce tomate

Mijoteuse de 6 litres (24 tasses) ou plus :: 10 à 12 portions
Graisser la cocotte

Sauce tomate

15 ml	huile d'olive	1 c. à soupe
1	oignon, haché	1
2	gousses d'ail, émincées	2
1	carotte, râpée	1
5 g	assaisonnement à l'italienne	1 c. à thé
810 ml	sauce tomate en conserve	3 ¼ tasses
810 g	tomates en dés en conserve, avec leur jus	3 ¼ tasses

Raviolis au fromage

240 g	provolone, râpé	2 tasses
120 g	mozzarella, râpée	1 tasse
15 g	parmesan, râpé	2 c. à soupe
100 g	poivrons rouges rôtis en pot, égouttés	1 ⅔ tasse
1 kg	raviolis au fromage (pâtes fraîches)	2 lb

1. *Sauce tomate :* dans une grande poêle antiadhésive, à feu moyen-vif, chauffer l'huile d'olive et faire sauter l'oignon de 4 à 6 minutes ou jusqu'à ce qu'il soit tendre et translucide. Ajouter l'ail, la carotte et l'assaisonnement à l'italienne. Faire sauter de 1 à 2 minutes. Ajouter la sauce tomate et les tomates avec leur jus, puis porter à ébullition. Baisser le feu et laisser mijoter environ 10 minutes ou jusqu'à léger épaississement. Retirer du feu.

2. *Raviolis au fromage :* dans un grand bol, mélanger les trois fromages et réserver.

3. Étaler 250 ml (1 tasse) de sauce tomate dans la cocotte de la mijoteuse. Disposer le tiers des raviolis sur la sauce, puis couvrir uniformément avec le tiers des poivrons. Verser le tiers de la sauce restante et parsemer avec le tiers du mélange de fromages. Répéter les couches deux autres fois avec les raviolis, les poivrons, la sauce et le mélange de fromages.

4. Couvrir et cuire à basse température de 4 à 5 heures ou jusqu'à ce que la préparation soit bouillonnante. Retirer la cocotte de la mijoteuse et laisser reposer pendant 10 minutes avant de servir.

Variante

Pour faire une recette contenant moins de glucides, on peut utiliser des raviolis de blé entier farcis aux épinards et au fromage. Leur valeur nutritive est plus élevée, et ils renferment moins de calories.

Truc

La grosseur des raviolis n'a aucune importance. S'ils sont petits, les couches contiendront plus de pâtes que de fromage. S'ils sont gros, le plat sera plus riche en fromage.

Raviolis au fromage et à la sauce tomate

Tortillas au poulet fumé et aux piments

Mijoteuse de 5 à 6 litres (20 à 24 tasses) :: **14 à 16 portions**

2,5 kg	hauts de cuisses désossés	5 lb
2	oignons, hachés	2
2	piments chipotles en sauce adobo, émincés (avec 15 ml / 1 c. à soupe de sauce)	2
1	piment cubanelle, épépiné et haché finement	1
160 g	pâte de tomate	⅔ de tasse
180 ml	sauce chili	¾ de tasse
10 g	poudre de cacao non sucrée	2 c. à soupe
2 g	cumin moulu	1 c. à thé
3 g	sel	¾ de c. à thé
2 g	cannelle moulue	½ c. à thé
1	pincée de muscade moulue	1
1	pincée de coriandre moulue	1
14 à 16	tortillas de blé de 15 ou 18 cm (6 ou 7 po), chaudes (voir Trucs)	14 à 16

Garniture au choix

Cheddar ou mélange de fromages râpés tex-mex

Tomates en dés

Oignons en dés

Crème sure ou aigre

Guacamole

Laitue effilochée

Salsa

Quartiers de lime (citron vert)

1. Placer le poulet dans la cocotte de la mijoteuse. Ajouter les oignons, les piments chipotles et leur sauce, le piment cubanelle, la pâte de tomate, la sauce chili, le cacao, le cumin, le sel, la cannelle, la muscade et la coriandre.

Après avoir ouvert une boîte de piments chipotles, transvidez-les avec la sauce dans un contenant hermétique. Vous pourrez les conserver ainsi jusqu'à 10 jours au réfrigérateur. Pour les congeler, mettez-les dans un sac de congélation, faites sortir l'air et scellez le sac. Séparez les piments à travers le sac afin de pouvoir retirer uniquement la quantité nécessaire le moment venu. Vous éviterez ainsi de devoir faire décongeler tout le contenu du sac. Les piments se conservent jusqu'à 6 mois au congélateur.

Enveloppez les tortillas dans du papier d'aluminium et réchauffez-les dans le four préchauffé à 180 °C/350 °F/gaz 4, de 15 à 20 minutes.

Servez les restes avec des nachos ou encore sur des pommes de terre cuites au four ou des pâtes.

2. Couvrir et cuire à basse température de 6 à 7 heures ou jusqu'à ce qu'un jus clair s'écoule lorsqu'on pique le poulet.

3. À l'aide de deux fourchettes, effilocher le poulet dans la cocotte. Mélanger avec la sauce. On peut réserver le poulet jusqu'à 2 heures à basse température ou en mode « garder au chaud/*warm* ». Remuer de temps à autre.

4. Mettre 55 g (⅓ de tasse) de la préparation de poulet au centre de chacune des tortillas. Garnir au goût, arroser de jus de lime et rouler pour bien emprisonner la garniture.

Poulet et haricots à la salsa

Poulet et haricots à la salsa

Mijoteuse de 6 litres (24 tasses) ou plus :: 8 à 10 portions

400 g	haricots pinto secs, rincés	2 tasses
500 ml	eau	2 tasses
750 ml	salsa douce ou moyenne	3 tasses
2 ou 3	piments chipotles en sauce adobo, émincés (avec 15 ml/1 c. à soupe de sauce)	2 ou 3
40 g	farine tout usage (type 55)	¼ de tasse
1,5 kg	hauts de cuisses de poulet désossés	3 lb
	Sel et poivre du moulin	
1	oignon rouge, haché	1
1	poivron rouge, haché	1
	Crème sure ou aigre	
	Coriandre fraîche, hachée	

Trucs

Si vous aimez le goût piquant, achetez une salsa bien épicée.

Servez ce plat avec des nachos ou du pain de maïs et savourez la sauce jusqu'à la dernière goutte.

1. Dans la cocotte de la mijoteuse, mélanger les haricots pinto, l'eau, la salsa, les piments et leur sauce ainsi que la farine. Assaisonner le poulet au goût et disposer dans la cocotte. Ajouter l'oignon et le poivron.

2. Couvrir et cuire à basse température pendant 8 heures ou jusqu'à ce qu'un jus clair s'écoule lorsqu'on pique le poulet. Ne pas soulever le couvercle ni remuer la préparation.

3. À l'aide d'une cuillère à égoutter, mettre le poulet dans une assiette. À l'aide de deux fourchettes, défaire la chair en gros morceaux. Remettre dans la mijoteuse et bien remuer. Servir dans des bols et garnir de crème sure et de coriandre au goût.

Oui, il faut bien mettre tous les ingrédients en même temps dans la mijoteuse. L'eau et les jus de cuisson du poulet faciliteront la cuisson des haricots en éliminant leur texture pâteuse.

Chili à la dinde et aux haricots

Mijoteuse de 5 litres (20 tasses) ou plus :: 8 à 10 portions

30 ml	huile végétale	2 c. à soupe
2 kg	dinde ou poulet haché maigre	4 lb
4	gousses d'ail, émincées	4
1	gros oignon, haché	1
4	piments chipotles en sauce adobo, émincés (avec 15 ml/1 c. à soupe de sauce)	4
2	poivrons rouges ou jaunes, hachés	2
2	carottes, hachées	2
810 g	tomates broyées en conserve	3 ¼ tasses
810 g	tomates en dés en conserve, égouttées	3 ¼ tasses
400 g	haricots pinto, cuits ou en conserve (voir page 84), rincés et égouttés	2 tasses
400 g	haricots rouges, cuits ou en conserve (voir page 84), rincés et égouttés	2 tasses
180 g	maïs en grains, décongelé	1 tasse
15 g	assaisonnement au chili	2 c. à soupe
5 g	cumin moulu	2 c. à thé
15 ml	sauce Worcestershire	1 c. à soupe
30 g	chocolat noir (70 % cacao ou plus), en petits morceaux	3 c. à soupe
	Sel	

1. Dans une grande casserole antiadhésive, à feu moyen-vif, chauffer l'huile et cuire la dinde, l'ail et l'oignon, en défaisant la volaille à l'aide d'une cuillère en bois, de 3 à 5 minutes ou jusqu'à ce qu'elle ait perdu sa couleur rosée. À l'aide d'une cuillère à égoutter, mettre la préparation dans la cocotte de la mijoteuse.

2. Ajouter les piments et leur sauce, les poivrons, les carottes, les tomates broyées et en dés, les haricots pinto et rouges, le maïs, l'assaisonnement au chili, le cumin et la sauce Worcestershire.

3. Couvrir et cuire à basse température de 6 à 8 heures ou à température élevée de 3 à 4 heures, jusqu'à ce que la préparation soit bouillonnante. Ajouter le chocolat et remuer jusqu'à ce qu'il soit fondu. Saler au goût.

Trucs

Achetez du chocolat de qualité supérieure et ne soyez pas inquiet si vous en mettez un peu plus que ce qui est indiqué : la sauce n'en sera que plus onctueuse.

Pour un maximum de saveur, prenez des graines de cumin entières et faites-les griller dans une poêle sèche à feu moyen-vif en remuant jusqu'à ce qu'elles libèrent tous leurs arômes. Réduisez-les en poudre à l'aide d'un moulin à épices ou dans un mortier.

Chili à la dinde et aux haricots

Lasagne aux oignons caramélisés

Lasagne aux oignons caramélisés

Mijoteuse de 6 litres (24 tasses) ou plus :: 8 à 10 portions
Graisser la cocotte

30 ml	huile d'olive	2 c. à soupe
4	gros oignons, tranchés finement	4
	Sel et poivre du moulin	
3	grosses pommes de terre pour cuisson au four, pelées et coupées en dés	3
120 g	cheddar, râpé	1 tasse
440 g	fromage cottage à faible teneur en gras	2 tasses
1	œuf, battu légèrement	1
1 g	sel à l'oignon	¼ de c. à thé
340 g	feuilles de lasagnes fraîches (ou 12 pâtes à lasagnes prêtes pour le four)	12 oz
	Aneth frais, haché	
	Crème sure ou aigre	

Truc

Lorsque vous faites caraméliser des oignons doux, il n'est pas nécessaire d'ajouter du sucre. Si les oignons ont un goût plutôt fort, mélangez-les avec du sucre granulé ou brut au début de la cuisson. On doit compter environ 15 g (1 c. à soupe) de sucre par oignon. Surveillez-les et remuez-les de temps à autre en baissant le feu au besoin pour empêcher le sucre de brûler.

1. Dans une grande poêle, à feu moyen-vif, chauffer l'huile d'olive. À feu moyen-doux, cuire les oignons en remuant de temps à autre pendant 30 à 45 minutes ou jusqu'à ce qu'ils commencent à caraméliser. Assaisonner au goût et réserver.

2. Entre-temps, dans une grande casserole, couvrir les pommes de terre d'eau froide à hauteur et saler au goût. Porter à ébullition à feu vif. Laisser bouillir à feu moyen de 12 à 15 minutes ou jusqu'à ce qu'elles soient tendres. Égoutter et réduire en purée. Incorporer le cheddar, 5 g (1 c. à thé) de sel et 1 g (½ c. à thé) de poivre. Réserver.

3. Dans un bol, mélanger le cottage, l'œuf et le sel à l'oignon.

4. Disposer la moitié des oignons dans la cocotte de la mijoteuse. Couvrir avec une feuille de lasagne et briser une autre feuille au besoin pour couvrir entièrement les oignons (ou utiliser 3 pâtes à lasagnes prêtes pour le four). Étaler uniformément la purée de pommes de terre. Couvrir d'une autre feuille de lasagne. Étaler la préparation de cottage, puis couvrir avec une autre feuille de lasagne. Couvrir uniformément avec le reste des oignons.

5. Couvrir et cuire à basse température de 4 à 6 heures ou jusqu'à ce que la préparation soit bouillonnante. Retirer la cocotte de la mijoteuse et laisser reposer 10 minutes avant de servir. Garnir d'aneth et de crème sure au goût.

Hot-dogs au chili

Mijoteuse de 5 à 6 litres (20 à 24 tasses) :: 10 portions

1 kg	bœuf haché maigre	2 lb
1	gros oignon, haché	1
3	gousses d'ail, émincées	3
410 g	tomates en dés en conserve, avec leur jus	1 ⅔ tasse
80 g	piments verts doux en conserve, en dés	½ tasse
7 g	assaisonnement au chili	1 c. à soupe
5 g	sucre	1 c. à thé
2 g	paprika	1 c. à thé
1 g	cumin moulu	½ c. à thé
2 g	graines de céleri	½ c. à thé
1 g	sel	¼ de c. à thé
0,5 g	poivre du moulin	¼ de c. à thé
15 g	moutarde préparée	1 c. à soupe
5 ml	sauce Worcestershire	1 c. à thé
20	saucisses à hot-dogs, chaudes (ou 10 saucisses géantes)	20
20	pains à hot-dogs, ouverts et grillés (ou 10 gros pains)	20
	Cheddar râpé (facultatif)	
	Oignon haché (facultatif)	
	Moutarde préparée (facultatif)	

1. Dans une grande poêle, à feu moyen-vif, cuire le bœuf, l'oignon et l'ail, en défaisant la viande à l'aide d'une cuillère en bois, de 6 à 8 minutes ou jusqu'à ce qu'elle ait perdu sa couleur rosée. Retirer l'excédent de gras. Ajouter les tomates et leur jus, les piments, l'assaisonnement au chili, le sucre, le paprika, le cumin, les graines de céleri, le sel, le poivre, la moutarde et la sauce Worcestershire.

2. Ranger les saucisses dans la cocotte de la mijoteuse. Ajouter la préparation de bœuf.

3. Couvrir et cuire à basse température de 4 à 5 heures ou à température élevée de 2 à 2 ½ heures, jusqu'à ce que la préparation soit bouillonnante.

4. À l'aide d'une pince, mettre une saucisse dans chaque pain. Ajouter environ 80 ml (⅓ de tasse) de sauce, du cheddar, de l'oignon et de la moutarde au goût.

Truc

N'importe quel type de pain à hot-dog fera l'affaire pour cette recette.

Hot-dogs au chili

Burgers à la sauce barbecue

Mijoteuse de 6 litres (24 tasses) ou plus :: Donne 24 miniburgers

2 kg	dinde ou bœuf haché maigre	4 lb
4	œufs, battus légèrement	4
2	oignons, hachés finement	2
240 g	chapelure	2 tasses
30 g	moutarde de Dijon	2 c. à soupe
30 ml	sauce Worcestershire	2 c. à soupe
10 g	origan séché	2 c. à thé
500 ml	sauce barbecue (recette ci-après ou du commerce)	2 tasses
24	petits pains à hamburgers, ouverts	24

1. Dans un grand bol, mélanger la dinde, les œufs, les oignons, la chapelure, la moutarde, la sauce Worcestershire et l'origan. Façonner environ 40 g (¼ de tasse) de la préparation en une galette de 2,5 cm (1 po) d'épaisseur. Faire 24 petites galettes et les empiler dans la cocotte. Couvrir de sauce.

2. Couvrir et cuire à basse température de 4 à 6 heures ou jusqu'à ce que le thermomètre à viande inséré au centre d'une galette indique 71 °C (160 °F).

3. Placer une galette sur chaque pain. Écumer la sauce avant d'en verser sur les burgers.

Sauce barbecue :: Donne 500 ml (2 tasses)

30 ml	huile d'olive	2 c. à soupe
1	oignon, haché finement	1
2	gousses d'ail, émincées	2
375 ml	ketchup	1 ½ tasse
250 ml	bouillon de bœuf ou bière	1 tasse
90 g	mélasse de fantaisie	¼ de tasse
½	piment chipotle en sauce adobo, épépiné	½
15 g	moutarde	1 c. à soupe

1. Dans une petite poêle, à feu moyen-vif, chauffer l'huile d'olive et faire sauter l'oignon environ 5 minutes ou jusqu'à ce qu'il soit tendre et transparent. Ajouter l'ail et faire sauter de 1 à 2 minutes. Ajouter le reste des ingrédients et porter à ébullition. Baisser le feu et laisser mijoter en remuant de temps à autre pendant 40 minutes environ.

2. Retirer du feu et laisser refroidir.

Pommes de terre
à la confiture d'oignons rouges

Mijoteuse de 6 litres (24 tasses) ou plus :: 12 portions

Pommes de terre

12	pommes de terre pour cuisson au four	12
60 ml	huile d'olive	¼ de tasse
	Sel	

Confiture d'oignons rouges

30 g	beurre	2 c. à soupe
2	gros oignons rouges, tranchés finement	2
125 ml	vin rouge	½ tasse
45 g	sucre	3 c. à soupe
45 ml	vinaigre de vin rouge ou balsamique	3 c. à soupe
30 ml	grenadine (facultatif)	2 c. à soupe
	Ciboulette fraîche, hachée	
	Bacon, croustillant et émietté	
	Pistaches, hachées	

Trucs

Vous pouvez varier les garnitures selon vos goûts et ceux de vos invités : sauce chili, crème sure ou aigre, cheddar râpé, fromage de chèvre émietté, lanières de poulet, tranches d'olives noires, coriandre ou persil haché, etc. Laissez parler votre imagination !

Plus vous mettrez de pommes de terre dans la cocotte de la mijoteuse, plus le temps de cuisson sera long.

1. *Pommes de terre :* à l'aide d'un couteau bien affûté, piquer la pelure des pommes de terre plusieurs fois avant de la frotter avec l'huile d'olive. Saler au goût, envelopper séparément dans du papier d'aluminium et ranger dans la cocotte de la mijoteuse sans ajouter d'eau.

2. Couvrir et cuire à basse température de 6 à 7 heures ou à température élevée de 3 à 4 heures, jusqu'à ce que les pommes de terre soient tendres. Régler la mijoteuse à basse température, si nécessaire, ou en mode « garder au chaud/*warm* ». On peut y garder les pommes de terre jusqu'à 2 heures avant de les servir.

3. *Confiture d'oignons rouges :* entre-temps, dans une grande poêle, à feu moyen-doux, chauffer le beurre et faire sauter les oignons de 12 à 15 minutes ou jusqu'à ce qu'ils soient tendres sans être dorés. Ajouter le vin rouge, le sucre, le vinaigre et la grenadine. Cuire à basse température de 10 à 12 minutes, en remuant de temps à autre, ou jusqu'à consistance épaisse et collante.

4. Ouvrir le papier d'aluminium de façon à exposer le dessus des pommes de terre. Faire un X dans chacune, puis presser le fond avec les doigts pour agrandir l'incision. Garnir de confiture d'oignons rouges, de ciboulette, de bacon et de pistaches au goût.

Bortch sans betteraves

Bortch sans betteraves

Mijoteuse de 6 litres (24 tasses) ou plus :: 8 à 10 portions

40 g	farine tout usage (type 55)	¼ de tasse
5 g	basilic séché	1 c. à thé
5 g	aneth séché	1 c. à thé
2 g	sarriette séchée	½ c. à thé
1 kg	bœuf en cubes de 2,5 cm (1 po)	2 lb
30 ml	huile végétale	2 c. à soupe
500 ml	bouillon de poulet ou de légumes	2 tasses
6	carottes, tranchées	6
4	pommes de terre, pelées et coupées en dés	4
4	tomates, hachées	4
3	oignons, hachés	3
½	petit chou vert, haché (environ 800 g/5 tasses)	½
1	sachet de soupe à l'oignon de 45 g (1 ½ oz)	1
410 ml	sauce tomate	1 ⅔ tasse
15 ml	sauce Worcestershire	1 c. à soupe
	Crème sure ou aigre	
	Aneth frais, haché finement (facultatif)	

Trucs

Lorsque vous faites revenir de la viande dans l'huile chaude, évitez de surcharger la poêle, sinon vous obtiendrez de la viande cuite à la vapeur. Retournez-la fréquemment et procédez le plus rapidement possible, puis retirez-la à l'aide d'une cuillère à égoutter.

Servez ce bortch chaud avec d'épaisses tranches de pain noir (pumpernickel ou autre).

1. Dans un sac en plastique résistant, mélanger la farine, le basilic, l'aneth séché et la sarriette. En procédant par étapes, mélanger la viande avec la farine. Jeter le reste de la farine.

2. Dans une grande poêle antiadhésive, à feu moyen-vif, chauffer 15 ml (1 c. à soupe) d'huile végétale. Cuire la viande pendant 5 minutes ou jusqu'à ce qu'elle soit dorée sur toutes les faces. (Procéder par étapes si la poêle n'est pas assez grande et ajouter de l'huile végétale au besoin.) À l'aide d'une cuillère à égoutter, mettre la viande dans la cocotte de la mijoteuse.

3. Dans la même poêle, verser le bouillon, porter à ébullition et déglacer. Verser dans la cocotte, puis ajouter le reste des ingrédients, sauf la crème sure et l'aneth frais.

4. Couvrir et cuire à basse température de 10 à 12 heures ou à température élevée de 5 à 6 heures, en remuant à mi-cuisson, jusqu'à ce que la viande et les légumes soient tendres.

5. Servir dans de grandes tasses et garnir de crème sure et d'aneth frais au goût.

Porc effiloché et salade de radis

Porc effiloché et salade de radis

Mijoteuse de 6 litres (24 tasses) ou plus :: 8 à 10 portions

Porc effiloché

30 g	poudre d'ail	¼ de tasse
30 g	paprika	¼ de tasse
15 g	assaisonnement au chili	2 c. à soupe
30 g	origan séché	2 c. à soupe
30 g	gros sel	2 c. à soupe
7 g	poivre du moulin	1 c. à soupe
15 g	graines de céleri	1 c. à soupe
1	rôti de soc de porc de 1,5 kg (3 lb), paré	1
1	gros oignon, tranché	1
5	gousses d'ail, émincées	5
4	brins de thym frais	4
1	feuille de laurier	1
500 ml	jus de pomme non sucré	2 tasses

Sauce barbecue

125 ml	sauce barbecue au goût de fumée	½ tasse
15 g	pâte de tomate	1 c. à soupe
1	gousse d'ail, émincée	1
1	piment chipotle en sauce adobo, émincé (facultatif)	1

Salade de radis

80 g	mayonnaise légère	⅓ de tasse
15 g	sucre	1 c. à soupe
45 ml	vinaigre blanc	3 c. à soupe
45 ml	jus de lime (citron vert) frais	3 c. à soupe
	Sel et poivre du moulin	
1	petit chou vert (environ 1 kg/2 lb), coupé en deux, puis tranché finement	1
1	botte de radis, coupés en deux, puis tranchés finement	1
24	petits pains à hamburgers, grillés	24

1. *Porc effiloché :* dans un petit bol, mélanger la poudre d'ail, le paprika, l'assaisonnement au chili, l'origan, le sel, le poivre et les graines de céleri. Placer la viande dans un bol et la frotter avec le mélange d'épices. Laisser à température ambiante de 15 à 30 minutes.

2. Mettre l'oignon dans la cocotte de la mijoteuse. Disposer la viande, puis ajouter l'ail, le thym, le laurier et le jus de pomme.

3. Couvrir et cuire à basse température de 8 à 10 heures ou à température élevée de 4 à 6 heures, jusqu'à ce que la viande soit tendre sous la fourchette et se défasse facilement. Laisser refroidir sur une planche à découper.

4. Retirer la ficelle du rôti et effilocher la chair à l'aide de deux fourchettes.

5. Écumer les jus de cuisson et en réserver 250 ml (1 tasse). Jeter le laurier et le reste des jus de cuisson. Remettre la viande dans la cocotte.

6. *Sauce barbecue :* dans un bol, mélanger tous les ingrédients avec les jus de cuisson réservés. Verser sur la viande et garder au chaud à basse température.

7. *Salade de radis :* entre-temps, dans un grand bol, à l'aide d'un fouet, mélanger la mayonnaise, le sucre, le vinaigre et le jus de lime. Assaisonner au goût. Ajouter le chou et les radis et bien mélanger. Couvrir et réfrigérer pendant au moins 1 heure.

8. Répartir la préparation de viande sur la partie inférieure des pains. Garnir avec une grosse cuillerée de salade de radis et refermer les sandwichs.

Préparation à l'avance

La salade de radis peut être préparée la veille.

Trucs

Le rôti de soc de porc est une coupe peu coûteuse qui devient tendre, juteuse et succulente après une longue cuisson à la mijoteuse.

Pour extraire le maximum de jus d'une lime (citron vert), laissez-la d'abord reposer à température ambiante. Avant de la presser, faites-la rouler sur un plan de travail en appuyant dessus avec la paume. Vous pouvez aussi mettre la lime au micro-ondes pendant 30 secondes à puissance maximale, puis la rouler sur un plan de travail. Le jus peut être congelé dans un plateau à glaçons emballé dans un sac en plastique hermétique. On peut aussi emballer et congeler le zeste.

Tortillas au porc croustillant

Mijoteuse de 6 litres (24 tasses) ou plus :: 10 à 12 portions

I	rôti de soc de porc de 2 kg (4 lb), paré et coupé en cubes de 2,5 cm (1 po)	I
8	gousses d'ail, émincées	8
5 g	sel	I c. à thé
I g	poivre du moulin	½ c. à thé
2 litres	eau	8 tasses
250 ml	jus d'orange frais	I tasse
30 ml	huile d'olive	2 c. à soupe
340 g	haricots frits en conserve, chauds (facultatif)	I ⅔ tasse
20 à 24	tortillas de maïs ou de blé de 15 ou 18 cm (6 ou 7 po), chaudes	20 à 24
	Feuilles de coriandre fraîche	
I	gros oignon blanc, tranché finement	I
4	avocats, pelés et coupés en dés	4
20 à 24	quartiers de lime (citron vert)	20 à 24

1. Dans la cocotte de la mijoteuse, mélanger la viande, l'ail, le sel, le poivre et l'eau.

2. Couvrir et cuire à basse température de 10 à 12 heures ou à température élevée de 5 à 6 heures, jusqu'à ce que la viande soit tendre sous la fourchette. Jeter les jus de cuisson.

3. Préchauffer le four à 200 °C /400 °F/gaz 6. Défaire la viande en petits morceaux et étaler sur une plaque à pâtisserie à bord élevé. Arroser de jus d'orange et d'huile d'olive. Faire rôtir en remuant de temps à autre pendant 15 à 20 minutes ou jusqu'à ce que la viande soit dorée et croustillante.

4. Étaler un peu de haricots frits sur les tortillas. Garnir de viande, de coriandre, d'oignon et d'avocat. Servir chaque tortilla avec un quartier de lime qu'on pressera sur la garniture.

Préparation à l'avance

On peut assembler ce plat jusqu'à 12 heures à l'avance. Préparer l'étape 1, couvrir et réfrigérer toute la nuit. Le lendemain, placer la cocotte dans la mijoteuse et poursuivre la recette avec l'étape 2.

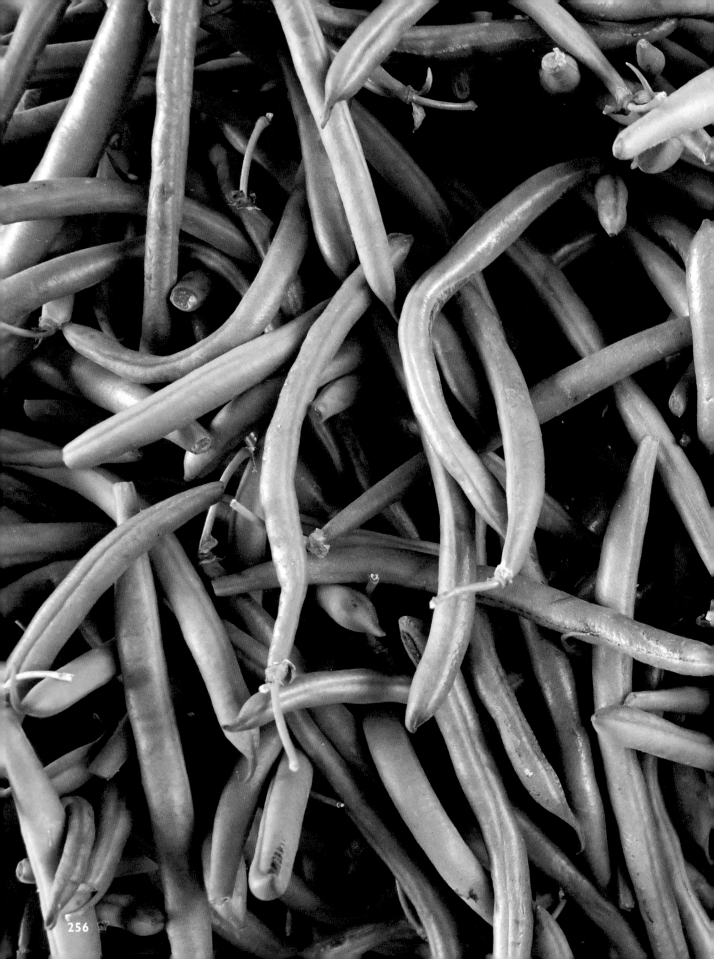

Repas pour deux

Chaudrée de maïs

Mijoteuse de 3 à 4 litres (12 à 16 tasses) :: 2 portions

360 g	maïs en grains, décongelé	2 tasses
180 ml	lait concentré non sucré	¾ de tasse
3	tranches de bacon, émincées	3
1	petit oignon, émincé	1
3	petites pommes de terre rouges, en dés	3
2	gousses d'ail, émincées	2
500 ml	bouillon de poulet	2 tasses
1	feuille de laurier	1
1	pincée de thym séché	1
	Sel et poivre du moulin du moulin	

1. Au robot culinaire ou au mélangeur, réduire 180 g (1 tasse) de maïs et le lait concentré en purée assez lisse et réserver.

2. Dans une poêle antiadhésive, à feu moyen, faire sauter le bacon et l'oignon de 5 à 7 minutes ou jusqu'à ce que l'oignon soit tendre et translucide. À l'aide d'une cuillère à égoutter, mettre la préparation dans la cocotte de la mijoteuse.

3. Ajouter la purée de maïs, le reste du maïs en grains, les pommes de terre, l'ail, le bouillon, le laurier et le thym.

4. Couvrir et cuire à basse température de 8 à 10 heures ou à température élevée de 4 à 6 heures, jusqu'à ce que la préparation soit bouillonnante et que les pommes de terre soient tendres. Jeter le laurier et assaisonner au goût.

Trucs

Si vous êtes pressé, faites décongeler le maïs au micro-ondes.

Le lait concentré non sucré convient parfaitement à la mijoteuse, car il ne caille pas malgré de longues heures de cuisson. Il est important de ne pas le confondre avec le lait condensé sucré, utilisé dans la préparation des desserts et des confiseries.

Une fois le contenant ouvert, la plupart des ingrédients en conserve ou en pot se conservent dans un contenant hermétique gardé au réfrigérateur. Versez le reste du lait concentré dans un bocal en verre muni d'un couvercle. Il se conservera jusqu'à 1 semaine au froid. Évitez de le congeler, car les solides se sépareront de l'eau. Il ne reprendra pas sa consistance même si vous le mélangez ou le secouez vigoureusement.

Chaudrée de maïs

Minestrone santé

Mijoteuse de 3 à 4 litres (12 à 16 tasses) :: **2 portions**

250 g	agneau haché maigre	8 oz
3	gousses d'ail, émincées	3
½	branche de céleri, hachée finement	½
40 g	oignon, haché	¼ de tasse
40 g	carottes, hachées finement	¼ de tasse
I	tomate, hachée	I
400 g	haricots blancs, cuits ou en conserve (voir page 84), rincés et égouttés	2 tasses
500 ml	bouillon de bœuf	2 tasses
90 g	courgettes, hachées grossièrement	¾ de tasse
I0 ml	jus de citron frais	2 c. à thé
2 g	origan séché	½ c. à thé
I g	flocons de piment	½ c. à thé
I	pincée de poivre du moulin	I
I	feuille de laurier	I
30 g	macaronis (coudes) ou autres petites pâtes	¼ de tasse
4 g	menthe fraîche, ciselée	I c. à soupe
20 g	féta, émiettée	2 c. à soupe

I. Dans une grande poêle antiadhésive, à feu moyen-vif, cuire l'agneau, l'ail, le céleri, l'oignon et les carottes, en défaisant la viande à l'aide d'une cuillère en bois, environ 4 minutes ou jusqu'à ce qu'elle ait perdu sa couleur rosée et que l'oignon soit tendre. À l'aide d'une cuillère à égoutter, mettre la préparation dans la cocotte de la mijoteuse.

2. Ajouter la tomate, les haricots blancs, le bouillon, les courgettes, le jus de citron, l'origan, les flocons de piment, le poivre et le laurier.

3. Couvrir et cuire à basse température de 4 à 6 heures ou à température élevée de 2 ½ à 3 heures, jusqu'à ce que la préparation soit bouillonnante et que les légumes soient tendres. Jeter le laurier.

4. Entre-temps, cuire les pâtes en suivant les indications inscrites sur l'emballage jusqu'à ce qu'elles soient al dente. Environ I0 minutes avant la fin de la cuisson de l'agneau, mettre les pâtes égouttées dans la cocotte.

5. Incorporer la menthe juste avant de servir. Verser la minestrone dans des bols et garnir de féta.

Soupe aux poivrons rouges grillés

Mijoteuse de 3 à 4 litres (12 à 16 tasses) :: **2 portions**

5 g	beurre	1 c. à thé
1	oignon, haché finement	1
1	gousse d'ail, émincée	1
240 g	poivrons rouges grillés, égouttés et hachés	1 ½ tasse
250 ml	bouillon de légumes	1 tasse
125 ml	jus d'orange frais	½ tasse
1	pincée de sel	1
125 ml	crème légère	½ tasse
15 g	basilic frais, haché	1 c. à soupe
30 g	fromage bleu, émietté	¼ de tasse

Trucs

Les poivrons rouges grillés vendus en pot sont très utiles pour concocter cette soupe en peu de temps.

Pour faire griller soi-même les poivrons, préchauffer le gril du four. Couper les légumes en deux, évider et épépiner. Ranger sur une plaque à pâtisserie à bord élevé, face coupée vers le fond. Faire griller jusqu'à ce que la pelure soit noircie. Mettre les poivrons dans un sac en papier et laisser reposer environ 30 minutes avant de les peler et de les hacher. Ils se conserveront jusqu'à 3 mois dans un sac en plastique gardé au congélateur. On a besoin de 4 ou 5 poivrons entiers pour cette recette.

Pour composer un repas complet, servez cette soupe avec un sandwich au fromage fondant.

1. Dans une petite poêle, à feu moyen, chauffer le beurre et faire sauter l'oignon et l'ail environ 5 minutes ou jusqu'à ce que l'oignon soit tendre et translucide. Transvider dans la cocotte de la mijoteuse. Ajouter les poivrons, le bouillon, le jus d'orange et le sel.

2. Couvrir et cuire à basse température de 4 à 6 heures ou à température élevée de 2 à 2 ½ heures, jusqu'à ce que la soupe soit bouillonnante.

3. Au mélangeur, au robot culinaire ou à l'aide du pied-mélangeur, réduire la soupe en purée lisse. Si on utilise un mélangeur ou un robot, remettre la purée dans la cocotte de la mijoteuse.

4. Incorporer la crème et le basilic. Couvrir et cuire à température élevée pendant 10 minutes.

5. Servir dans des bols et garnir de fromage bleu.

Pilon de dinde et quenelles au persil

Pilon de dinde et quenelles au persil

Mijoteuse de 3 à 4 litres (12 à 16 tasses) :: 2 portions

Pilon de dinde

I	pilon de dinde de 375 g (12 oz)	I
2	gousses d'ail, émincées	2
I	carotte, en dés	I
I	branche de céleri, en dés	I
I	petit oignon, haché finement	I
I	feuille de laurier	I
2 g	assaisonnement pour volaille	½ c. à thé
2 g	thym séché	½ c. à thé
500 ml	bouillon de poulet	2 tasses
250 ml	eau	I tasse
8 g	persil frais, haché	2 c. à soupe
	Sel et poivre du moulin	

Quenelles au persil

I	tranche de pain blanc, coupée en quatre	I
4 g	persil frais, haché	I c. à soupe
40 g	farine tout usage (type 55)	¼ de tasse
I g	levure chimique (poudre à pâte)	¼ de c. à thé
I	pincée de sel	I
30 ml	lait	2 c. à soupe
15 g	beurre, fondu	I c. à soupe

I. *Pilon de dinde :* dans la cocotte, mélanger le pilon de dinde avec l'ail, la carotte, le céleri, l'oignon, le laurier, l'assaisonnement pour volaille et le thym. Verser le bouillon et l'eau.

2. Couvrir et cuire à température élevée de 5 à 6 heures ou jusqu'à ce que la chair se détache des os. Jeter le laurier. Mettre la dinde sur une planche à découper et laisser refroidir.

3. Retirer et jeter la peau et les os de la dinde. Effilocher la chair et remettre dans la cocotte avec le persil. Assaisonner au goût.

4. *Quenelles au persil :* à l'aide du robot culinaire, réduire le pain et le persil en miettes. Ajouter la farine, la levure chimique et le sel, puis mélanger pour combiner les ingrédients, sans plus. Ajouter le lait et le beurre, puis mélanger.

5. Jeter des cuillerées de pâte dans la soupe. Couvrir et cuire à température élevée de 12 à 15 minutes.

Ragoût de poulet crémeux aux fines herbes

Mijoteuse de 3 à 4 litres (12 à 16 tasses) :: **2 ou 3 portions**

6	champignons de Paris, en quartiers	6
160 g	carottes miniatures	1 tasse
40 g	oignon, haché	¼ de tasse
30 g	céleri, tranché	¼ de tasse
2 g	thym séché	½ c. à thé
1 g	sauge séchée	¼ de c. à thé
1	pincée de sel	1
1	pincée de poivre du moulin	1
250 g	hauts de cuisses de poulet désossés (environ 4)	8 oz
180 ml	bouillon de poulet	¾ de tasse
40 g	petits pois, décongelés	¼ de tasse
60 ml	crème à fouetter (35 %)	¼ de tasse
20 g	farine tout usage (type 55)	2 c. à soupe
	Persil frais, haché	

1. Dans la cocotte de la mijoteuse, mélanger les champignons, les carottes, l'oignon et le persil. Saupoudrer les légumes avec la moitié du thym, la sauge, le sel et le poivre. Ajouter le poulet et verser le bouillon.

2. Couvrir et cuire à basse température de 6 à 8 heures ou jusqu'à ce que les légumes soient tendres et qu'un jus clair s'écoule lorsqu'on pique le poulet.

3. Ajouter les pois. Couvrir et réchauffer de 10 à 15 minutes.

4. À l'aide d'une cuillère à égoutter, mettre le poulet et les légumes dans un grand bol et réserver au chaud.

5. Dans un bol, à l'aide d'un fouet, mélanger la crème, la farine et le reste du thym. Verser dans les jus de cuisson accumulés dans la cocotte. Couvrir et cuire à température élevée environ 10 minutes ou jusqu'à épaississement de la sauce. Verser sur le poulet et les légumes, puis garnir de persil.

Truc

On peut remplacer les hauts de cuisses de poulet par des poitrines (blancs) sans peau. Le temps de cuisson à basse température sera alors de 3 à 4 heures. Les temps de cuisson peuvent être moins élevés pour les petites mijoteuses ou lorsqu'il y a plus de chair blanche que de chair brune. Si votre plat contient surtout de la chair blanche, évitez de prolonger la cuisson.

Ragoût de bœuf

Mijoteuse de 3 à 4 litres (12 à 16 tasses) :: **2 ou 3 portions**

20 g	farine tout usage (type 55)	2 c. à soupe
1 g	paprika	½ c. à thé
2 g	thym séché	½ c. à thé
1	pincée de sel	1
1	pincée de poivre du moulin	1
500 g	bœuf en cubes de 2,5 cm (1 po)	1 lb
15 ml	huile végétale (environ)	1 c. à soupe
250 ml	bouillon de bœuf	1 tasse
250 ml	sauce tomate	1 tasse
1	carotte, hachée	1
1	branche de céleri, hachée	1
1	gousse d'ail, émincée	1
80 g	pommes de terre, pelées et coupées en dés	½ tasse
80 g	petits pois, décongelés	½ tasse

Trucs

Achetez des cubes de bœuf à ragoût et retirez l'excédent de gras. Cette étape prend un peu de temps, mais cela en vaut la peine.

Les restes de ragoût se conservent jusqu'à 3 jours au réfrigérateur ou 3 mois au congélateur dans un contenant hermétique. Si la consistance est trop épaisse, réchauffez d'abord le ragoût, puis ajoutez-y un peu d'eau ou de bouillon de bœuf jusqu'à ce que la texture soit satisfaisante.

1. Dans un sac en plastique résistant, mélanger la farine, le paprika, le thym, le sel et le poivre. En procédant par étapes, mélanger la viande avec la farine. Jeter le reste de la farine.

2. Dans une grande poêle antiadhésive, à feu moyen-vif, chauffer l'huile végétale. Cuire la viande pendant 5 minutes ou jusqu'à ce qu'elle soit dorée sur toutes les faces. (Procéder par étapes si la poêle n'est pas assez grande et ajouter de l'huile végétale au besoin.) À l'aide d'une cuillère à égoutter, mettre la viande dans la cocotte de la mijoteuse.

3. Dans la même poêle, verser le bouillon, porter à ébullition et déglacer. Verser dans la cocotte. Ajouter la sauce tomate, la carotte, le céleri, l'ail et les pommes de terre.

4. Couvrir et cuire à basse température de 8 à 10 heures ou à température élevée de 4 à 5 heures, jusqu'à ce que le ragoût soit bouillonnant et que les légumes soient tendres.

5. Ajouter les pois et réchauffer de 15 à 20 minutes.

Chili végétarien aux piments et aux tomates

Mijoteuse de 3 à 4 litres (12 à 16 tasses) :: 2 ou 3 portions

360 g	haricots mélangés en conserve, rincés et égouttés	2 ¼ tasses
410 g	tomates en dés en conserve, avec leur jus	1 ⅔ tasse
80 g	piments verts doux en dés en conserve	½ tasse
1	petite courgette, en dés	1
90 g	maïs en grains, décongelé	½ tasse
125 ml	bière ou bouillon de poulet	½ tasse
15 ml	sirop de chocolat	1 c. à soupe
7 g	assaisonnement au chili	1 c. à soupe
2 g	assaisonnement à la cajun	1 c. à thé
	Crème sure ou aigre (facultatif)	
	Cheddar, râpé (facultatif)	

1. Dans la cocotte de la mijoteuse, mélanger tous les ingrédients, sauf la crème sure et le cheddar.

2. Couvrir et cuire à basse température de 6 à 8 heures ou à température élevée de 3 à 4 heures, jusqu'à ce que la préparation soit bouillonnante.

3. Servir dans des bols et garnir au goût de crème sure et de fromage.

Préparation à l'avance

On peut assembler ce plat jusqu'à 12 heures à l'avance. Préparer l'étape 1, couvrir et réfrigérer toute la nuit. Le lendemain, placer la cocotte dans la mijoteuse et poursuivre la recette avec l'étape 2.

Truc

L'assaisonnement à la cajun est un mélange de piment, d'oignon, de poivre, d'ail et de fines herbes. Si vous avez du mal à en trouver à votre supermarché, préparez-le vous-même en mélangeant 1 g (¾ de c. à thé) de cumin moulu, 2 g (½ c. à thé) de thym moulu, 1 g (½ c. à thé) de paprika et une pincée de piment de Cayenne et de piment de la Jamaïque moulu.

Chili végétarien aux piments et aux tomates

Ratatouille

Ratatouille

Mijoteuse de 3 à 4 litres (12 à 16 tasses) :: 2 ou 3 portions

250 ml	sauce pour pizza ou sauce tomate	1 tasse
240 g	aubergine, pelée et coupée en dés (voir Trucs)	1 ½ tasse
60 g	courgettes ou courge d'été jaune, hachées grossièrement	½ tasse
125 g	tomates, hachées grossièrement	½ tasse
55 g	poivron rouge, haché grossièrement	⅓ de tasse
40 g	oignon, haché finement	¼ de tasse
1	gousse d'ail, émincée	1
10 g	sucre	2 c. à thé
2 g	assaisonnement à l'italienne	½ c. à thé
1 g	sel	¼ de c. à thé
1	pincée de poivre du moulin	1
2 g	basilic frais, ciselé	1 c. à soupe
15 g	parmesan, râpé	3 c. à soupe

Trucs

Si la pelure de l'aubergine est trop épaisse, pelez-la avant de couper la chair en cubes. Vous pouvez aussi enlever quelques longues lanières de pelure à l'aide d'un couteau-éplucheur afin de ne pas la peler entièrement.

Vous pouvez faire un excellent assaisonnement à l'italienne. Mélangez 10 g (2 c. à thé) de chacun : basilic, marjolaine et origan avec 5 g (1 c. à thé) de sauge séchée. Ce mélange se conserve jusqu'à 1 an dans un contenant hermétique gardé à l'abri de la lumière.

Ce plat accompagne parfaitement le poulet grillé et les saucisses.

1. Dans la cocotte de la mijoteuse, mélanger la sauce pour pizza, l'aubergine, les courgettes, les tomates, le poivron, l'oignon, l'ail, le sucre, l'assaisonnement à l'italienne, le sel et le poivre.

2. Couvrir et cuire à basse température de 4 ½ à 5 heures ou à température élevée de 2 à 2 ½ heures, jusqu'à ce que la préparation soit bouillonnante et que les légumes soient tendres.

3. Incorporer le basilic juste avant de servir. Servir dans des bols et saupoudrer de fromage.

Macaroni au gouda fumé

Mijoteuse de 3 à 4 litres (12 à 16 tasses) :: 2 ou 3 portions
Graisser la cocotte

220 g	macaronis (coudes)	2 tasses
I	œuf, battu légèrement	I
375 ml	lait concentré non sucré	I ½ tasse
60 ml	lait	¼ de tasse
I g	sel	¼ de c. à thé
0,5 g	poivre du moulin	¼ de c. à thé
0,5 g	moutarde sèche	¼ de c. à thé
I	pincée de paprika fumé (facultatif)	I
I20 g	gouda fumé, râpé	I tasse
I	petite tomate, hachée	I

1. Dans une casserole d'eau bouillante salée, cuire les pâtes pendant 5 minutes. Égoutter et transvider dans la cocotte de la mijoteuse.

2. Dans un bol, mélanger l'œuf, le lait concentré, le lait, le sel, le poivre, la moutarde et le paprika. Verser sur les pâtes. Ajouter le fromage et la tomate.

3. Couvrir et cuire à basse température de 5 à 6 heures ou jusqu'à ce que le macaroni ait la consistance voulue.

Le gouda est le fromage hollandais le plus connu du monde. Pour faire du gouda fumé, on place les meules au-dessus de copeaux de noyer qui se consument lentement, ce qui crée une croûte brunâtre qui n'affecte en rien la couleur jaune crème du fromage.

Trucs

Quand vous préparez des pâtes pour la mijoteuse, faites-les d'abord bouillir dans l'eau salée moins longtemps que ce qui est indiqué sur l'emballage. Cela permettra d'éliminer une partie de leur amidon. La cuisson se terminera dans la mijoteuse.

Pour empêcher les pâtes de ramollir, évitez de les laisser dans l'eau plus longtemps que nécessaire. Mettez-les dans la casserole dès que l'eau arrive à pleine ébullition, puis maintenez une ébullition stable pendant le reste de la cuisson.

Si vous n'aimez pas le goût de fumée, remplacez le gouda par du cheddar.

Servez ce macaroni avec une salade verte et des petits pains de blé entier.

Poulet et asperges au pesto

Mijoteuse de 3 à 4 litres (12 à 16 tasses) :: 2 portions

4	hauts de cuisses de poulet désossés, en cubes de 2,5 cm (1 po)	4
125 ml	bouillon de poulet	½ tasse
30 g	pesto de basilic ou de tomates séchées	2 c. à soupe
125 g	asperges, hachées	1 tasse
60 ml	crème à fouetter (35 %)	¼ de tasse
15 g	parmesan, râpé	2 c. à soupe
	Zitis ou fettucinis, cuits et chauds	
	Parmesan, râpé (facultatif)	
	Sel et poivre du moulin	

Variante

Essayez ce plat avec des linguines : ce sera tout aussi délicieux.

1. Placer le poulet dans la cocotte de la mijoteuse et saupoudrer de poivre.

2. Dans une tasse à mesurer (verre gradué), mélanger le bouillon et le pesto. Verser sur le poulet.

3. Couvrir et cuire à basse température de 5 à 6 heures ou jusqu'à ce qu'un jus clair s'écoule lorsqu'on pique le poulet.

4. Ajouter les asperges, la crème et le fromage. Couvrir et cuire à température élevée pendant 15 minutes ou jusqu'à ce que les asperges soient tendres et que le liquide épaississe légèrement. Assaisonner au goût.

5. Servir sur les pâtes et saupoudrer de parmesan au goût.

Cari de poulet à la mangue

Mijoteuse de 3 à 4 litres (12 à 16 tasses) :: 2 portions

5 ml	huile végétale	1 c. à thé
4	hauts de cuisses de poulet désossés	4
½	poivron rouge, haché	½
160 g	morceaux de mangue, décongelés et égouttés	1 tasse
80 g	oignon, haché	½ tasse
10 g	raisins secs	1 c. à soupe
1	gousse d'ail, émincée	1
125 g	compote de pommes non sucrée	½ tasse
10 g	pâte de cari douce ou piquante	2 c. à thé
2 g	gingembre, râpé finement	½ c. à thé
	ou 1 g (¼ de c. à thé) de gingembre moulu	
1 g	sel	¼ de c. à thé
1	pincée de poivre du moulin	1
80 g	yogourt nature	⅓ de tasse
5 g	coriandre ou persil frais, haché	1 c. à thé

1. Dans une poêle antiadhésive, à feu moyen-vif, cuire les cuisses de poulet de 2 à 3 minutes de chaque côté ou jusqu'à ce qu'elles soient dorées sur toutes les faces. Transvider dans la cocotte de la mijoteuse.

2. Ajouter le poivron, la mangue, l'oignon et les raisins secs.

3. Dans un bol, mélanger l'ail, la compote de pommes, la pâte de cari, le gingembre, le sel et le poivre. Verser dans la cocotte.

4. Couvrir et cuire à basse température de 6 à 8 heures ou à température élevée de 3 à 4 heures, jusqu'à ce qu'un jus clair s'écoule lorsqu'on pique le poulet. Juste avant de servir, incorporer le yogourt et garnir de coriandre.

Préparation à l'avance

On peut assembler les ingrédients des étapes 2 et 3 dans la cocotte de la mijoteuse jusqu'à 2 jours à l'avance. Couvrir et réfrigérer. Lorsqu'on est prêt à procéder à la cuisson, reprendre avec l'étape 1. Placer la cocotte dans la mijoteuse, ajouter le poulet, puis poursuivre la recette avec l'étape 4.

Trucs

Pour conserver le gingembre, pelez-le et placez-le dans un pot muni d'un couvercle. Versez du xérès à hauteur. Il se conservera ainsi jusqu'à 1 mois au réfrigérateur. Utilisez le xérès infusé au gingembre dans d'autres recettes de poulet.

Servez ce poulet sur un lit de riz basmati ou de riz au jasmin bien chaud.

Cari de poulet à la mangue

Cuisses de poulet farcies au bacon

Mijoteuse de 3 à 4 litres (12 à 16 tasses) :: 2 ou 3 portions

4	tranches de bacon, en dés	4
I	gousse d'ail, émincée	I
80 g	oignon, haché finement	½ tasse
I	œuf, battu légèrement	I
30 g	chapelure	¼ de tasse
25 g	parmesan, râpé	¼ de tasse
15 g	romarin frais haché ou 5 g (I c. à thé) de romarin séché	I c. à soupe
6	hauts de cuisses de poulet désossés	6
15 ml	huile d'olive	I c. à soupe
15 g	beurre	I c. à soupe
560 g	tomates en dés avec assaisonnements à l'italienne en conserve, avec leur jus	2 ¼ tasses
45 g	pâte de tomate	3 c. à soupe

1. Dans une poêle, à feu moyen-vif, faire revenir le bacon jusqu'à ce qu'il soit croustillant. Ajouter l'ail et l'oignon et faire sauter de 2 à 3 minutes pour les attendrir. Retirer du feu et ajouter l'œuf, la chapelure, le fromage et le romarin.

2. Inciser les cuisses de poulet sur la longueur et les ouvrir partiellement. Mettre environ 30 g (2 c. à soupe) de la préparation de bacon dans chacune des cuisses. Emprisonner la garniture et faire tenir à l'aide d'un cure-dent.

3. Dans la même poêle, à feu moyen-vif, chauffer l'huile d'olive et le beurre. Cuire les cuisses de poulet de 2 à 3 minutes de chaque côté ou jusqu'à ce qu'elles soient dorées sur toutes les faces. Transvider dans la cocotte de la mijoteuse.

4. Dans un bol, mélanger les tomates et leur jus avec la pâte de tomate. Verser sur le poulet.

5. Couvrir et cuire à basse température de 5 à 6 heures ou à température élevée de 2 ½ à 3 heures, jusqu'à ce qu'un jus clair s'écoule lorsqu'on pique le poulet.

Truc

Servez ce plat sur un lit de polenta et complétez votre repas avec des légumes verts agrémentés d'une vinaigrette légère. Et n'oubliez pas de mettre du bon pain croûté sur la table pour absorber la sauce.

Poulet épicé à la noix de coco et au citron

Mijoteuse de 3 à 4 litres (12 à 16 tasses) :: 2 ou 3 portions

10 g	farine tout usage (type 55)	1 c. à soupe
2 g	coriandre moulue	½ c. à thé
0,5 g	cumin moulu	¼ de c. à thé
1 g	sel	¼ de c. à thé
1	pincée de piment de la Jamaïque moulu	1
1	pincée de poivre du moulin	1
750 g	cuisses de poulet	1 ½ lb
15 ml	huile d'olive	1 c. à soupe
60 ml	bouillon de poulet	¼ de tasse
10 g	pâte de cari rouge thaïe	2 c. à thé
1	petit poivron rouge, en lanières	1
125 g	haricots verts, effilés et coupés en morceaux de 2,5 cm (1 po)	⅔ de tasse
60 ml	lait de coco non sucré	¼ de tasse
	Riz au jasmin ou basmati chaud ou nouilles sautées	
½	citron, en quartiers	½

Trucs

Le poulet non désossé reste très tendre dans la mijoteuse.

L'ajout de jus de citron au moment de servir fait une grande différence. Un pur délice !

1. Dans un bol, mélanger la farine, la coriandre, le cumin, le sel, le piment de la Jamaïque et le poivre. Fariner le poulet et réserver.

2. Dans une poêle antiadhésive, à feu moyen-vif, chauffer l'huile d'olive et cuire le poulet de 6 à 8 minutes de chaque côté ou jusqu'à ce qu'il soit bien doré. Transvider dans la cocotte de la mijoteuse.

3. Dans un bol, mélanger le bouillon et la pâte de cari. Verser sur le poulet et ajouter le poivron.

4. Couvrir et cuire à basse température de 6 à 8 heures ou à température élevée de 3 à 4 heures, jusqu'à ce qu'un jus clair s'écoule lorsqu'on pique le poulet.

5. Ajouter les haricots et le lait de coco. Couvrir et cuire à température élevée de 25 à 30 minutes ou jusqu'à ce que les haricots soient tendres.

6. Étaler le riz dans une grande assiette, puis couvrir avec la préparation de poulet. Arroser de jus de citron au goût.

Tortillas au poulet et à la salade de brocoli

Tortillas au poulet et à la salade de brocoli

Mijoteuse de 3 à 4 litres (12 à 16 tasses) :: 2 ou 3 portions

4	hauts de cuisses de poulet désossés	4
1 g	sel	¼ de c. à thé
1	pincée de poivre du moulin	1
1	gousse d'ail, émincée	1
5 g	gingembre, émincé ou 1 g (¼ de c. à thé) de gingembre moulu	1 c. à thé
60 ml	sauce soja	¼ de tasse
10 ml	huile de sésame	2 c. à thé
60 ml	eau	¼ de tasse
4	tortillas de blé entier de 25 cm (10 po)	4
60 ml	sauce hoisin	¼ de tasse
160 g	salade de brocoli préparée	1 tasse
¼	poivron rouge, tranché finement	¼

1. Placer le poulet dans la cocotte de la mijoteuse. Ajouter le sel et le poivre.

2. Dans un petit bol, mélanger l'ail, le gingembre, la sauce soja, l'huile de sésame et l'eau. Verser sur le poulet.

3. Couvrir et cuire à basse température de 6 à 7 heures ou à température élevée de 3 à 3 ½ heures, jusqu'à ce qu'un jus clair s'écoule lorsqu'on pique le poulet. À l'aide d'une cuillère à égoutter, mettre le poulet sur une planche à découper. À l'aide de deux fourchettes, effilocher la chair, puis la remettre dans la cocotte.

4. Préchauffer le four à 180 °C /350 °F/gaz 4. Empiler les tortillas et les envelopper de papier d'aluminium. Réchauffer au four pendant 10 minutes.

5. Étaler 15 ml (1 c. à soupe) de sauce hoisin sur chacune des tortillas. Ajouter le quart de la préparation de poulet, 40 g (¼ de tasse) de salade de brocoli et un peu de poivron. Plier ou rouler les tortillas au goût.

Trucs

Il n'est pas nécessaire de peler la racine de gingembre avant de la râper ; grattez-la tout simplement avec un petit couteau. Utilisez une râpe Microplane de préférence. Enveloppez le reste de la racine dans de la pellicule de plastique et mettez-la au congélateur, où elle se conservera environ 6 mois. Vous n'aurez qu'à la râper au fur et à mesure de vos besoins.

Si vous ne trouvez pas de salade de brocoli préparée, n'hésitez pas à utiliser de la salade de chou préparée.

Bœuf braisé aux légumes

Mijoteuse de 3 à 4 litres (12 à 16 tasses) :: 2 ou 3 portions

10 g	farine tout usage (type 55)	1 c. à soupe
1 g	sel	¼ de c. à thé
1	pincée de poivre du moulin	1
1	morceau de bœuf à braiser désossé (rôti de côtes croisées ou de palette de 500 à 700 g/1 à ½ lb)	1
15 ml	huile végétale	1 c. à soupe
4	petites pommes de terre nouvelles, coupées en deux	4
2	carottes, en morceaux de 2,5 cm (1 po)	2
1	petit panais, en morceaux de 2,5 cm (1 po)	1
1	petit oignon, en quartiers	1
1	gousse d'ail, émincée	1
1	feuille de laurier	1
15 g	pâte de tomate	1 c. à soupe
5 ml	sauce soja	1 c. à thé
2 g	thym frais	½ c. à thé
80 g	petits pois frais ou décongelés	½ tasse

1. Dans un bol, mélanger la farine, le sel et le poivre. Éponger la viande avec du papier absorbant avant de la fariner uniformément.

2. Dans une grande poêle, à feu moyen-vif, chauffer l'huile végétale et cuire le rôti, en le retournant à l'aide de deux cuillères en bois, de 7 à 10 minutes ou jusqu'à ce qu'il soit doré sur toutes les faces. Placer le rôti dans la cocotte de la mijoteuse.

3. Ajouter les pommes de terre, les carottes, le panais, l'oignon, l'ail, le laurier, la pâte de tomate, la sauce soja et le thym.

4. Couvrir et cuire à basse température de 8 à 10 heures ou à température élevée de 4 à 5 heures, jusqu'à ce que la viande soit tendre sous la fourchette. Réserver dans une assiette chaude, couvrir de papier d'aluminium et laisser reposer pendant 15 minutes.

5. Entre-temps, mélanger les pois avec les autres légumes dans la cocotte. Couvrir et réchauffer à température élevée pendant 15 minutes. Jeter le laurier.

6. Découper le rôti en tranches. À l'aide d'une cuillère à égoutter, disposer les légumes autour de la viande. Arroser avec un peu des jus de cuisson avant de servir.

Bœuf braisé aux piments et aux canneberges

Mijoteuse de 3 à 4 litres (12 à 16 tasses) :: **2 ou 3 portions**

I	morceau de bœuf à braiser désossé (rôti de côtes croisées, de palette ou de croupe de 750 g à I kg/I ½ à 2 lb)	I
I	gousse d'ail, émincée	I
2 g	thym séché	½ c. à thé
	Sel et poivre du moulin	
10 ml	huile végétale	2 c. à thé
I	petit oignon, en quartiers	I
180 ml	sauce aux canneberges (airelles) entières	¾ de tasse
I à 3 g	piment chipotle en sauce adobo, haché finement	½ à I c. à thé

Trucs

Si la sauce n'est pas assez épaisse, versez les jus de cuisson dans une petite casserole et portez à ébullition à feu moyen-vif. Dans un petit bol, mélangez 10 g (1 c. à soupe) de farine tout usage (type 55) et la même quantité de beurre ramolli. À l'aide d'un fouet, incorporez ce mélange dans la sauce et faites cuire en remuant jusqu'à épaississement. Versez sur la viande au moment de servir.

Si vous préparez du bœuf à braiser pour un petit nombre de convives, achetez un gros rôti, coupez-le en deux et congelez-en une partie. Sinon, optez pour une petite coupe de viande qui conviendra à la recette. Ce mets succulent ne saurait se passer d'une bonne purée de pommes de terre.

1. Saupoudrer la viande avec l'ail, le thym, une pincée de sel et une autre de poivre.

2. Dans une grande poêle, à feu moyen-vif, chauffer l'huile végétale et cuire le rôti, en le retournant à l'aide de deux cuillères en bois, de 7 à 10 minutes ou jusqu'à ce qu'il soit doré sur toutes les faces. Placer le rôti dans la cocotte de la mijoteuse et disposer les quartiers d'oignon tout autour.

3. Dans un bol, mélanger la sauce aux canneberges et le piment. Verser sur la viande.

4. Couvrir et cuire à basse température de 8 à 10 heures ou à température élevée de 4 à 5 heures, jusqu'à ce que la viande soit tendre sous la fourchette. Réserver le rôti et les quartiers d'oignon dans une assiette chaude, couvrir de papier d'aluminium et laisser reposer pendant 10 minutes.

5. Écumer les jus de cuisson et assaisonner au goût. Verser dans une saucière. Découper le rôti en tranches et napper de sauce au goût.

Pâté au bœuf et aux champignons

Mijoteuse de 3 à 4 litres (12 à 16 tasses) :: 2 portions

Préparation de viande

20 g	farine tout usage (type 55)	2 c. à soupe
2 g	thym séché	½ c. à thé
I g	sel	¼ de c. à thé
I	pincée de poivre du moulin	I
500 g	bœuf en cubes de I cm (½ po)	I lb
10 ml	huile végétale	2 c. à thé
I	bouteille de bière brune (ex.: Guiness) de 341 ml (12 oz)	I
80 g	champignons de Paris, en quartiers	I tasse
120 g	oignon, haché	¾ de tasse
5 ml	sauce Worcestershire	I c. à thé
15 g	beurre	I c. à soupe

Garniture

160 g	mélange à pâte tout usage	I tasse
80 ml	lait	⅓ de tasse
15 g	cheddar, râpé	2 c. à soupe
I g	thym séché	¼ de c. à thé

1. *Préparation de viande :* dans un bol, mélanger la farine, le thym, le sel et le poivre. Ajouter la viande et bien l'enrober de farine.

2. Dans une grande poêle antiadhésive, à feu moyen-vif, chauffer l'huile végétale et cuire le bœuf jusqu'à ce qu'il soit doré sur toutes les faces. À l'aide d'une cuillère à égoutter, mettre la viande dans la cocotte de la mijoteuse.

3. Dans la même poêle, verser la bière et cuire en déglaçant le fond. Verser dans la cocotte. Ajouter les champignons, l'oignon, la sauce Worcestershire et le beurre.

4. Couvrir et cuire à basse température de 8 à 10 heures ou à température élevée de 4 à 5 heures, jusqu'à ce que la viande soit tendre sous la fourchette.

5. *Garniture :* dans un bol, mélanger tous les ingrédients jusqu'à l'obtention d'une pâte grumeleuse en évitant de trop mélanger. Verser des cuillerées de pâte dans la cocotte.

Trucs

La bière attendrit la viande. Même les bières assez fortes ne masquent pas le goût des autres ingrédients. Vous pouvez remplacer la bière brune par une autre bière plus légère ou sans alcool, mais le résultat ne sera pas aussi remarquable.

Vous trouverez les boîtes de mélange à pâte tout usage au supermarché, juste à côté des préparations pour gâteaux.

Pour une croûte plus dorée, faites l'étape 5, puis mettez la cocotte au four à 200 °C/400 °F/gaz 6 de 30 à 35 minutes.

Pâté au bœuf et aux champignons

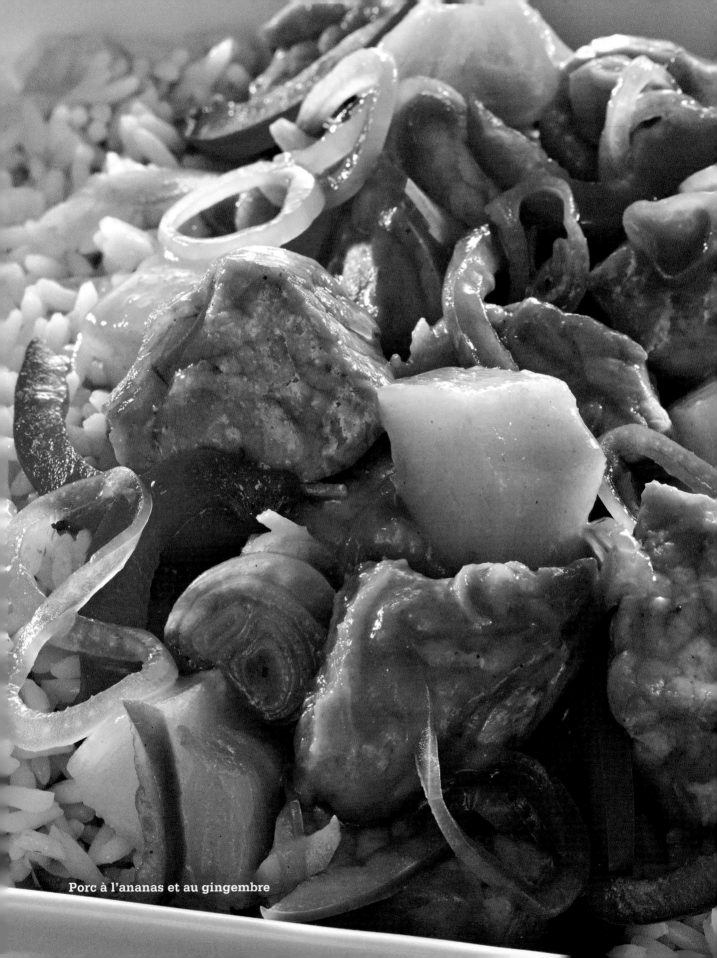

Porc à l'ananas et au gingembre

Porc à l'ananas et au gingembre

Mijoteuse de 3 à 4 litres (12 à 16 tasses) :: 2 portions

375 g	longe de porc, en cubes de 2,5 cm (1 po)	12 oz
5 ml	huile de sésame	1 c. à thé
7 g	fécule de maïs	2 c. à thé
30 ml	sauce soja	2 c. à soupe
1	petit oignon, tranché finement	1
1	gousse d'ail, émincée	1
15 g	cassonade ou sucre roux bien tassé	1 c. à soupe
5 g	gingembre émincé ou 1 g (¼ de c. à thé) de gingembre moulu	1 c. à thé
100 g	petits morceaux d'ananas, égouttés (réserver le jus)	⅔ de tasse
60 ml	bouillon de poulet ou eau	¼ de tasse
30 ml	ketchup	2 c. à soupe
15 ml	vinaigre de riz	1 c. à soupe
15 ml	sauce hoisin	1 c. à soupe
½	poivron rouge, tranché finement	½
½	poivron vert, tranché finement	½

Variante

Vous pouvez aussi utiliser une côtelette d'épaule de porc coupée en morceaux.

1. Dans un bol, mélanger la viande avec l'huile de sésame et la moitié de la fécule de maïs et de la sauce soja. Laisser reposer pendant 30 minutes, puis transvider dans la cocotte de la mijoteuse.

2. Dans un bol, mélanger l'oignon, l'ail, la cassonade, le gingembre, le reste de la fécule de maïs et de la sauce soja, le jus d'ananas réservé, le bouillon, le ketchup, le vinaigre et la sauce hoisin. Verser sur la viande.

3. Couvrir et cuire à basse température de 6 à 8 heures ou jusqu'à ce que la viande soit tendre.

4. Ajouter l'ananas et les poivrons. Couvrir et cuire à température élevée pendant 15 minutes ou jusqu'à ce que les poivrons soient tendres, mais encore un peu croquants.

Côtelettes de porc au gingembre

Mijoteuse de 3 à 4 litres (12 à 16 tasses) :: **2 portions**

10 ml	huile végétale	2 c. à thé
2	côtelettes de longe de porc de 2,5 cm (1 po) d'épaisseur non désossées, parées	2
½	petit oignon, en dés	½
2 g	gingembre, râpé	½ c. à thé
1 g	moutarde sèche	½ c. à thé
1 g	sel	¼ de c. à thé
1	pincée de poivre du moulin	1
60 g	confiture de pêches	¼ de tasse
15 ml	sauce soja	1 c. à soupe
15 ml	vinaigre de riz	1 c. à soupe
100 g	riz brun à grain long	½ tasse

1. Dans une poêle antiadhésive, à feu moyen-vif, chauffer l'huile végétale et cuire la viande environ 5 minutes de chaque côté ou jusqu'à ce qu'elle soit dorée. Placer les côtelettes dans la cocotte de la mijoteuse. Ajouter l'oignon et saupoudrer de gingembre, de moutarde sèche, de sel et de poivre.

2. Dans un petit bol, mélanger la confiture, la sauce soja et le vinaigre. Verser sur les côtelettes.

3. Couvrir et cuire à basse température de 4 à 5 heures ou à température élevée de 2 à 2 ½ heures, jusqu'à ce que la viande soit tendre sous la fourchette.

4. Entre-temps, cuire le riz en suivant les indications inscrites sur l'emballage et servir dans une grande assiette. Disposer les côtelettes de porc sur le riz et arroser des jus de cuisson.

Variante

La tranche d'épaule de porc est un bon substitut des côtelettes. Le temps de cuisson sera alors de 6 à 8 heures à basse température ou de 3 à 4 heures à température élevée.

Truc

Si la sauce nécessite d'être épaissie en fin de cuisson, mélangez 3 g (2 c. à thé) de fécule de maïs et 15 ml (1 c. à soupe) d'eau froide. Versez dans la cocotte après avoir retiré les côtelettes. Couvrir et cuire à température élevée de 15 à 20 minutes ou jusqu'à épaississement de la sauce.

Côtes levées de dos barbecue

Mijoteuse de 3 à 4 litres (12 à 16 tasses) :: 2 portions

750 g	côtes levées de dos de porc	1 ½ lb
1	petit oignon, haché finement	1
1	gousse d'ail, émincée	1
30 g	cassonade ou sucre roux bien tassé	2 c. à soupe
1 g	assaisonnement au chili	½ c. à thé
0,5 g	paprika fumé	¼ de c. à thé
1 g	graines de céleri	¼ de c. à thé
125 ml	ketchup	½ tasse
2 ml	sauce Worcestershire	½ c. à thé
1 ml	sauce piquante aux piments	¼ de c. à thé
125 ml	eau	½ tasse

Truc

Servez ces côtes levées avec une salade de pommes de terre pour faire un repas estival incomparable. Le lendemain, effilochez le reste de la viande pour faire des paninis grillés.

1. Placer les côtes levées dans la cocotte de la mijoteuse. Dans un petit bol, mélanger le reste des ingrédients. Verser sur la viande.

2. Couvrir et cuire à basse température de 10 à 12 heures ou à température élevée de 5 à 6 heures, jusqu'à ce que les côtes levées soient tendres. À l'aide d'une cuillère à égoutter, disposer la viande dans une grande assiette et réserver au chaud.

3. Écumer les jus de cuisson accumulés dans la cocotte. Verser dans une casserole et porter à ébullition. Laisser bouillir à feu moyen-vif de 5 à 7 minutes ou jusqu'à épaississement de la sauce. Servir la sauce dans des petits bols.

Le paprika fumé est composé de poivrons fumés moulus. On trouve dans le commerce du paprika fumé doux, moyen ou fort. Utilisez-le avec parcimonie, car les assaisonnements fumés peuvent facilement masquer le goût des autres ingrédients.

Casserole de saucisses à la choucroute

Mijoteuse de 3 à 4 litres (12 à 16 tasses) :: 2 portions

Graisser la cocotte

15 ml	huile végétale	1 c. à soupe
2	saucisses allemandes ou bratwurst	2
240 g	pommes de terre rissolées, décongelées	1 ½ tasse
1	petit poivron rouge, haché	1
½	pomme rouge, tranchée	½
0,5 g	graines de carvi	¼ de c. à thé
1 g	sel	¼ de c. à thé
1	pincée de poivre du moulin	1
80 ml	jus ou cidre de pomme non sucré	⅓ de tasse
10 ml	vinaigre de cidre	2 c. à thé
150 g	choucroute, égouttée	1 tasse
4 g	persil frais, haché	1 c. à soupe

1. Dans une poêle, à feu moyen-vif, chauffer l'huile végétale et faire revenir les saucisses de 6 à 8 minutes ou jusqu'à ce qu'elles soient dorées sur toutes les faces. (Elles seront plus faciles à couper si elles ne sont pas complètement cuites.) Sur une planche à découper, à l'aide d'un couteau bien affûté, couper les saucisses en morceaux de 2,5 cm (1 po).

2. Dans la cocotte de la mijoteuse, mélanger les pommes de terre et le poivron. Ajouter une couche de saucisses et une couche de tranches de pomme. Assaisonner de carvi, de sel et de poivre.

3. Dans une tasse à mesurer (verre gradué), mélanger le jus de pomme et le vinaigre. Verser dans la cocotte.

4. Couvrir et réchauffer à basse température de 5 à 6 heures ou à température élevée de 2 ½ à 3 heures.

5. Étaler la choucroute sur la préparation de saucisses. Couvrir et cuire à température élevée de 25 à 30 minutes ou jusqu'à ce que la choucroute soit chaude. Servir dans un grand plat et garnir de persil.

Truc

Lorsque les ingrédients ne renferment pas beaucoup de liquide, il est recommandé de vaporiser de l'enduit végétal antiadhésif dans la cocotte, sans quoi les aliments risquent de coller au fond. Avant de laver une cocotte très collée, laissez-la tremper dans l'eau chaude savonneuse.

Casserole de saucisses à la choucroute

Préparer deux repas en même temps

Poulet aux piments et au sirop d'érable

Mijoteuse de 5 litres (20 tasses) ou plus :: 4 portions + les restes

2	poivrons rouges, en morceaux de 2,5 cm (1 po)	2
2	carottes, hachées grossièrement	2
1	oignon, en quartiers	1
1,5 kg	hauts de cuisses de poulet désossés	3 lb
560 g	tomates à l'étuvée pour chili en conserve, avec leur jus	2 ¼ tasses
45 g	pâte de tomate	3 c. à soupe
30 à 45 g	piment chipotle en sauce adobo, haché finement	2 à 3 c. à soupe
30 ml	sirop d'érable, cassonade ou sucre roux	2 c. à soupe
5 g	sel	1 c. à thé
	Nouilles aux œufs au beurre, chaudes	

1. Mettre les poivrons, les carottes et l'oignon dans la cocotte de la mijoteuse. Ajouter les hauts de cuisses de poulet.

2. Dans un bol, mélanger le reste des ingrédients, sauf les nouilles. Verser sur le poulet et les légumes.

3. Couvrir et cuire à basse température de 8 à 9 heures ou à température élevée de 4 à 4 ½ heures ou jusqu'à ce qu'un jus clair s'écoule lorsqu'on pique le poulet.

4. Pour la recette du 2ᵉ jour, réserver séparément 8 hauts de cuisses de poulet et 250 ml (1 tasse) de sauce dans des contenants hermétiques. Laisser refroidir, puis réfrigérer pas plus de 3 jours.

5. Servir le reste du poulet et de la sauce sur les nouilles chaudes.

Préparation à l'avance

On peut assembler ce plat jusqu'à 12 heures à l'avance. Préparer les étapes 1 et 2, couvrir et réfrigérer toute la nuit. Le lendemain, placer la cocotte dans la mijoteuse et poursuivre la recette avec l'étape 3.

Trucs

La pâte de tomate en tube se conserve plusieurs mois au réfrigérateur.

Résistez à la tentation de soulever le couvercle de la mijoteuse pendant la cuisson des aliments, sinon il faudra ajouter 20 minutes au temps de cuisson indiqué dans la recette.

Poulet aux piments et au sirop d'érable

Quésadillas au poulet du vendredi soir

Jour 2

Quésadillas au poulet du vendredi soir

Préchauffer le four à 200 °C/400 °F/gaz 6 :: 4 portions

8	hauts de cuisses de poulet réservés du 1er jour	8
250 ml	sauce réservée du 1er jour	1 tasse
8	tortillas de blé de 25 cm (10 po)	8
2	oignons verts, tranchés	2
1	piment jalapeno, épépiné et haché finement (facultatif)	1
240 g	cheddar doux ou monterey jack, râpé	2 tasses
180 g	maïs en grains, décongelé	1 tasse
	Salsa douce ou piquante	
	Crème sure ou aigre	

Trucs

On peut aussi faire les quésadillas à la poêle. Dans une grande poêle antiadhésive ou en fonte, à feu moyen-doux, verser de l'huile végétale pour couvrir le fond. Cuire une quésadilla à la fois pendant 2 minutes ou jusqu'à ce que le fromage commence à fondre. Retourner et cuire de 1 à 2 minutes, jusqu'à ce que le fond soit chaud et légèrement grillé.

Servez les quésadillas avec une salade d'épinards et de la bière.

1. Sur une planche à découper, à l'aide de deux fourchettes, effilocher les cuisses de poulet. Mélanger avec la sauce dans un bol.

2. Placer 4 tortillas sur une plaque à pâtisserie à bord élevé. Garnir de poulet, d'oignons verts, de piment, de fromage et de maïs. Couvrir avec une autre tortilla.

3. Cuire dans le four préchauffé pendant 15 à 20 minutes, en retournant à mi-cuisson, jusqu'à ce que les tortillas soient dorées et que le fromage soit fondu. Couper en pointes sur la planche à découper. Servir avec de la salsa et de la crème sure au goût.

Poulet aux poireaux et au citron

Mijoteuse de 5 litres (20 tasses) ou plus :: **4 portions + les restes**

1	citron	1
50 g	farine tout usage (type 55)	⅓ de tasse
3 g	sel	¾ de c. à thé
1 g	poivre du moulin	½ c. à thé
6	poitrines (blancs) de poulet non désossées sans peau (environ 1,25 kg/2 ½ lb)	6
45 g	beurre	3 c. à soupe
8	gousses d'ail, tranchées finement	8
6	poireaux, tranchés finement	6
375 ml	bouillon de poulet	1 ½ tasse
20 g	farine tout usage (type 55)	2 c. à soupe
250 ml	crème à fouetter (35 %)	1 tasse
	Persil frais, haché finement	

1. Râper finement 1 g (½ c. à thé) de zeste de citron. Réserver dans un contenant hermétique gardé au réfrigérateur pour la recette du 2e jour. À l'aide d'un couteau bien affûté, retirer et jeter le reste de la pelure et de la peau blanche. Épépiner le citron, couper en tranches fines et réserver.

2. Dans un bol peu profond, mélanger 50 g (⅓ de tasse) de farine, 2 g (½ c. à thé) de sel et le poivre. Fariner le poulet et secouer l'excédent de farine.

3. Dans une grande poêle, à feu moyen, chauffer le beurre et cuire le poulet de 3 à 4 minutes ou jusqu'à ce qu'il soit doré. (Procéder par étapes si la poêle n'est pas assez grande.) Jeter le gras qui s'est accumulé dans la poêle.

4. Mettre l'ail et les poireaux dans la cocotte de la mijoteuse, saupoudrer le reste du sel. Ajouter le poulet et couvrir avec les tranches de citron réservées. Verser le bouillon.

5. Couvrir et cuire à basse température de 6 à 8 heures ou à température élevée de 3 à 4 heures, jusqu'à ce que le poulet ait perdu sa couleur rosée.

6. Laisser refroidir 2 poitrines (blancs) de poulet pour la recette du 2e jour. Hacher et réserver dans un contenant hermétique. Réfrigérer pas plus de 3 jours.

Trucs

Les poireaux renferment beaucoup de sable. Retirez la partie vert foncé et coupez le blanc en deux sur la longueur. Rincez à l'eau froide en détachant les feuilles. Égouttez dans une passoire avant de couper en tranches.

La pelure des agrumes est composée de deux parties : le zeste et la peau blanche. Le zeste est la partie extérieure de couleur vive. Ses huiles volatiles sont extrêmement parfumées. La peau blanche est une membrane fibreuse située sous le zeste qui protège le fruit. On la retire habituellement, à moins de vouloir donner de l'amertume à un plat.

7. À l'aide d'une cuillère à égoutter, disposer le reste du poulet dans des assiettes. Garnir de poireaux et couvrir pour réserver au chaud.

8. Verser 125 ml (½ tasse) des jus de cuisson dans une casserole et jeter le reste. Dans un bol, à l'aide d'un fouet, mélanger 20 g (2 c. à soupe) de farine et la crème. Verser dans la casserole et porter à ébullition en fouettant sans cesse. Baisser le feu et laisser mijoter de 3 à 4 minutes ou jusqu'à épaississement.

9. Verser la sauce sur le poulet et les poireaux. Garnir de persil au goût et servir aussitôt.

Risotto au poulet et aux champignons

4 portions

15 ml	huile d'olive	1 c. à soupe
15 g	beurre	1 c. à soupe
2	gros portobellos ou autres champignons à large chapeau, hachés	2
1	oignon, haché	1
300 g	riz arborio	1 ½ tasse
125 ml	vin blanc sec	½ tasse
1,4 litre	bouillon de poulet, chaud	5 ½ tasses
	Poulet réservé du 1er jour	
	Zeste réservé du 1er jour	
50 g	parmesan, râpé	½ tasse
	Poivre du moulin	
	Persil frais, haché	

1. Dans une grande poêle, à feu moyen-vif, chauffer l'huile d'olive et le beurre. Cuire les champignons et l'oignon environ 8 minutes. Ajouter le riz et cuire en remuant pendant 2 minutes.

2. Verser le vin blanc et décoller le riz du fond de la poêle. En remuant souvent, cuire pendant 2 minutes ou jusqu'à absorption complète du vin. Ajouter 250 ml (1 tasse) de bouillon et laisser mijoter à feu moyen en remuant souvent, jusqu'à absorption du liquide. Continuer d'ajouter 125 ml (½ tasse) de bouillon à la fois et cuire, en remuant souvent, jusqu'à ce que le liquide soit absorbé avant d'en rajouter une autre louche. Cette étape prendra de 25 à 30 minutes avant que le riz soit complètement cuit. Pendant la cuisson, la préparation doit mijoter légèrement.

3. Ajouter le poulet, le zeste de citron, le parmesan et 0,5 g (¼ de c. à thé) de poivre. Cuire en remuant souvent, jusqu'à ce que la préparation soit chaude et crémeuse.

4. Servir dans des bols, poivrer et garnir de persil au goût.

Poulet au miel et à la moutarde

Jour 1 Poulet au miel et à la moutarde

Mijoteuse de 5 litres (20 tasses) ou plus :: 6 portions + les restes

2	grosses patates douces	2
1	gros oignon, coupé en deux sur la longueur, puis tranché finement	1
1	gros poivron rouge, haché	1
8	poitrines (blancs) de poulet non désossées sans peau (environ 2,25 kg/4 ½ lb)	8
2 g	sel	½ c. à thé
0,5 g	poivre du moulin	¼ de c. à thé
85 g	miel	¼ de tasse
60 g	moutarde de Dijon	¼ de tasse
15 g	poudre de cari	2 c. à soupe
30 g	beurre, ramolli	2 c. à soupe
20 g	fécule de maïs	2 c. à soupe
30 ml	eau froide	2 c. à soupe

Trucs

Le temps de cuisson peut varier selon la grosseur de la mijoteuse et des morceaux de volaille. Si vous utilisez surtout de la chair blanche, évitez de prolonger la cuisson.

Avant de mesurer le miel, vaporisez un peu d'huile végétale dans la tasse à mesurer ou le verre gradué. Il vous sera ensuite plus facile de verser le miel.

1. Couper chacune des patates en 2 sur la longueur, puis en 2 sur la largeur. Couper chacun des quartiers en 3 pointes. Dans la cocotte de la mijoteuse, mélanger les patates, l'oignon et le poivron. Ajouter le poulet, le sel et le poivre.

2. Dans un bol, mélanger le miel, la moutarde, le cari et le beurre. Verser dans la cocotte.

3. Couvrir et cuire à basse température de 5 à 6 heures ou à température élevée de 2 ½ à 3 heures, jusqu'à ce que le poulet ait perdu sa couleur rosée.

4. Pour la recette du 2e jour, réserver séparément 2 poitrines (blancs) de poulet, 160 g (1 tasse) de légumes et 125 ml (½ tasse) des jus de cuisson dans des contenants hermétiques. Laisser refroidir, puis réfrigérer pas plus de 3 jours.

5. À l'aide d'une cuillère à égoutter, disposer le reste du poulet et des légumes dans une grande assiette et couvrir pour garder au chaud.

6. Filtrer les jus de cuisson dans une casserole et jeter les solides. Dans un petit bol, mélanger la fécule de maïs avec l'eau. Porter les jus de cuisson à ébullition à feu moyen-vif. À l'aide d'un fouet, incorporer la fécule de maïs diluée. Baisser le feu et laisser mijoter en remuant de 2 à 3 minutes ou jusqu'à épaississement. Verser sur le poulet et les légumes.

Salade de poulet au chou et aux pois mange-tout

Jour 2

4 portions

Vinaigrette

125 ml	jus de cuisson réservés du 1er jour	½ tasse
125 g	mayonnaise	½ tasse

Salade

2	poitrines (blancs) de poulet réservées du 1er jour	2
160 g	légumes réservés du 1er jour	1 tasse
480 g	chou nappa (ou laitue iceberg), râpé	3 tasses
240 g	salade de brocoli préparée	1 ½ tasse
40 g	pois mange-tout (pois gourmands), effilés et coupés finement sur la longueur	½ tasse
30 g	nouilles chow mein croustillantes	½ tasse

1. *Vinaigrette :* dans un petit bol, à l'aide d'un fouet, mélanger les jus de cuisson et la mayonnaise jusqu'à consistance lisse. Réserver.

2. *Salade :* désosser la volaille et jeter les os. Couper le poulet.

3. Dans un grand bol, mélanger le poulet, les légumes réservés, le chou, la salade de brocoli, les mange-tout et les nouilles. Verser la vinaigrette et bien mélanger.

Truc

Il est facile de se procurer des nouilles chow mein au supermarché. Elles ajoutent une texture intéressante aux salades.

La salade de brocoli est préparée avec du brocoli, du chou rouge et des carottes râpés. Si vous n'en trouvez pas au supermarché, il est facile de la préparer à la maison. Elle est aussi délicieuse avec des fruits (pommes, canneberges ou airelles séchées, etc.).

Salade de poulet au chou et aux pois mange-tout

Bols de nouilles au poulet

Jour 1

Mijoteuse de 5 litres (20 tasses) ou plus :: 4 portions + les restes

3	gros poivrons rouges, en lanières	3
2	oignons, tranchés	2
1 à 2	piments Serrano, épépinés et hachés finement	1 à 2
250 g	champignons de Paris, tranchés	3 tasses
6	gousses d'ail, émincées	6
10 g	gingembre, émincé	2 c. à thé
6	poitrines (blancs) de poulet désossées et sans peau	6
250 ml	sauce tomate	1 tasse
60 ml	sauce de poisson	¼ de tasse
30 g	sucre	2 c. à soupe
30 ml	jus de lime (citron vert) frais	2 c. à soupe
30 ml	sauce chili Sriracha	2 c. à soupe
250 ml	lait de coco	1 tasse
90 g	germes de soja	1 ½ tasse
20 g	fécule de maïs	2 c. à soupe
30 ml	eau froide	2 c. à soupe
175 g	nouilles de riz	6 oz
80 g	arachides, hachées	½ tasse
	Coriandre fraîche, hachée	

1. Placer les poivrons, les oignons, les piments et les champignons dans la cocotte de la mijoteuse. Parsemer d'ail et de gingembre, puis ajouter le poulet.

2. Dans une tasse à mesurer ou un verre gradué, mélanger la sauce tomate, la sauce de poisson, le sucre, le jus de lime et la sauce chili. Verser sur le poulet et les légumes.

3. Couvrir et cuire à basse température de 6 à 7 heures ou à température élevée de 3 à 3 ½ heures, jusqu'à ce que le poulet ait perdu sa couleur rosée.

4. Ajouter le lait de coco et les germes de soja. Couvrir et cuire à température élevée pendant 30 minutes.

Truc

Le lait de coco est préparé avec de la pulpe de noix de coco râpée qu'on a fait préalablement tremper. Il ne faut pas le confondre avec l'eau de coco contenue dans la noix ni avec la crème de coco, couramment utilisée pour concocter des boissons tropicales, comme le piña colada.

5. Pour la recette du 2e jour, réserver séparément 2 poitrines (blancs) de poulet, 160 g (1 tasse) de légumes et 60 ml (¼ de tasse) des jus de cuisson dans des contenants hermétiques. Laisser refroidir, puis réfrigérer pas plus de 2 jours.

6. À l'aide d'une cuillère à égoutter, mettre le reste du poulet sur une planche à découper. Découper en tranches et couvrir pour garder au chaud. Transvider les légumes dans un bol et couvrir.

7. Dans un petit bol, à laide d'un fouet, mélanger la fécule de maïs avec l'eau. Vider le reste des jus de cuisson dans une casserole et porter à ébullition à feu moyen-vif. À feu moyen, à l'aide d'un fouet, verser la fécule diluée et cuire en remuant de 3 à 5 minutes ou jusqu'à épaississement.

8. Entre-temps, cuire les nouilles en suivant les indications inscrites sur l'emballage jusqu'à ce qu'elles soient al dente. Égoutter et remettre dans la casserole.

9. Mélanger les nouilles avec 125 ml (½ tasse) de sauce et les légumes réservés. Disposer dans une grande assiette. Couvrir de tranches de poulet et napper avec le reste de la sauce. Garnir d'arachides et de coriandre.

Jour 2

Pizza au poulet

Préchauffer le four à 240 °C/475 °F/gaz 9 ; placer la grille dans le bas du four :: 4 portions

60 ml	jus de cuisson réservés du 1er jour	¼ de tasse
15 g	beurre d'arachide	1 c. à soupe
15 ml	huile de sésame	1 c. à soupe
1	pincée de flocons de piment (facultatif)	1
1	croûte à pizza cuite ou pain plat	1
2	poitrines (blancs) de poulet réservées du 1er jour	2
160 g	légumes réservés du 1er jour	1 tasse
½	oignon rouge, tranché finement	½
360 g	mozzarella, râpée	3 tasses
15 g	coriandre fraîche, hachée	¼ de tasse

1. Dans une casserole, mélanger les jus de cuisson, le beurre d'arachide, l'huile de sésame et les flocons de piment. Réchauffer à feu moyen en remuant souvent et réserver.

2. Étaler la sauce sur la croûte à pizza. Garnir de poulet, de légumes, d'oignon et de fromage.

3. Placer la pizza directement sur la grille du four préchauffée. Cuire de 10 à 12 minutes ou jusqu'à ce que le fromage soit doré et bouillonnant. Garnir de coriandre.

Dinde à la sauce sucrée aux canneberges

Jour 1

Dinde à la sauce sucrée aux canneberges

Mijoteuse ovale de 6 litres (24 tasses) ou plus :: 6 portions + les restes

2	poitrines (blancs) de dinde désossées de 1,5 kg (3 lb) chacune	2
410 ml	sauce aux canneberges (airelles) entières	1 ⅔ tasse
1	sachet de 45 g (1 ½ oz) soupe à l'oignon	1
	Zeste râpé et jus de 1 orange	
30 g	fécule de maïs	3 c. à soupe
45 ml	sauce soja	3 c. à soupe
45 g	sucre	3 c. à soupe
7 ml	vinaigre de cidre	1 ½ c. à thé
	Sel et poivre du moulin	

1. Placer la dinde dans la cocotte de la mijoteuse, chair vers le haut.

2. Conserver 30 ml (2 c. à soupe) de sauce aux canneberges dans un contenant hermétique et réfrigérer pour la recette du 2ᵉ jour. Dans un bol, mélanger le reste de la sauce avec le contenu du sachet de soupe à l'oignon, le zeste et le jus d'orange. Verser sur la dinde.

3. Couvrir et cuire à basse température de 3 ½ à 5 heures, jusqu'à ce que le thermomètre à viande inséré dans la partie la plus épaisse de la dinde indique 77°C (170°F) et qu'un jus clair s'écoule lorsqu'on la pique. Laisser reposer la dinde sur une planche à découper pendant 15 minutes.

4. Découper la dinde en tranches fines. Couper en morceaux 240 g (1 ½ tasse) de chair pour la recette du 2ᵉ jour et réserver dans un contenant hermétique. Laisser refroidir, puis réfrigérer pas plus de 3 jours. Couvrir les tranches pour les garder au chaud.

5. Transvider les jus de cuisson dans une casserole. Dans un petit bol, à l'aide d'un fouet, mélanger la fécule de maïs et la sauce soja jusqu'à consistance lisse. Verser dans la casserole, ajouter le sucre et le vinaigre, puis assaisonner au goût. Porter à ébullition, baisser le feu et laisser mijoter en remuant de 2 à 3 minutes ou jusqu'à léger épaississement. Verser sur les tranches de dinde.

Quiche à la dinde et aux canneberges

Jour 2

Préchauffer le four à 200 °C/400 °F/gaz 6 :: 6 portions

I	fond de tarte profond de 23 cm (9 po) cru	I
I5 g	moutarde de Dijon	I c. à soupe
30 ml	sauce aux canneberges (airelles) réservée du Ier jour	2 c. à soupe
I20 g	fromage suisse, râpé	I tasse
I20 g	cheddar, râpé	I tasse
I5 g	beurre ou margarine	I c. à soupe
I	oignon, haché	I
I	branche de céleri, hachée	I
30 g	amandes effilées	¼ de tasse
240 g	dinde réservée du Ier jour	I ½ tasse
3	œufs	3
I80 ml	lait concentré non sucré	¾ de tasse
I g	sauge séchée	¼ de c. à thé

1. Cuire le fond de tarte dans le four préchauffé pendant 5 à 7 minutes ou jusqu'à ce qu'il soit légèrement doré. Retirer du four (sans éteindre le four) et laisser refroidir légèrement. À l'aide d'un pinceau à pâtisserie, badigeonner le fond de moutarde, puis étaler la sauce aux canneberges.

2. Dans un bol, mélanger le fromage suisse et le cheddar, puis en étaler la moitié sur la sauce aux canneberges. Réserver.

3. Dans une poêle antiadhésive, à feu moyen, chauffer le beurre et faire sauter l'oignon, le céleri et les amandes de 3 à 5 minutes ou jusqu'à ce que les légumes soient tendres.

4. Étaler successivement la préparation d'oignon, la dinde et le reste du fromage dans le fond de tarte.

5. Dans un bol, à l'aide d'un fouet, battre vigoureusement les œufs. Incorporer le lait concentré et la sauge, puis verser dans le fond de tarte.

6. Cuire au four pendant 15 minutes. Baisser la température à 190 °C /375 °F/ gaz 5 et cuire de 25 à 30 minutes ou jusqu'à ce que le centre de la quiche soit pris. (Au cours des 10 à 15 dernières minutes de cuisson, couvrir le bord de la pâte de papier d'aluminium au besoin afin qu'il ne dore pas trop rapidement.) Laisser reposer pendant 10 minutes avant de découper en pointes.

Trucs

Les quiches permettent d'utiliser intelligemment les restes. Pour faire changement, remplacez le fond de tarte par de gros croissants coupés en deux qui serviront à couvrir le fond et les côtés d'un moule à tarte.

Cette quiche est délicieuse chaude ou à température ambiante. Servez-la avec une salade d'épinards. Si vous avez suffisamment de restes de volaille de la veille, faites deux quiches et gardez-en une au congélateur pour un autre repas.

Quiche à la dinde et aux canneberges

Cuisses de dinde barbecue aux tomates

Mijoteuse de 5 litres (20 tasses) ou plus :: 6 portions + les restes

5	cuisses de dinde sans peau (environ 2,5 kg/5 lb)	5
1	gros poivron rouge ou vert, haché	1
6	gousses d'ail, émincées	6
810 g	tomates broyées en conserve	3 ¼ tasses
310 ml	sauce pour enchiladas du commerce	1 ¼ tasse
60 ml	vinaigre de vin rouge	¼ de tasse
20 g	piment chipotle en sauce adobo, haché finement	2 c. à soupe
7 g	assaisonnement au chili	1 c. à soupe
10 g	origan séché, émietté	2 c. à thé
2 g	cumin moulu	1 c. à thé
5 g	sel	1 c. à thé
2 g	cannelle moulue	½ c. à thé
600 g	riz, cuit et chaud	3 tasses
	Crème sure ou aigre (facultatif)	

1. Ranger les cuisses de dinde dans la cocotte de la mijoteuse et couvrir de poivron.

2. Dans un bol, mélanger l'ail, les tomates, la sauce pour enchiladas, le vinaigre, le piment, l'assaisonnement au chili, l'origan, le cumin, le sel et la cannelle. Répartir uniformément sur la dinde.

3. Couvrir et cuire à basse température de 8 à 10 heures ou à température élevée de 4 à 6 heures, jusqu'à ce qu'un jus clair s'écoule lorsqu'on pique la dinde et que la chair soit très tendre et se détache des os. Mettre la dinde sur une planche à découper. Écumer la sauce.

4. Pour la recette du 2e jour, réserver séparément 2 cuisses de dinde et 250 ml (1 tasse) de sauce dans des contenants hermétiques. Laisser refroidir, puis réfrigérer pas plus de 3 jours.

5. Désosser le reste de la dinde. Jeter les os et couper les cuisses en deux. Servir sur un lit de riz et garnir de crème sure au goût. Servir le reste de la sauce en saucière.

Préparation à l'avance

On peut assembler ce plat jusqu'à 12 heures à l'avance. Préparer les étapes 1 et 2, couvrir et réfrigérer toute la nuit. Le lendemain, placer la cocotte dans la mijoteuse et poursuivre la recette avec l'étape 3.

Truc

Congelez les cuisses de dinde cuites dans un contenant hermétique. Elles se conserveront jusqu'à 1 mois au congélateur. Laissez-les décongeler au réfrigérateur toute une nuit avant de les réchauffer.

Jour 2

Enchiladas à la dinde et au fromage

Préchauffer le four à 180 °C/350 °F/gaz 4 :: 6 portions

2	cuisses de dinde réservées du 1er jour	2
125 g	fromage à la crème allégé	½ tasse
3	oignons verts, hachés finement	3
250 ml	sauce réservée du 1er jour	1 tasse
125 g	yogourt nature allégé	½ tasse
6	tortillas de blé de 25 cm (10 po)	6
375 ml	salsa verde	1 ½ tasse
180 g	cheddar ou monterey jack, râpé	1 ½ tasse
8 g	coriandre ou persil frais, haché	2 c. à soupe

Truc

Servez ces enchiladas avec une variété de garnitures : tranches de radis ou d'avocat, tomates hachées, laitue, crème sure ou aigre, etc. Ils sont aussi exquis accompagnés de riz mexicain (page 208).

1. Graisser un plat de cuisson en verre de 33 cm x 23 cm (13 po x 9 po) convenant au micro-ondes. Sur une planche à découper, à l'aide de deux fourchettes, effilocher la chair de dinde. Jeter les os.

2. Dans un grand bol convenant au micro-ondes, faire ramollir le fromage à la crème à puissance moyenne (50%) pendant 1 minute. Ajouter les oignons verts, la sauce, le yogourt et la dinde, puis bien mélanger.

3. Tartiner le centre de chacune des tortillas avec 80 g (½ tasse) de la préparation. Rouler et ranger en une seule couche dans le plat graissé en plaçant l'ouverture des tortillas vers le fond.

4. Couvrir de salsa et de fromage. Réchauffer dans le four préchauffé pendant 30 à 35 minutes. Garnir de coriandre et servir aussitôt.

Les salsas vertes sont presque toujours plus douces que les salsas rouges. Elles sont préparées avec des tomatilles plutôt qu'avec des tomates, ce qui leur donne un goût légèrement acidulé fort agréable. Des oignons et des piments verts rôtis complètent la recette.

Pain de viande à la sauce chili

Mijoteuse de 5 litres (20 tasses) ou plus :: 6 portions + les restes

Pain de viande

750 g	bœuf haché maigre	1 ½ lb
750 g	porc haché maigre	1 ½ lb
3	œufs, battus légèrement	3
1	gros oignon, haché finement	1
240 g	chapelure fraîche	2 tasses
10 g	sel	2 c. à thé
1 g	poivre du moulin	½ c. à thé

Glace à la sauce chili

125 ml	ketchup	½ tasse
60 ml	sauce chili	¼ de tasse
30 g	cassonade ou sucre roux bien tassé	2 c. à soupe
1 g	moutarde sèche	½ c. à thé

1. *Pain de viande :* couper une feuille de papier d'aluminium de 60 cm (2 pi) en 2 sur la longueur de façon à obtenir 2 lanières. Plier chacune des lanières en 2 sur la longueur. Entrecroiser les lanières dans la cocotte de la mijoteuse en laissant les extrémités remonter le long des parois et par-dessus le bord.

2. Dans un grand bol, avec les mains, mélanger le bœuf, le porc, les œufs, l'oignon, la chapelure, le sel et le poivre. Façonner 2 pains de 13 cm (5 po) et les ranger dans la cocotte.

3. *Glace à la sauce chili :* dans un bol, mélanger tous les ingrédients et étaler uniformément sur les pains de viande.

4. Rentrer les extrémités de papier sous le couvercle. Couvrir et cuire à basse température de 7 à 8 heures ou à température élevée de 3 ½ à 4 heures, jusqu'à ce que le thermomètre à viande inséré au centre des pains de viande indique 77 °C (170 °F). Soulever les pains à l'aide des lanières de papier d'aluminium. Mettre un pain de viande dans une grande assiette.

5. Pour la recette du 2e jour, réserver l'autre pain de viande dans un contenant hermétique. Laisser refroidir, puis réfrigérer pas plus de 3 jours.

Trucs

On peut congeler le pain de viande. Laissez-le refroidir à température ambiante, enveloppez-le de papier d'aluminium, puis rangez-le dans un sac en plastique hermétique. Inscrivez ensuite la date et le nom de la recette sur le sac. Il se conservera ainsi pendant 3 mois. Laissez-le décongeler au réfrigérateur toute une nuit avant de le réchauffer.

Le secret d'un bon pain de viande consiste à utiliser au moins deux viandes et à les mélanger à la main. Il est important de procéder avec délicatesse au moment de façonner le pain.

Pain de viande au parmesan

Préchauffer le four à 180 °C/350 °F/gaz 4 :: 4 à 6 portions

	Pain de viande réservé du 1er jour	
2	œufs, battus légèrement	2
60 ml	lait	¼ de tasse
60 g	chapelure à l'italienne	½ tasse
25 g	parmesan, râpé	¼ de tasse
500 ml	sauce tomate	2 tasses
120 g	mozzarella, râpée	1 tasse

1. Couper le pain de viande en 6 tranches et réserver.

2. Dans un bol peu profond, mélanger les œufs et le lait. Dans un autre bol peu profond, mélanger la chapelure et le parmesan.

3. Tremper chacune des tranches de pain de viande dans les œufs, puis les enrober uniformément de chapelure. Ranger sur une plaque à pâtisserie à bord élevé tapissée de papier-parchemin.

4. Cuire dans le four préchauffé pendant 20 minutes. Napper uniformément de sauce tomate et saupoudrer de mozzarella. Cuire au four environ 15 minutes, jusqu'à ce que le fromage soit fondu et que la sauce soit bien chaude.

Trucs

Le véritable parmesan est le Parmigiano-Reggiano. Il est plus cher, mais son goût est vraiment unique. Un morceau bien enveloppé se conserve plusieurs mois au réfrigérateur et on peut le râper au fur et à mesure de ses besoins.

Servez ce plat sur des pâtes chaudes, comme des linguines, et accompagnez-le d'une belle salade verte.

Bouts de côtes de bœuf épicés

Jour 1

Bouts de côtes de bœuf épicés

Mijoteuse de 5 litres (20 tasses) ou plus :: 4 portions + les restes

Préchauffer le gril et positionner la grille à 15 cm/6 po de la source de chaleur

3 kg	bouts de côtes de bœuf (*short ribs*) ou haut-de-côtes de bœuf, en sections de 8 cm (3 po)	6 lb
2	gros oignons rouges, tranchés finement	2
160 ml	bouillon de bœuf	⅔ de tasse
60 ml	sauce soja	¼ de tasse
60 ml	vinaigre de riz	¼ de tasse
45 g	miel	2 c. à soupe
7 g	cinq-épices moulu	1 c. à soupe
5 g	gingembre moulu	1 c. à thé
4	gousses d'ail, émincées	4
400 g	riz, cuit et chaud	2 tasses

Truc

On peut préparer soi-même son cinq-épices en mélangeant ceci à parts égales : cannelle moulue, clous de girofle, anis étoilé, graines de fenouil et grains de poivre du Sichuan (ou poivre du moulin). À l'aide d'un moulin à café bien nettoyé ou dans un mortier, moudre le tout jusqu'à l'obtention d'une poudre très fine. Le cinq-épices que l'on trouve dans les épiceries orientales est peu coûteux et plus authentique que celui du supermarché.

1. Placer les bouts de côtes dans une lèchefrite ou sur une plaque à pâtisserie à bord élevé tapissée de papier d'aluminium. Cuire sous le gril en les retournant souvent pendant 10 à 15 minutes ou jusqu'à ce qu'ils soient dorés sur toutes les faces. Laisser égoutter dans une grande assiette tapissée de papier absorbant.

2. Mettre les oignons dans la cocotte de la mijoteuse. Couvrir avec les bouts de côtes.

3. Dans un bol, mélanger le reste des ingrédients, sauf le riz. Verser sur la viande.

4. Couvrir et cuire à basse température de 11 à 12 heures ou à température élevée de 5 ½ à 6 heures, jusqu'à ce que la viande soit tendre. À l'aide d'une cuillère à égoutter, réserver la viande et les oignons dans une assiette. Verser les jus de cuisson dans une tasse à mesurer (verre gradué) et écumer.

5. Pour la recette du 2ᵉ jour, réserver séparément la moitié de la viande, des oignons et des jus de cuisson dans des contenants hermétiques. Laisser refroidir, puis réfrigérer pas plus de 3 jours.

6. Servir le reste des bouts de côtes, des oignons et des jus de cuisson sur le riz.

Pommes de terre farcies au bœuf

Préchauffer le four à 180 °C/350 °F/gaz 4 :: **4 portions**

4	grosses pommes de terre pour cuisson au four de 300 g (10 oz) chacune, brossées	4
	Bouts de côtes réservés du 1er jour	
	Oignons réservés du 1er jour	
	Jus de cuisson réservés du 1er jour	
125 ml	babeurre	½ tasse
120 g	cheddar, râpé	1 tasse
8 g	persil frais, haché	2 c. à soupe
	Sel et poivre du moulin	

1. À l'aide d'une fourchette, piquer la pelure des pommes de terre plusieurs fois. Cuire au micro-ondes (voir Trucs).

2. Entre-temps, désosser les bouts de côtes et jeter les os. À l'aide de deux fourchettes, effilocher la chair pour obtenir environ 240 g (1 ½ tasse). Dans une casserole, mélanger la viande, les oignons et les jus de cuisson. Réchauffer à feu moyen en remuant souvent.

3. Couper les pommes de terre en deux sur la longueur. Évider en laissant une bordure de 5 mm (¼ de po) de chair autour des pelures. Mettre la chair dans un bol et réserver les pelures.

4. Mélanger la chair des pommes de terre avec le babeurre jusqu'à consistance lisse. Ajouter la viande, la moitié du fromage et le persil. Assaisonner au goût. Farcir les pelures avec la préparation de viande et couvrir avec le reste du fromage.

5. Ranger les pommes de terre farcies dans un plat de cuisson peu profond et cuire dans le four préchauffé pendant 15 minutes ou jusqu'à ce que le fromage soit fondu.

Trucs

Pommes de terre au four : cuire à 200 °C/400 °F/gaz 6 pendant 1 heure ou jusqu'à ce qu'elles cèdent légèrement lorsqu'on les presse avec les doigts.

Pommes de terre au micro-ondes : les ranger en cercle sur du papier absorbant ou un plateau de cuisson pour micro-ondes en laissant 2,5 cm (1 po) entre elles. Cuire à puissance élevée, en les retournant à mi-cuisson, jusqu'à ce qu'elles soient tendres quand on les pique avec une brochette. Pour 1 grosse pomme de terre, il faut compter de 4 à 5 minutes de cuisson ; pour 2, de 6 à 8 minutes ; pour 4, de 10 à 12 minutes.

Vous pouvez préparer les pommes de terre à l'avance. Avant le repas, vous n'aurez qu'à les réchauffer et à les farcir. Servez ce plat avec une salade verte et des épis de maïs.

Pommes de terre farcies au bœuf

Rôti de porc à l'ail et au cumin

Mijoteuse de 5 à 6 litres (20 à 24 tasses) :: 6 portions + les restes

l	rôti de longe de porc désossé de 1,75 à 2 kg (3 ½ à 4 lb), paré	l
2	gousses d'ail, émincées	2
l	oignon, haché	l
l	piment chipotle en sauce adobo, haché finement	l
300 g	marmelade d'oranges	l tasse
22 g	miel	l c. à soupe
l g	zeste de lime (citron vert), râpé	½ c. à thé
15 ml	jus de lime (citron vert) frais	l c. à soupe
2 g	cumin moulu	l c. à thé
2 g	origan séché, émietté	½ c. à thé
2 g	sel	½ c. à thé
0,5 g	poivre du moulin	¼ de c. à thé
125 ml	bouillon de poulet	½ tasse

1. Placer le rôti dans la cocotte de la mijoteuse.

2. Dans un bol, mélanger l'ail, l'oignon, le piment, la marmelade, le miel, le zeste et le jus de lime, le cumin, l'origan, le sel et le poivre. Étaler uniformément sur la viande, puis verser le bouillon tout autour.

3. Couvrir et cuire à basse température de 5 à 5 ½ heures ou à température élevée de 2 ½ à 3 heures, jusqu'à ce que la viande soit tendre sous la fourchette. Placer le rôti sur une planche à découper.

4. Pour la recette du 2e jour, réserver environ le tiers de la viande dans un contenant hermétique. Laisser refroidir, puis réfrigérer pas plus de 3 jours.

5. Découper le reste du rôti en tranches et disposer dans une grande assiette. Si désiré, filtrer les jus de cuisson et en verser un peu sur la viande. Jeter le reste des jus de cuisson.

Truc

Après avoir ouvert une boîte de piments chipotles, transvidez-les avec la sauce dans un contenant hermétique. Vous pourrez les conserver ainsi jusqu'à 10 jours au réfrigérateur. Pour les congeler, mettez-les dans un sac de congélation, faites sortir l'air et scellez le sac. Séparez les piments à travers le sac afin de pouvoir retirer uniquement la quantité nécessaire le moment venu. Les piments se conservent jusqu'à 6 mois au congélateur.

Jour 2

Sandwichs au rôti de porc

Préchauffer le grille-sandwichs (facultatif) :: 6 portions

80 g	mayonnaise nature ou aromatisée	⅓ de tasse
½	piment chipotle en sauce adobo, haché finement	½
12	tranches de pain au levain	12
80 g	moutarde préparée	⅓ de tasse
	Rôti de porc réservé du 1ᵉʳ jour, coupé en 6 tranches	
6	tranches de fromage suisse	6
250 g	jambon Forêt-Noire, en tranches fines	8 oz
6	tranches de cornichon à l'aneth	6
45 g	beurre ou margarine, ramolli	3 c. à soupe

Truc

Si vous faites cuire les sandwichs à la poêle, placez le côté beurré au fond. Couvrez de papier d'aluminium et posez une grande assiette par-dessus pour presser les sandwichs. (Au besoin, mettez deux ou trois boîtes de conserve pleines dans l'assiette pour augmenter le poids.)

1. Dans un petit bol, mélanger la mayonnaise et le piment. Tartiner 6 tranches de pain avec la mayonnaise. Étaler la moutarde sur les autres tranches de pain et couvrir chacune avec une tranche de viande, une tranche de fromage, un peu de jambon et une tranche de cornichon. Refermer les sandwichs. Prendre la moitié du beurre pour tartiner légèrement un côté des sandwichs.

2. En procédant par étapes, placer les sandwichs dans le grille-sandwichs (ou dans une grande poêle à feu moyen). Tartiner légèrement le dessus avec le reste du beurre. Cuire environ 8 minutes (ou 4 minutes de chaque côté dans la poêle) ou jusqu'à ce que le fromage soit légèrement fondu et que le pain soit grillé. Couper les sandwichs en 2 et servir aussitôt.

Sous-marins à la saucisse et aux poivrons

 Jour 1

Mijoteuse de 5 litres (20 tasses) ou plus :: 6 portions + les restes

10	saucisses italiennes douces ou piquantes (environ 1 kg/2 lb)	10
6	gousses d'ail, émincées	6
810 g	tomates rôties en dés ou tomates San Marzano en conserve, avec leur jus	3 ¼ tasses
500 ml	sauce tomate	2 tasses
15 ml	vinaigre balsamique	1 c. à soupe
10 g	basilic séché, émietté	2 c. à thé
5 g	origan séché, émietté	1 c. à thé
2 g	sel	½ c. à thé
0,5 g	poivre du moulin	¼ de c. à thé
0,5 g	flocons de piment	¼ de c. à thé
12	petits pains mollets ou à sous-marins, ouverts	12
12	tranches de provolone, coupées en 2	12
155 g	poivrons rouges rôtis en pot, égouttés et coupés en fines lanières	¾ de tasse

1. Dans une grande poêle antiadhésive, à feu moyen-vif, faire revenir les saucisses de 6 à 8 minutes ou jusqu'à ce qu'elles soient dorées sur toutes les faces.

2. Ajouter l'ail, les tomates et leur jus, la sauce tomate, le vinaigre, le basilic, l'origan, le sel, le poivre et les flocons de piment.

3. Couvrir et cuire à basse température de 6 à 8 heures ou à température élevée de 3 à 4 heures, jusqu'à ce que la préparation soit bouillonnante.

4. Pour la recette du 2e jour, réserver séparément 4 saucisses et 1 litre (4 tasses) de sauce dans des contenants hermétiques. Laisser refroidir, puis réfrigérer pas plus de 3 jours.

5. Préchauffer le gril en plaçant la grille à 10 à 13 cm (4 à 5 po) de la source de chaleur. Ranger les moitiés de pain, face coupée vers le haut, sur une plaque à pâtisserie à bord élevé. Couper le reste des saucisses en deux sur la largeur. Mettre ½ saucisse sur la partie inférieure de chacun des pains. Napper avec 15 ml (1 c. à soupe) de sauce et garnir avec ½ tranche de fromage. Répartir le reste du fromage sur la partie supérieure des moitiés de pain.

Trucs

Il est préférable d'utiliser des fines herbes séchées pour la cuisson à la mijoteuse, car elles ont tout le temps nécessaire pour libérer doucement leurs merveilleux parfums.

L'ajout d'une petite quantité de vinaigre balsamique à la sauce tomate lui donne un goût exquis.

Accompagnez ces sous-marins d'une salade César.

6. Faire griller les sandwichs de 2 à 3 minutes ou jusqu'à ce que le fromage soit bouillonnant. Couvrir les saucisses de poivrons. Refermer les sandwichs et servir avec le reste de la sauce versée dans de petits bols.

> *La tomate San Marzano pousse dans un sol volcanique près de Salerne, en Italie. Elle est la préférée des grands chefs italiens. Sa production et son étiquetage sont protégés par les lois de l'Union européenne régissant l'indication géographique protégée (IGP). Les boîtes portent un sceau de certification d'authenticité en plus d'être numérotées.*

Pâtes à la saucisse et à la sauce tomate

6 portions

15 ml	huile d'olive	1 c. à soupe
1	oignon, haché finement	1
1	grosse carotte, en dés	1
1	poivron rouge, haché finement	1
4	saucisses réservées du 1er jour, en morceaux de 2,5 cm (1 po)	4
410 ml	sauce tomate	1 ⅔ tasse
1 litre	sauce réservée du 1er jour	4 tasses
500 g	pennes ou zitis	1 lb
	Parmesan, râpé	

Variante

Ajoutez quelques légumes à cette sauce tomate et servez-la sur vos pâtes préférées que vous accompagnerez de pain chaud et d'un verre de chianti.

1. Dans une grande poêle, à feu moyen-vif, chauffer l'huile d'olive et faire sauter l'oignon, la carotte et le poivron de 5 à 7 minutes ou jusqu'à ce qu'ils soient tendres. Ajouter les saucisses, la sauce tomate et la sauce réservée, puis porter à ébullition. Baisser le feu et laisser mijoter en remuant de temps à autre pendant 10 à 15 minutes.

2. Entre-temps, cuire les pâtes en suivant les indications inscrites sur l'emballage jusqu'à ce qu'elles soient al dente. Égoutter et mélanger avec la sauce.

3. Répartir les pâtes dans des bols et saupoudrer de parmesan au goût.

Rôti d'agneau à la méditerranéenne

Rôti d'agneau à la méditerranéenne

Mijoteuse ovale de 5 litres (20 tasses) ou plus :: 4 portions + les restes

I	échalote, émincée	I
2 g	zeste de citron, râpé	I c. à thé
2 g	poudre d'ail	I c. à thé
5 g	origan séché	I c. à thé
2 g	menthe séchée	½ c. à thé
5 g	romarin séché	I c. à thé
2 g	sel	½ c. à thé
0,5 g	poivre du moulin	¼ de c. à thé
2	rôtis d'épaule d'agneau désossés de I à 1,25 kg (2 à 2 ½ lb) chacun, parés	2
4	carottes, coupées en deux sur la longueur, puis en bâtonnets de 8 cm (3 po)	4
2	pommes de terre blanches ou rouges, en quartiers	2
I	gros oignon, en quartiers	I
125 ml	bouillon de poulet	½ tasse

Trucs

Si les rôtis d'agneau sont ficelés, retirez la ficelle avant de les enrober d'assaisonnements. Ficelez-les ensuite de nouveau avant de les placer dans la cocotte.

Si vous achetez des rôtis d'agneau surgelés, laissez-les décongeler au réfrigérateur toute une nuit avant de faire la recette.

I. Dans un petit bol, mélanger l'échalote, le zeste de citron, la poudre d'ail, l'origan, la menthe, le romarin, le sel et le poivre. Saupoudrer uniformément sur les rôtis d'agneau et bien frotter la viande pour y faire pénétrer le mélange.

2. Dans la cocotte de la mijoteuse, mélanger les carottes, les pommes de terre, l'oignon et le bouillon. Placer les rôtis sur les légumes.

3. Couvrir et cuire à basse température de 8 à 9 heures ou à température élevée de 4 à 5 heures, jusqu'à ce que la viande soit tendre et cuite au goût.

4. Pour la recette du 2e jour, placer un des rôtis dans un bol et laisser refroidir. Effilocher la viande et réserver dans un contenant hermétique. Réfrigérer pas plus de 3 jours.

5. Placer l'autre rôti dans une grande assiette et découper en tranches. À l'aide d'une cuillère à égoutter, disposer les légumes autour de la viande.

6. Filtrer les jus de cuisson dans une tasse à mesurer (verre gradué) et écumer. Verser un peu des jus de cuisson sur la viande et les légumes. Jeter le reste des jus de cuisson.

Préparation à l'avance

On peut assembler ce plat jusqu'à 12 heures à l'avance. Préparer les étapes 1 et 2, couvrir et réfrigérer toute la nuit. Le lendemain, placer la cocotte dans la mijoteuse et poursuivre la recette avec l'étape 3.

Gyros d'agneau et tzatziki

Jour 2

Préchauffer le four à 140 °C/275 °F/gaz 1 :: 4 portions

4	pains pitas	4
I	rôti d'agneau effiloché réservé du 1er jour	
120 g	laitue, effilochée	2 tasses
2	tomates, tranchées	2
½	oignon rouge, tranché	½
250 g	tzatziki maison (recette ci-après) ou du commerce	I tasse
75 g	féta, émiettée	½ tasse

1. Empiler les pitas et envelopper de papier d'aluminium. Réchauffer dans le four préchauffé pendant 10 à 15 minutes.

2. Placer l'agneau dans un plat de cuisson convenant au micro-ondes. Couvrir et réchauffer au micro-ondes de 2 ½ à 3 ½ minutes, en remuant à mi-cuisson.

3. Garnir chaque pita de laitue, de tomates, d'oignon, d'agneau, de tzatziki et de fromage. Rouler en emprisonnant bien la garniture.

Tzatziki

750 g	yogourt nature faible en gras	3 tasses
I	concombre non pelé	I
5 g	sel	I c. à thé
5 g	ail, émincé	2 c. à thé
10 ml	jus de citron frais ou vinaigre de vin rouge	2 c. à thé

1. Tapisser une passoire avec un grand filtre à café ou une double épaisseur de papier absorbant, puis la placer dans un grand bol. Verser le yogourt dans la passoire et laisser égoutter au réfrigérateur pendant 4 heures ou jusqu'à ce que son volume ait réduit de moitié.

2. Entre-temps, râper le concombre, saupoudrer de sel et laisser reposer pendant 20 minutes. Laisser égoutter dans un tamis en pressant le concombre avec les mains pour extraire l'excédent de liquide.

3. Dans un bol, mélanger tous les ingrédients. Utiliser immédiatement ou couvrir et réfrigérer pas plus de 5 jours

Trucs

Inutile d'acheter des pitas-pochettes puisque les pains doivent envelopper la garniture.

Servez ces gyros avec une salade de pois chiches. Et n'oubliez surtout pas le tzatziki.

Gyros d'agneau et tzatziki

Desserts

Abricots et mascarpone vanillé

Mijoteuse de 3 à 4 litres (12 à 16 tasses) :: **4 portions**

I	gousse de vanille, fendue sur la longueur	I
60 g	cassonade ou sucre roux bien tassé	¼ de tasse
30 g	beurre, fondu	2 c. à soupe
15 ml	jus de citron frais ou brandy	I c. à soupe
8	abricots mûrs fermes, coupés en deux et dénoyautés	8
125 g	fromage mascarpone	½ tasse
8 g	sucre glace	I c. à soupe
	Framboises	

1. Dans la cocotte de la mijoteuse, mélanger la gousse de vanille, la cassonade, le beurre et le jus de citron. Ajouter les abricots, bien les enrober et les disposer en une seule couche, face coupée vers le bas.

2. Couvrir et cuire à basse température de 3 à 4 heures ou à température élevée de I ½ à 2 heures, jusqu'à ce que les abricots soient tendres.

3. À l'aide d'une pince, retirer la gousse de vanille de la mijoteuse. Racler les graines dans un petit bol à l'aide d'un couteau d'office et jeter la gousse. Mélanger les graines de vanille avec le fromage et le sucre glace.

4. À l'aide d'une cuillère à égoutter, servir les abricots chauds ou à température ambiante dans de petits bols individuels. Garnir de la préparation de mascarpone, ajouter quelques framboises et napper au goût de jus de cuisson.

Pour ouvrir une gousse de vanille sans difficulté, mettez-la sur une planche à découper, puis insérez la pointe d'un petit couteau bien affûté au centre et ouvrez-la jusqu'à l'une des extrémités. Répétez la même chose vers l'autre extrémité. Raclez ensuite les graines avec la lame. Comme celles-ci auront tendance à s'agglutiner sur le couteau, il faudra les décoller afin de ne rien gaspiller.

Variantes

Si vous n'avez pas de gousse de vanille, employez 5 ml (1 c. à thé) d'extrait de vanille.

On peut remplacer les abricots par 4 pêches fraîches. Si le temps des abricots frais est passé, utilisez 330 g (1 ½ tasse) d'abricots en conserve bien égouttés.

On peut remplacer le mascarpone vanillé par de la crème fouettée légèrement sucrée.

Abricots et mascarpone vanillé

Cobbler aux petits fruits

Mijoteuse de 3 à 4 litres (12 à 16 tasses) :: 6 portions
Graisser la cocotte

600 g	petits fruits mélangés surgelés	3 ¾ tasses
120 g	sucre	½ tasse
20 g	fécule de maïs	2 c. à soupe
4 g	zeste de citron, râpé	2 c. à thé

Garniture

225 g	farine tout usage (type 55)	1 ½ tasse
120 g	cassonade ou sucre roux bien tassé	½ tasse
9 g	levure chimique (poudre à pâte)	2 ¼ c. à thé
1 g	muscade moulue	¼ de c. à thé
180 ml	lait	¾ de tasse
80 g	beurre, fondu	⅓ de tasse

1. Dans la cocotte graissée de la mijoteuse, mélanger les petits fruits, le sucre, la fécule de maïs et le zeste de citron.

2. *Garniture :* dans un bol, mélanger la farine, la cassonade, la levure chimique et la muscade. Incorporer le lait et le beurre en mélangeant jusqu'à consistance homogène. À l'aide d'une cuillère à soupe, jeter des cuillerées de pâte dans la mijoteuse.

3. Couvrir et cuire à basse température de 4 à 5 heures ou jusqu'à ce qu'une brochette insérée au centre d'une quenelle en ressorte propre. Retirer le couvercle et laisser reposer environ 30 minutes avant de servir.

Trucs

Au moment de prélever le zeste de citron, évitez de prendre la peau blanche située sous la pelure. L'idéal est d'utiliser un zesteur ou une râpe Microplane, deux ustensiles peu coûteux faciles à se procurer.

Ce cobbler peut être servi avec de la crème glacée, du yogourt glacé ou de la crème fouettée.

Cobbler aux fruits garni de pacanes épicées

Mijoteuse de 3 à 4 litres (12 à 16 tasses) :: **4 à 6 portions**

Graisser la cocotte

100 g	farine tout usage (type 55)	⅔ de tasse
120 g	cassonade ou sucre roux bien tassé	½ tasse
7 g	cannelle moulue	1 ½ c. à thé
1	pincée de sel	1
60 g	beurre, en cubes	¼ de tasse
80 g	pacanes, hachées grossièrement	⅔ de tasse
480 g	bleuets (myrtilles) frais ou surgelés	3 tasses
440 g	pêches surgelées (ou 3 pêches fraîches, coupées en deux, dénoyautées et coupées en tranches)	2 tasses
120 g	sucre	½ tasse
1 g	muscade moulue	¼ de c. à thé

Truc

Il est inutile de faire décongeler les fruits avant de les mettre dans la mijoteuse. La cuisson lente suffira à la tâche.

1. Dans un petit bol, mélanger la farine, la cassonade, 2 g (½ c. à thé) de cannelle et le sel. Ajouter le beurre et le travailler avec les doigts jusqu'à formation de petites mottes. Ajouter les pacanes et mélanger jusqu'à ce que la préparation soit friable.

2. Dans un grand bol, mélanger les bleuets, les pêches, le sucre, la muscade et le reste de la cannelle. Transvider dans la cocotte de la mijoteuse et saupoudrer avec la préparation de pacanes.

3. Couvrir et cuire à basse température de 6 à 8 heures ou à température élevée de 3 à 4 heures, jusqu'à ce que les fruits soient tendres et que les jus de cuisson soient bouillonnants.

Quenelles aux petits fruits

Quenelles aux petits fruits

Mijoteuse de 3 à 4 litres (12 à 16 tasses) :: 4 à 6 portions

480 g	framboises fraîches ou surgelées	3 tasses
120 g	canneberges (airelles) fraîches ou surgelées	1 tasse
120 g	sucre	½ tasse
125 ml	cocktail de framboises et de canneberges (airelles) ou jus de pomme non sucré	½ tasse
20 g	fécule de maïs	2 c. à soupe
30 g	cassonade ou sucre roux bien tassé	2 c. à soupe
	Crème fouettée ou yogourt glacé	

Quenelles

150 g	farine tout usage (type 55)	1 tasse
30 g	sucre	2 c. à soupe
5 g	levure chimique (poudre à pâte)	1 ¼ c. à thé
1 g	sel	¼ de c. à thé
45 g	beurre, en cubes	3 c. à soupe
1	œuf, battu légèrement	1
125 ml	lait	½ tasse

Trucs

La pâte à quenelles permet de faire une garniture dont la texture est semblable à celle d'un gâteau.

Si vous préférez faire un dessert sans pâte, vous obtiendrez une magnifique sauce aux framboises que vous pourrez servir sur de la crème fouettée ou du yogourt glacé.

1. Dans la cocotte de la mijoteuse, mélanger les framboises, les canneberges, le sucre, le cocktail de framboises et de canneberges et la fécule de maïs.

2. Couvrir et cuire à basse température de 5 à 6 heures ou à température élevée de 2 ½ à 3 heures, jusqu'à ce que la préparation soit bouillonnante.

3. *Quenelles :* dans un bol, mélanger la farine, le sucre, la levure chimique et le sel. À l'aide du mélangeur à pâtisserie ou de deux couteaux, couper le beurre dans les ingrédients secs jusqu'à formation de miettes grossières.

4. Dans une petite tasse à mesurer (verre gradué), à l'aide d'un fouet, mélanger l'œuf et le lait. Verser dans la farine et mélanger jusqu'à formation d'une pâte souple.

5. À l'aide d'une cuillère à soupe, jeter des cuillerées de pâte dans la mijoteuse, puis saupoudrer uniformément de cassonade. Couvrir et cuire à température élevée de 30 à 60 minutes ou jusqu'à ce qu'une brochette insérée au centre d'une quenelle en ressorte propre. Servir chaud avec de la crème fouettée ou du yogourt glacé.

Gâteau aux carottes et au chocolat

Mijoteuse de 3 à 4 litres (12 à 16 tasses) :: 8 à 10 portions
Graisser la cocotte et tapisser le fond de papier-parchemin

300 g	farine tout usage	2 tasses
70 g	poudre de cacao non sucrée	¾ de tasse
5 g	bicarbonate de soude	1 c. à thé
2 g	levure chimique (poudre à pâte)	½ c. à thé
1 g	sel	¼ de c. à thé
360 g	sucre	1 ½ tasse
120 g	beurre, ramolli	½ tasse
3	œufs	3
10 ml	extrait de vanille	2 c. à thé
320 g	carottes, râpées	2 tasses
60 g	grains de chocolat semi-sucré	½ tasse
	Sucre glace	

1. Dans un bol, mélanger la farine, le cacao, le bicarbonate de soude, la levure chimique et le sel.

2. Dans un autre bol, à l'aide du batteur électrique (mixeur), battre le sucre et le beurre jusqu'à consistance légère et moelleuse. Incorporer les œufs et la vanille en battant jusqu'à consistance lisse. À l'aide d'une spatule en caoutchouc, incorporer délicatement les ingrédients secs en mélangeant jusqu'à consistance homogène. Ajouter les carottes et le chocolat. Verser la préparation dans la cocotte de la mijoteuse.

3. Couvrir et cuire à température élevée de 2 à 2 ½ heures ou jusqu'à ce qu'une brochette insérée au centre du gâteau en ressorte propre.

4. Placer la cocotte sur une grille et laisser reposer pendant 10 minutes. Détacher le gâteau des parois de la cocotte à l'aide d'un couteau avant de le renverser sur la grille. Laisser refroidir complètement avant de saupoudrer de sucre glace.

Trucs

Pour tapisser la cocotte, mettez-la d'abord sur une grande feuille de papier-parchemin et tracez le contour à l'aide d'un crayon. Découpez le papier et placez-le au fond de la cocotte.

Il ne faut surtout pas cuire ce gâteau à basse température, car seule une température élevée peut donner une cuisson adéquate.

Une fois refroidi et emballé dans du papier d'aluminium, ce gâteau se conserve jusqu'à 1 mois au congélateur.

Brownies au chocolat semi-sucré

Mijoteuse de 5 litres (20 tasses) ou plus :: **6 à 8 portions**

3	œufs, battus	3
1	boîte de préparation pour brownies de 520 g (2 ½ tasses)	1
1	boîte de préparation pour pouding instantané au chocolat (4 portions)	1
60 g	grains de chocolat semi-sucré	½ tasse
60 g	beurre, fondu	¼ de tasse
30 g	cassonade ou sucre roux bien tassé	2 c. à soupe
10 g	poudre de cacao non sucrée	2 c. à soupe
180 ml	eau	¾ de tasse
	Crème glacée à la vanille ou crème fouettée	

Truc

La poudre de cacao se conserve jusqu'à 2 ans dans un contenant hermétique gardé dans un endroit frais, à l'abri de la lumière.

1. Graisser légèrement 6 grandes tasses de 180 ml (6 oz) chacune, puis les ranger dans la cocotte de la mijoteuse.

2. Dans un grand bol, mélanger les œufs, les préparations pour brownies et pour pouding au chocolat, les grains de chocolat et le beurre jusqu'à l'obtention d'une pâte très épaisse. Répartir dans les tasses.

3. Dans une petite casserole, à l'aide d'un fouet, mélanger la cassonade, le cacao et l'eau. Porter à ébullition à feu moyen-vif. Baisser le feu et laisser mijoter en remuant pendant 1 minute ou jusqu'à dissolution de la cassonade. Répartir dans les tasses.

4. Couvrir et cuire à température élevée de 2 ½ à 3 heures ou jusqu'à ce qu'une brochette insérée au centre d'un brownie en ressorte propre. Éteindre la mijoteuse et laisser reposer la préparation dans la cocotte couverte pendant 30 minutes. Garnir chaque portion de crème glacée et présenter les tasses aux convives dans de petites assiettes individuelles. Servir chaud.

La poudre de cacao a un goût de chocolat incomparable. Pour l'obtenir, on réduit les fèves de cacao en une pâte que l'on fait sécher pour ensuite la réduire en poudre. La poudre de cacao solubilisée est un peu plus riche et foncée que la poudre naturelle non sucrée, car elle est traitée avec des sels alcalins servant à neutraliser son acidité naturelle.

Gâteau danois à l'orange et aux bleuets

Mijoteuse ronde de 3 à 4 litres (12 à 16 tasses) :: 6 à 8 portions

Graisser la cocotte

Garniture

60 g	cassonade ou sucre roux bien tassé	¼ de tasse
30 g	noix, hachées	¼ de tasse
2 g	cannelle moulue	½ c. à thé
30 g	beurre, ramolli	2 c. à soupe

Gâteau

225 g	farine tout usage (type 55)	1 ½ tasse
4 g	levure chimique (poudre à pâte)	1 c. à thé
1 g	bicarbonate de soude	¼ de c. à thé
5 g	cannelle moulue	1 c. à thé
2 g	muscade moulue	½ c. à thé
1 g	sel	¼ de c. à thé
160 g	bleuets (myrtilles) frais ou surgelés	1 tasse
120 g	sucre	½ tasse
120 g	beurre, ramolli	½ tasse
2	œufs	2
125 g	yogourt nature, crème sure ou aigre	½ tasse
5 ml	extrait de vanille	1 c. à thé
1 g	zeste d'orange, râpé	½ c. à thé
60 g	noix, hachées	½ tasse

1. Garniture : dans un bol, avec les doigts, mélanger la cassonade, les noix, la cannelle et le beurre jusqu'à ce que la préparation soit friable. Réserver.

2. Gâteau : dans un bol, mélanger la farine, la levure chimique, le bicarbonate de soude, la cannelle, la muscade et le sel.

3. Dans un autre bol, mélanger délicatement les bleuets et 15 ml (1 c. à soupe) de la préparation de farine. Réserver.

Vaporisez la cocotte
d'enduit végétal, sinon
employez de l'enduit
antiadhésif conçu
expressément pour les
moules à gâteau.

Au moment de prélever le
zeste d'orange, évitez de
prendre la peau blanche
située sous la pelure.
L'idéal est d'utiliser un
zesteur ou une râpe
Microplane, deux
ustensiles peu coûteux
faciles à se procurer.

Il est inutile de faire
décongeler les fruits avant
de les mettre dans la
mijoteuse. La cuisson
lente suffira à la tâche.

Si vous avez l'intention
de congeler le gâteau,
enveloppez-le d'abord
dans de la pellicule de
plastique, puis dans
du papier d'aluminium.

4. Dans un grand bol, à l'aide du batteur électrique (mixeur), mélanger le sucre et le beurre jusqu'à consistance légère et moelleuse. Ajouter les œufs un à un en battant après chaque addition. Incorporer le yogourt, la vanille et le zeste d'orange, puis mélanger. À l'aide d'une cuillère en bois, incorporer les ingrédients secs aux ingrédients humides. Ajouter les bleuets réservés et les noix (la pâte sera épaisse).

5. Verser la préparation dans la cocotte graissée de la mijoteuse et saupoudrer avec la garniture réservée.

6. Couvrir et cuire à température élevée environ 2 heures ou jusqu'à ce qu'une brochette insérée au centre du gâteau en ressorte propre. (Éviter de trop cuire.) Mettre la cocotte sur une grille et laisser refroidir pendant 15 minutes. Détacher le gâteau des parois du moule à l'aide d'un couteau. À l'aide d'une spatule, sortir le gâteau de la cocotte et le placer dans une grande assiette. Laisser refroidir complètement avant de découper en pointes.

Gâteau au chocolat fondant

Mijoteuse de 4 litres (16 tasses) :: **8 portions**
Graisser la cocotte

240 g	grains de chocolat semi-sucré	2 tasses
180 g	beurre, en cubes	¾ de tasse
6	œufs	6
160 g	sucre	⅔ de tasse
10 ml	extrait de vanille	2 c. à thé
20 g	farine tout usage (type 55)	2 c. à soupe
	Crème glacée au café ou à la vanille	

1. Dans un grand bol en verre ou une tasse à mesurer (verre gradué) de 2 litres (8 tasses) convenant au micro-ondes, faire fondre le chocolat et le beurre à puissance moyenne (50 %) de 2 ½ à 3 minutes, jusqu'à consistance lisse.

2. À l'aide d'un fouet, incorporer les œufs, le sucre et la vanille dans le chocolat fondu en mélangeant jusqu'à consistance homogène. Incorporer la farine et mélanger jusqu'à consistance lisse. Verser dans la cocotte et lisser le dessus.

3. Couvrir et cuire à température élevée de 2 à 2 ½ heures ou jusqu'à ce que les bords soient cuits mais que le centre soit encore légèrement coulant. Servir aussitôt avec de la crème glacée.

Trucs

Il faut utiliser de gros œufs dans la plupart des recettes. Si la grosseur n'est pas indiquée, tenez pour acquis qu'ils doivent être gros.

Il ne faut surtout pas cuire ce gâteau à basse température, car seule une température élevée peut donner une cuisson adéquate.

Une fois refroidi et emballé dans du papier d'aluminium, ce gâteau se conserve jusqu'à 1 mois au congélateur.

Gâteau au chocolat fondant

Biscuits « queues de castor », sauce caramel

Mijoteuse de 1,5 à 3 litres (6 à 12 tasses) :: 6 à 8 portions

Sauce caramel

360 g	cassonade ou sucre roux bien tassé	1 ½ tasse
310 ml	crème 35 %	1 ¼ tasse
1 g	cannelle moulue	¼ de c. à thé
10 g	beurre	2 c. à thé
5 ml	extrait de vanille	1 c. à thé

Biscuits

60 g	sucre	¼ de tasse (2 fois)
1	paquet de pâte feuilletée (environ 400 g/14 oz), décongelée	1

1. *Sauce caramel :* dans la cocotte de la mijoteuse, mélanger la cassonade, la crème et la cannelle. Couvrir et cuire à basse température pendant 2 ½ heures en remuant une ou deux fois en cours de cuisson. Retirer le couvercle et cuire de 30 à 60 minutes ou jusqu'à léger épaississement. Incorporer le beurre et la vanille.

2. *Biscuits :* entre-temps, saupoudrer 60 g (¼ de tasse) de sucre sur un plan de travail. Abaisser la pâte feuilletée en formant un rectangle de 30 cm x 25 cm (12 po x 10 po). Saupoudrer la pâte avec 60 g (¼ de tasse) de sucre. Rouler le côté le moins large vers l'intérieur en arrêtant en plein milieu de la pâte. Rouler l'autre côté vers l'intérieur en arrêtant au milieu de la pâte de façon que les deux rouleaux soient réunis. Presser les deux rouleaux délicatement l'un contre l'autre, puis les envelopper de pellicule de plastique. Réfrigérer pendant 30 minutes. Préchauffer le four à 200 °C /400 °F/gaz 6. Couper la pâte en biais en tranches d'environ 1 cm (½ po) d'épaisseur. Saupoudrer légèrement de sucre de chaque côté. Pincer et presser les côtés des deux rouleaux ensemble afin qu'ils ne se déroulent pas en cours de cuisson. Ranger sur des plaques à pâtisserie tapissées de papier-parchemin en laissant environ 5 cm (2 po) entre les biscuits. (Comme les biscuits gonfleront beaucoup pendant la cuisson, il est préférable de n'en faire cuire que 12 à la fois.)

4. Cuire une plaque à la fois pendant 10 à 15 minutes ou jusqu'à ce que le sucre soit caramélisé et que la pâte soit friable. Laisser refroidir sur une grille pendant 10 minutes.

5. Verser la sauce chaude dans un petit bol et dresser les biscuits tout autour.

Trucs

La pâte feuilletée surgelée est souvent vendue en paquet de 397 à 511 g (14 à 18 oz). Si vous avez plus ou moins de pâte que la quantité requise, il n'y a pas de quoi vous inquiéter et vous réussirez quand même la recette.

La sauce se conserve jusqu'à 2 semaines dans un contenant hermétique gardé au réfrigérateur. On peut la réchauffer au micro-ondes ou dans une mijoteuse de petit format.

Pouding au caramel écossais

Mijoteuse de 5 litres (20 tasses) ou plus :: 6 portions

875 ml	crème 35 %	3 ½ tasses
½	gousse de vanille, fendue sur la longueur (voir encadré, page 324)	½
120 g	brisures au caramel écossais	1 tasse
5	jaunes d'œufs	5
7 g	cassonade foncée ou sucre roux bien tassé	1 ½ c. à thé
2 g	sel	½ c. à thé
5 ml	eau	1 c. à thé
10 ml	amaretto (facultatif)	2 c. à thé
	Crème fouettée	

Trucs

Pour servir le pouding froid, réfrigérez-le pendant au moins 4 heures ou toute la nuit.

Si vous préférez faire des poudings individuels, versez la préparation dans 6 grandes tasses à l'épreuve de la chaleur légèrement graissées. Omettez le papier d'aluminium et rangez les tasses dans la cocotte de la mijoteuse. Verser 2,5 cm (1 po) d'eau dans celle-ci comme indiqué à l'étape 3.

1. Graisser légèrement un moule à soufflé de 1,5 litre (6 tasses) et réserver. Dans une casserole à fond épais, à feu moyen, chauffer la crème avec la gousse de vanille jusqu'à ce qu'elle commence à mijoter. Laisser mijoter pendant 3 minutes et retirer du feu. À l'aide d'une pince, retirer la gousse de vanille et racler les graines dans la crème à l'aide d'un couteau bien affûté. Jeter la gousse. Ajouter les brisures au caramel écossais, laisser reposer pendant 3 minutes, puis mélanger à l'aide d'un fouet jusqu'à consistance lisse.

2. Dans un grand bol, à l'aide d'un fouet, mélanger les jaunes d'œufs, la cassonade, le sel et l'eau. Verser peu à peu la préparation de crème en fouettant continuellement. Incorporer l'amaratto, puis verser dans le moule à soufflé. Bien couvrir de papier d'aluminium et faire tenir à l'aide d'un élastique.

3. Couper une feuille de papier d'aluminium de 60 cm (2 pi) en 2 sur la longueur de façon à obtenir 2 lanières. Plier chacune des lanières en 2 sur la longueur. Entrecroiser les lanières dans la cocotte de la mijoteuse en laissant les extrémités remonter le long des parois et par-dessus le bord. Mettre le moule dans la cocotte de la mijoteuse et verser 2,5 cm (1 po) d'eau dans celle-ci. (Ne pas mettre d'eau dans le moule.) Si le moule rentre juste bien dans la mijoteuse, verser l'eau en premier (voir page 15).

4. Rentrer les lanières de papier sous le couvercle. Couvrir et cuire à température élevée de 2 à 3 heures, jusqu'à ce que le pouding soit pris. Retirer le couvercle et soulever le moule à l'aide des lanières de papier d'aluminium pour le déposer sur un plan de travail.

5. Servir le pouding dans des plats individuels. Garnir de crème fouettée et napper de sauce caramel.

Gâteau au fromage et au chocolat

Gâteau au fromage et au chocolat

Mijoteuse ovale de 6 litres (24 tasses) ou plus :: 6 à 8 portions

Grille basse ou cuit-vapeur pour légumes pouvant entrer dans la mijoteuse

Croûte

100 g	gaufrettes au chocolat, émiettées finement	¾ de tasse
15 g	sucre	1 c. à soupe
30 g	beurre, fondu	2 c. à soupe

Gâteau

500 g	fromage à la crème, ramolli	1 lb
30 ml	sucre	2 c. à soupe
2	œufs	2
125 ml	crème 35 %	½ tasse
2 ml	extrait de vanille	½ c. à thé
2	barres de chocolat au lait au nougat, aux arachides grillées et au caramel	2

Garniture

60 ml	crème 35 %	¼ de tasse
60 g	chocolat semi-sucré, haché	½ tasse

1. Croûte : dans un bol, mélanger les miettes de gaufrettes, le sucre et le beurre. Presser au fond d'un moule à charnière de 18 cm à 20 cm (7 po à 8 po) et réfrigérer.

2. Gâteau : dans un grand bol, à l'aide du robot culinaire ou du batteur électrique (mixeur), mélanger le fromage et le sucre jusqu'à consistance lisse. Ajouter les œufs un à un en battant après chaque addition. Incorporer la crème et la vanille.

3. Couper les barres de chocolat en morceaux de 1 cm (½ po) et en répartir les trois quarts sur la croûte refroidie. Verser la préparation au fromage et lisser le dessus. Envelopper complètement le moule de papier d'aluminium et maintenir le papier en place avec un élastique. Placer le moule dans la mijoteuse sur une grille basse.

4. Couvrir et cuire à température élevée de 3 à 3 ½ heures ou jusqu'à ce que les bords du gâteau soient cuits, sans que le centre soit encore complètement pris. Éteindre la mijoteuse, retirer le couvercle et laisser refroidir pendant au moins 1 heure. Retirer le moule.

5. Garniture : dans une petite casserole, à feu moyen-doux, chauffer la crème et le chocolat en remuant jusqu'à consistance lisse. À l'aide d'une spatule, étaler la garniture sur le gâteau. Couvrir et réfrigérer pendant au moins 4 heures ou toute la nuit.

6. Détacher le gâteau des parois. Retirer la charnière et garnir avec le reste des morceaux de chocolat.

Tapioca à la mangue et au lait de coco

Mijoteuse de 3 à 4 litres (12 à 16 tasses) :: **6 à 8 portions**

1 litre	lait entier	4 tasses
80 g	tapioca perlé	½ tasse
120 g	sucre	½ tasse
5 g	gingembre, râpé	1 c. à thé
0,5 g	zeste de lime (citron vert), râpé	¼ de c. à thé
1	pincée de piment de Cayenne	1
1	bâton de cannelle de 10 cm (4 po)	1
2	œufs, battus légèrement	2
375 ml	lait de coco non sucré	1 ½ tasse
1	grosse mangue	1
15 ml	jus de lime (citron vert) frais	1 c. à soupe
	Brins de basilic thaï ou autre (facultatif)	

1. Dans la cocotte de la mijoteuse, mélanger le lait, le tapioca, le sucre, le gingembre, le zeste de lime, le cayenne et la cannelle.

2. Couvrir et cuire à basse température de 3 à 4 heures, jusqu'à ce que le lait soit absorbé et qu'une grande partie du tapioca soit translucide.

3. Dans un bol, à l'aide d'un fouet, mélanger les œufs et le lait de coco. Incorporer de 30 à 45 ml (2 à 3 c. à soupe) de la préparation de tapioca et battre vigoureusement. Verser dans la cocotte de la mijoteuse.

4. Couvrir et cuire pendant 30 minutes. Éteindre la mijoteuse et laisser reposer à couvert pendant 30 minutes. Jeter le bâton de cannelle.

5. Verser le pouding dans des plats individuels. Couvrir de pellicule de plastique et réfrigérer pendant au moins 2 heures ou jusqu'à 3 jours. On peut aussi servir ce pouding chaud.

6. Peler la mangue et la couper en cubes. Dans un bol, mélanger la mangue avec le jus de lime, puis répartir les cubes sur les poudings. Garnir de basilic.

Trucs

Il est important d'utiliser du tapioca perlé et non pas du tapioca instantané. On peut s'en procurer dans les magasins d'alimentation naturelle et les épiceries orientales.

Au moment de choisir une mangue, attardez-vous à sa texture plutôt qu'à sa couleur. Plus une mangue est tendre, plus elle est mûre. Certaines variétés deviennent ridées du côté du pédoncule lorsqu'elles sont parfaitement mûres. Les fruits qui ne sont pas encore parvenus à pleine maturité doivent être gardés à température ambiante pendant un jour ou deux. Conservez-les ensuite au réfrigérateur.

Pouding à la citrouille, sauce au caramel

Mijoteuse de 4 à 5 litres (16 à 20 tasses) :: 6 portions
Graisser la cocotte

Pouding à la citrouille

2	œufs	2
400 g	purée de citrouille (potiron) en conserve (pas de garniture pour tarte à la citrouille)	1 ⅔ tasse
240 g	cassonade ou sucre roux bien tassé	1 tasse
7 g	épices pour tarte à la citrouille	1 ½ c. à thé
7 g	cannelle moulue	1 ½ c. à thé
500 ml	crème 18 %	2 tasses
7 ml	extrait de vanille	1 ½ c. à thé
24	croissants miniatures, déchiquetés	24
80 g	raisins secs dorés	½ tasse
60 g	pacanes, hachées grossièrement	½ tasse

Sauce caramel

300 g	cassonade ou sucre roux bien tassé	1 ¼ tasse
120 g	beurre non salé	½ tasse
125 ml	crème 35 %	½ tasse
60 ml	rhum ambré ou léger	¼ de tasse

1. *Pouding à la citrouille :* dans un grand bol, à l'aide d'un fouet, mélanger les œufs, la purée de citrouille, la cassonade, les épices pour tarte à la citrouille, la cannelle, la crème et la vanille. Incorporer les morceaux de croissants et les raisins secs. Transvider dans la cocotte graissée et couvrir de pacanes.

2. Couvrir et cuire à basse température de 3 à 3 ½ heures ou à température élevée de 1 ½ à 2 heures, jusqu'à ce que le pouding soit pris et qu'une brochette insérée au centre en ressorte propre.

3. *Sauce caramel :* entre-temps, dans une casserole à fond épais, à feu moyen et à l'aide d'un fouet, mélanger la cassonade et le beurre jusqu'à ce que ce dernier soit fondu. Incorporer la crème et cuire, en remuant, environ 3 minutes ou jusqu'à ce que le cassonade soit dissoute et que la sauce soit lisse. Retirer du feu et incorporer le rhum.

4. Verser le pouding dans un grand plat et napper de sauce.

Crumble à l'ananas et à la rhubarbe

Mijoteuse de 3 à 4 litres (12 à 16 tasses) :: 6 à 8 portions

500 g	rhubarbe, hachée	4 tasses
480 g	ananas frais, haché	3 tasses
45 g	sucre	3 c. à soupe
10 g	fécule de maïs	1 c. à soupe
150 g	farine tout usage (type 55)	1 tasse
160 g	cassonade ou sucre roux bien tassé	⅔ de tasse
2 g	zeste d'orange, râpé finement	1 c. à thé
5 g	gingembre moulu	1 c. à thé
1 g	cannelle moulue	¼ de c. à thé
1 g	muscade moulue	¼ de c. à thé
1	pincée de piment de Cayenne	1
80 g	beurre, en cubes	⅓ de tasse
60 g	pacanes, grillées et hachées	½ tasse

1. Dans la cocotte de la mijoteuse, mélanger délicatement la rhubarbe, l'ananas, le sucre et la fécule de maïs.

2. Dans un bol, mélanger la farine, la cassonade, le zeste d'orange, le gingembre, la cannelle, la muscade et le cayenne. À l'aide du mélangeur à pâtisserie ou de deux couteaux, couper le beurre dans les ingrédients secs jusqu'à ce que la préparation ressemble à des petits pois. Saupoudrer les fruits avec ce mélange, puis parsemer de pacanes.

3. Couvrir et cuire à basse température de 6 à 8 heures ou à température élevée de 3 à 4 heures, jusqu'à ce que les fruits soient tendres et que les jus de cuisson soient bouillonnants. Servir chaud.

La rhubarbe est un légume même si on l'apprête surtout comme un fruit. Seules les tiges roses, semblables à de grosses tiges de céleri, sont comestibles. Les feuilles renferment de l'acide oxalique et peuvent être toxiques. Si vous ne trouvez pas de rhubarbe fraîche, procurez-vous de la rhubarbe surgelée.

Trucs

Si vous utilisez de la rhubarbe surgelée, doublez la quantité de fécule de maïs, car elle renferme plus d'eau que la rhubarbe fraîche.

Pour faire griller les pacanes, étalez-les en une seule couche sur une plaque à pâtisserie à bord élevé et faites-les dorer au four préchauffé à 180 °C/350 °F/gaz 4 de 5 à 10 minutes.

Servez ce crumble bien chaud avec de la crème glacée à la vanille.

Crumble à l'ananas et à la rhubarbe

Pâté au chocolat, sauce aux framboises

Mijoteuse de 6 litres (24 tasses) ou plus :: 10 à 12 portions

Grille basse ou cuit-vapeur pour légumes pouvant entrer dans la mijoteuse

Sauce aux framboises

600 g	framboises, partiellement décongelées	3 ¾ tasses
40 g	sucre glace	⅓ de tasse

Pâté au chocolat

60 g	chocolat semi-sucré, haché grossièrement	2 tasses
240 g	grains de chocolat semi-sucré	2 tasses
240 g	beurre non salé	1 tasse
6	œufs	6
22 g	sucre	1 ½ c. à soupe
	Framboises fraîches (facultatif)	
	Crème fouettée	

1. *Sauce aux framboises :* à l'aide du mélangeur ou du robot culinaire, réduire les framboises et le sucre glace en purée lisse. Si désiré, filtrer dans une passoire à mailles fines pour retirer les graines des petits fruits. Couvrir et réfrigérer jusqu'à 2 jours.

2. *Pâté au chocolat :* dans un grand bol en verre convenant au micro-ondes, mélanger le chocolat, les grains de chocolat et le beurre. Chauffer au micro-ondes, à puissance moyenne (50 %), de 1 ½ à 2 minutes, en remuant après 1 minute, jusqu'à ce que le chocolat soit fondu et lisse. (On peut aussi faire cette étape au bain-marie.) À l'aide d'un fouet, incorporer les œufs un à un, puis ajouter le sucre.

3. Envelopper l'extérieur d'un moule à charnière de 18 cm à 20 cm (7 po à 8 po) de papier d'aluminium. Verser la préparation de chocolat dans le moule. Couvrir le dessus du moule de papier d'aluminium et faire tenir à l'aide d'un élastique. Placer le moule dans la mijoteuse sur une grille basse. Ne pas ajouter d'eau.

4. Couvrir et cuire à température élevée pendant 3 heures ou jusqu'à ce que les bords du pâté commencent à raffermir mais que le centre soit encore tendre et humide. Éteindre la mijoteuse, retirer le couvercle et laisser reposer environ 30 minutes ou jusqu'à ce qu'on puisse toucher le moule sans se brûler.

Il ne faut surtout pas cuire ce pâté à basse température, car seule une température élevée peut donner une cuisson adéquate.

5. Sortir le moule de la mijoteuse et retirer le papier d'aluminium. Laisser refroidir le moule sur une grille pendant 1 heure. Couvrir et réfrigérer de 3 à 4 heures, jusqu'à ce que le pâté soit ferme et refroidi. (Le pâté est encore meilleur si on le prépare la veille.)

6. Laisser reposer le pâté et la sauce à température ambiante avant de servir. Passer un couteau entre le pâté et les parois du moule. Retirer la charnière du moule. Découper le pâté en tranches à l'aide d'un couteau trempé dans l'eau chaude. Napper chaque portion de sauce aux framboises, puis garnir de framboises fraîches et de crème fouettée.

Pour cette recette, prenez du chocolat semi-sucré de qualité renfermant de 35 à 99 % de cacao. Un pourcentage élevé de matières sèches n'est pas une garantie de qualité, mais cela indique que le chocolat contient moins de produits de remplissage. Le chocolat semi-sucré de qualité laisse une sensation quasi crayeuse en bouche sans être granuleux ni laisser d'arrière-goût de cire. Il doit aussi présenter un léger goût de café, de fruit ou de notes acides.

Carrés au caramel

Mijoteuse de 4 à 5 litres (16 à 20 tasses) :: 4 à 6 portions

150 g	farine tout usage (type 55)	1 tasse
4 g	levure chimique (poudre à pâte)	1 c. à thé
2 g	sel	½ c. à thé
240 g	cassonade ou sucre roux bien tassé	1 tasse
60 g	beurre, ramolli	¼ de tasse
5 ml	extrait de vanille	1 c. à thé
125 ml	lait	½ tasse
125 g	caramels mous	½ tasse
250 ml	eau bouillante	1 tasse

1. Dans un bol, mélanger la farine, la levure chimique et le sel.

2. Dans un autre bol, à l'aide du batteur électrique (mixeur), mélanger la moitié de la cassonade avec le beurre jusqu'à consistance crémeuse. Incorporer la vanille. Ajouter la farine en trois étapes en alternant avec le lait et en battant après chaque addition. Ajouter les caramels et verser dans la cocotte de la mijoteuse.

3. Dans une tasse à mesurer (verre gradué), mélanger le reste de la cassonade et l'eau bouillante en remuant jusqu'à dissolution. Verser uniformément sur la pâte.

4. Couvrir et cuire à température élevée de 2 ½ à 3 heures ou jusqu'à ce qu'un cure-dent inséré au centre de la préparation en ressorte propre. Découper en 4 ou 6 carrés de même grosseur.

Trucs

Il est préférable d'utiliser des caramels mous, mais il est possible de les remplacer par 60 g (½ tasse) de brisures de caramel.

Servez chaque portion avec une grosse boule de crème glacée à la vanille.

Carrés au caramel

Index